A STORY TRANS

MARVEL STUDIOS

AVENGERS ENDGAME で英語が話せる本 下

Learning English Conversation with Avengers: Endgame

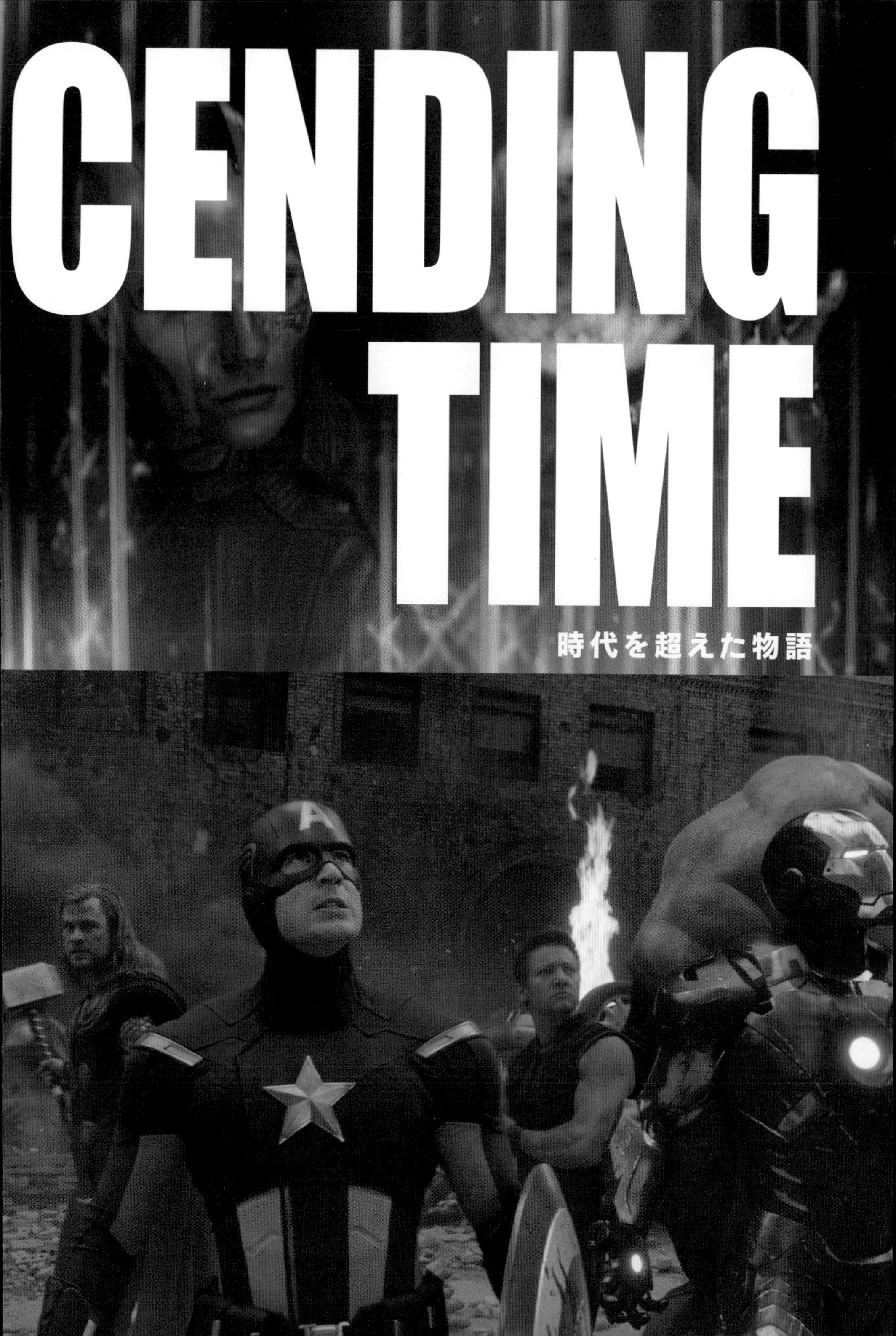
CENDING
TIME
時代を超えた物語

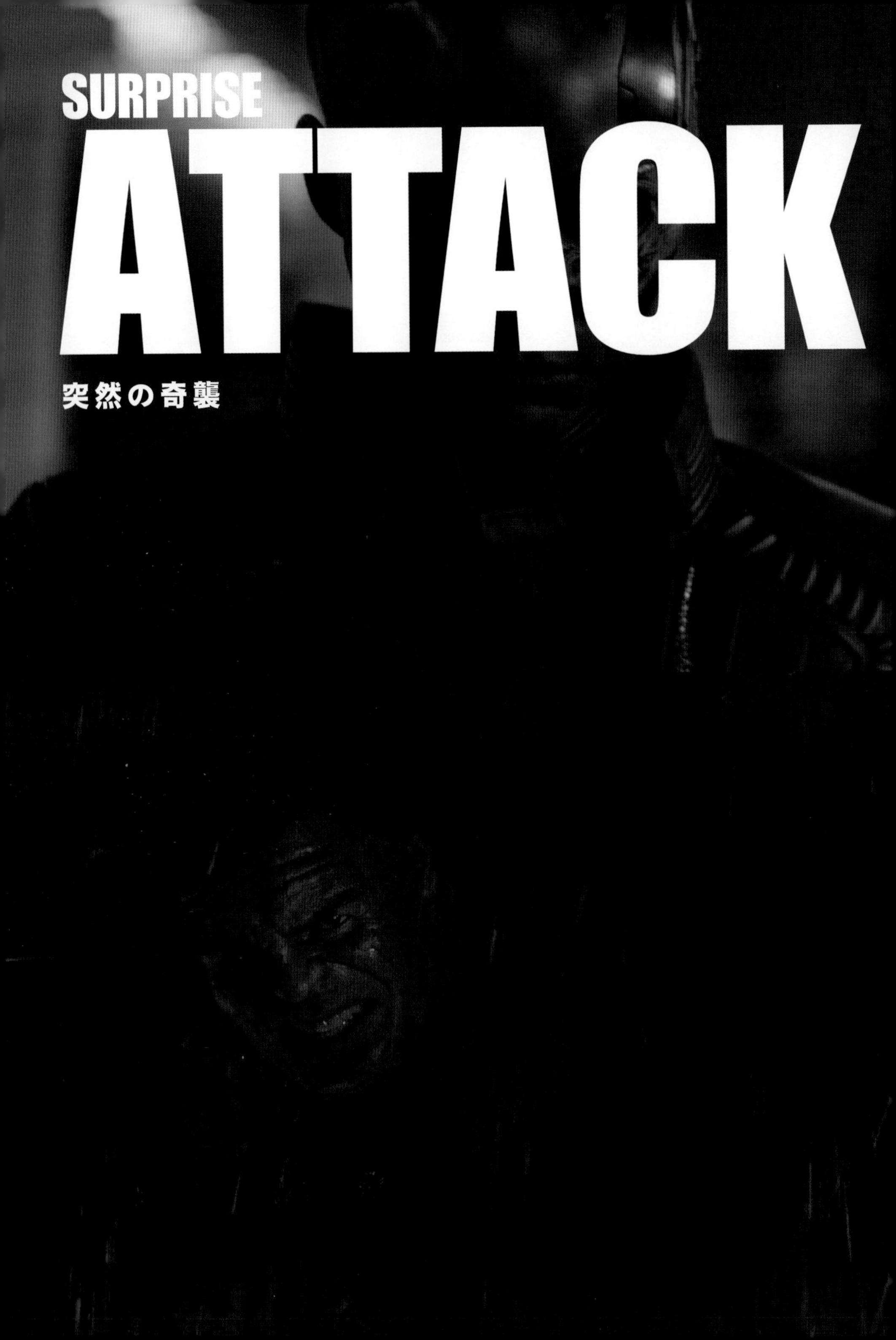
SURPRISE
ATTACK
突然の奇襲

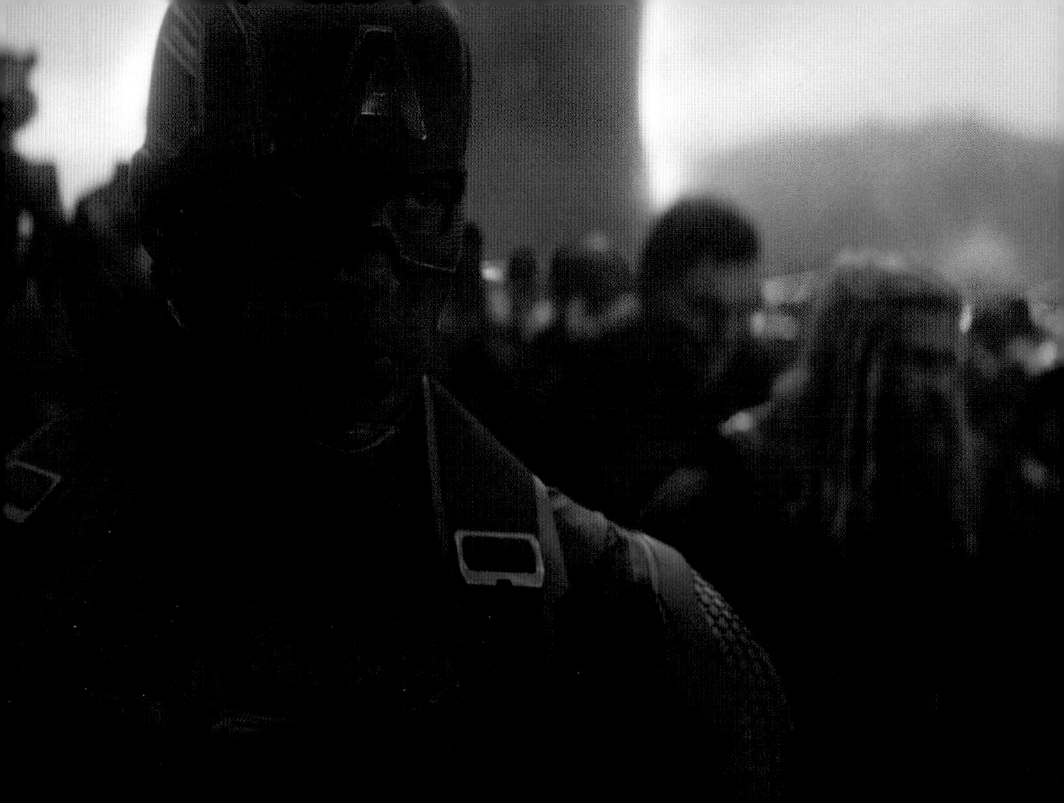

始まる最終決戦
THE FINAL BATTLE
BEGINS

この映画で

学びたかった！

『アベンジャーズ』は英語学習ツールとしても「最強」その理由とは？

英語力の必要性が叫ばれて久しいですが、どうせ学ばないといけないものなら、できるだけ楽しく学びたいもの。洋画や海外ドラマというエンターテインメント作品を教材にして英語を学ぶことは「英語を楽しく学ぶ方法」としてしばしば挙げられるものですが、その中でも特に『アベンジャーズ』がまさに「最強」だと言える理由として以下のものが挙げられます。

理由 1
目が離せないストーリーと目を見張る展開で「続けられる」

理由 2
登場人物の様々な立場と関係で「言葉の幅が広がる」

理由 3
主役を張れる強烈なキャラクターたちとそれらを繋げるMCUで「言葉の意味が深まる」

それではその理由を順番に説明していきましょう。

理由 1 目が離せないストーリーと目を見張る展開で「続けられる」

英語学習における最大の壁。それは「続けられずにやめてしまう」こと。「継続は力なり」とわかってはいても、興味がないもの、楽しいと思えないものは続かなくて当然です。よって英語学習ツールを選ぶ際に「好きな作品、楽しい作品」を選ぶことがとても重要になってきます。

その点、今作『アベンジャーズ／エンドゲーム』が世界興行収入歴代第1位を獲得したことからもわかるように、『アベンジャーズ』の作品としての面白さはお墨つき！ 興味深いストーリーに、圧倒的なビジュアル、次から次へと押し寄せる怒涛の展開に引き込まれ、どんどん続きが見たくなります。次はどうなるのか、あのキャラはどんなことを言うのかという興味が、彼らの話す英語を理解したいという気持ちに繋がっていくのです。

また、世界中で人気ということは、世界中にファンがいるということでもあります。世界中のファンと英語でコメントし合えるようになれば、さらに英語力もアップします。

理由 2

登場人物の様々な立場と関係で「言葉の幅が広がる」

一口に「英語」と言っても、いろいろな人が話す、様々な英語があります。一人の人から英語を学ぶよりも、たくさんの人から英語を学んだほうが、当然、多くの英語表現が学べます。

英会話を上達させるには、複数の人が交わしている自然な会話を観察し、「ああ言えばこう言う」という「言葉と言葉のキャッチボール」の感覚を身につけることが大切です。

『アベンジャーズ』は登場人物が多く、しかもそのキャラクターたちは人間関係も立場も様々なバリエーションがあります。家族、恋人、友人、敵、上司と部下など、各自がそれぞれの立場で、どのような言葉を選び使っているのかを読み取ることで、状況に応じた的確な表現を学ぶことができます。

瓦礫の山にただ座っているだけのサノスを見ている、トニー、スティーブ、ソーの3人。トニーが「わかっているのは、やつはストーンを持ってないということだけだ」と言った後。

スティーブ：**So, we keep it that way.**（なら、その状態を保とう［やつがストーンを手に入れないようにしよう］。）
ソー：**You know it's a trap, right?**（罠だってわかってるよな？）
トニー：**Yeah. I don't much care.**（あぁ。僕はあまり気にしてないがな。）
ソー：**Good. Just as long as we're all in agreement.**（それでいい。俺たち全員の意見が一致している限りはな。）

as long as は「〜である限りは」。サノスが何かを企んでいたとしても、そんなことは気にしない。俺たち全員の意見が一致している限りは問題ない、ということで、ビッグ3と呼ばれる彼らのお互いへの信頼度が感じられます。何があろうと必ずサノスを倒すという強い決意がうかがえるセリフです。そのような「人間同士の関係性」を感じながらセリフを学べることで、実生活で使える英語の幅も広がっていくのです。

理由3 主役を張れる強烈なキャラクターたちとそれらを繋げるMCUで「言葉の意味が深まる」

『アベンジャーズ』は、他の作品で主人公として活躍しているキャラクターが集結した映画です。この映画のヒットにより、オールスターが勢ぞろいした状態を「まるでアベンジャーズみたい」と形容するほどになりましたが、それぞれの主役級のキャラクターは、その人物個人の作品が存在するほどキャラクターに「厚み」があり、それぞれの作品で歩んできた歴史や背景のおかげで、いわゆる「キャラ立ち」した状態になっています。そのキャラの性格がわかっていると、「いかにもあのキャラが言いそうなセリフ」と納得できたり、逆に「あのキャラがこんなことを言った」という驚きを感じたり、まるでそのキャラが本当に自分のすぐそばで生きているかのような身近さとリアリティを感じることができます。

2012年の世界で、過去の自分自身と戦うことになったスティーブ・ロジャース。

2012年のスティーブ：**I can do this all day.**（これを一日中やってられるぞ［ずっと続けられるぞ］。）
スティーブ：**Yeah, I know. I know.**（あぁ、だろうな。わかってるよ。）

この **I can do this all day.** はキャプテン・アメリカの名ゼリフとして有名なものです。超人血清を投与される前のきゃしゃな体格の時から、彼はこの表現を使っていました。スティーブの負けん気の強さが表れているセリフであり、強い体になった後もこの言葉を使っているところに、きゃしゃだった頃のスティーブの精神が彼の中にずっと生きていることが表れています。

このセリフは『キャプテン・アメリカ／ザ・ファースト・アベンジャー』で初めて登場しますが、『アベンジャーズ』も『キャプテン・アメリカ』もMCUと呼ばれる作品群の一つです（次ページ参照）。

今作『エンドゲーム』のセリフは、過去の作品に出てきた話や設定が伏線となっているものが非常にたくさんあります。他の作品とのセリフの繋がりなどを知ることで「そういうことだったのか」という気づきが生まれ、言葉を深く理解する力が磨かれます。

このような3つの理由から、『アベンジャーズ』で英語を学べば、英語のセリフそのものを楽しみながら、生きた英語表現をたくさん、そして深く、学ぶことができるのです。もっともっとヒーローたちの英語のセリフを理解したい！と思う気持ちが、皆さんの英語学習継続の大きな原動力となってくれるでしょう。

この本が、皆さんが英語を楽しく学ぶための一助になれば、とても嬉しく思います。

2021年　南谷三世

MCU「マーベル・シネマティック・ユニバース」とは

MCUとは「マーベル・シネマティック・ユニバース（Marvel Cinematic Universe)」の略で、マーベル・コミックスを原作とするキャラクターたちを実写映画化した作品群を指します。

2008年の『アイアンマン』に始まり、2012年の『アベンジャーズ』は6作目、この『アベンジャーズ／エンドゲーム』は22作目、2021年公開予定の『ブラック・ウィドウ』が24作目に当たります。

MCU内では、様々なキャラクターがクロスオーバーすることで、それぞれの作品が深く結びついています。つまり、一つの映画は巨大なMCUという世界（ユニバース）の一部であり、それぞれの作品が互いに絡み合っているという設定が、個々の作品にさらなる深みを加えています。

一つの作品で完結してしまう映画だと、それを見終わった達成感から、そこで英語学習をやめてしまう可能性があります。そういう意味で、第2シーズン、第3シーズンと続いていく海外ドラマのほうが英語学習継続に向いている、次を見たいと思う気持ちが英語学習意欲を引っ張ってくれる、として私はそれをお勧めしてきたのですが、『アベンジャーズ』と「MCU」の関係はいわば、「『MCU』という作品の中の『アベンジャーズ』というエピソード」という捉え方もできます。MCUはフェイズという段階に分かれており、この『エンドゲーム』はフェイズ3に当たるのですが、フェイズは連続ドラマで言うと、シーズンに当たるでしょう。

「映画」という一つの作品としての重厚さと完成度、それが「MCU」という大きな作品の中での一つの「エピソード」として歴史を紡いでいくという、まるでMCUが「時間も規模もスケールアップした壮大なドラマ作品」のような編成になっていることで、「映画とドラマのいいとこどり」のような効果をもたらしています。

本作を観た後に「あのキャラの過去や背景を知りたい！」と思う人は多いはず。本作から過去作へ、また別の作品へと次々に映画を観たくなり、そこからさらに新しい英語表現が学べる、という相乗効果が生まれるのです。

特長
1

詳細な場面説明（ト書き）と大迫力の場面写真により、「本だけ」で映画の興奮がよみがえる

本書では、以下のような迫力のある場面写真を豊富に掲載しています。さらに、場面の状況説明、キャラクターの動き、派手なアクションシーンなどを文字で説明した「ト書き」も記載されているので、この本１冊あれば、臨場感を持ちながらこの映画を楽しむことができます。

また、ト書きで「動き」が詳細に表されていることで、「この動きを表現するにはこの動詞を使えばいいんだ」ということが、映像とリンクして、すっと頭に入ってきます。

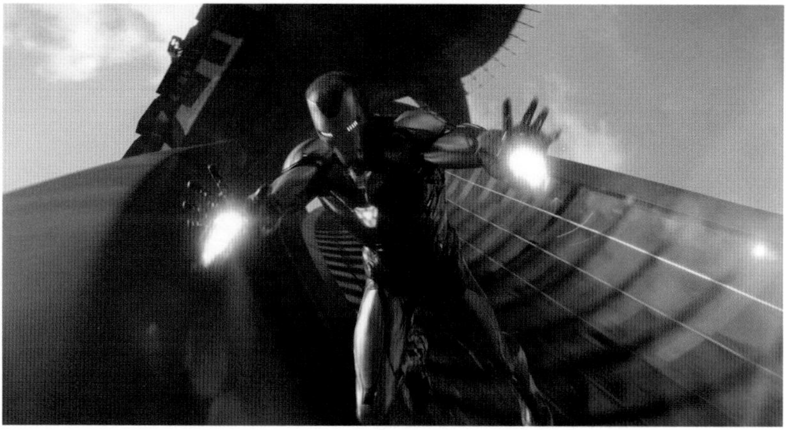

Tony falls toward the ground as the Iron Man armor, Mark 85, forms around his body. Thrusters fire from his palms, arresting his descent. His mask closes down and Iron Man rockets away.

トニーは地面に向かって落ちていき、アイアンマン・アーマー、マーク85が体の周りに形成される。手のひらのスラスターが火を噴き、降下を止める。マスクが閉じ、アイアンマンは飛び去る。

特長
2

別冊のフレーズ解説&英和辞典で、セリフの意味をさらに深く学べる

映画に登場したセリフについて深い理解を得られるよう、別冊で100個の「フレーズ解説」を掲載しています。また、本編に登場した覚えておきたい単語、注意しておきたい単語については「英和辞典」としてまとめています。

解説が別冊になっているので、「作品そのもの」である本編を集中して読み進めることもできますし、そこで気になる部分が出てきた時に別冊を参照して理解を深めることも可能です。

原語の英語だからこそわかるジョークや、過去作品とのリンク、セリフを理解するために必要なポップカルチャーの情報など、セリフをとことん楽しむためのわかりやすいガイドとなっています。

本編　Phrase XX は、フレーズ解説の見出しになっているものを表します。

until the thing is even more smashed than when he has started, before running off with a roar. Present Bruce puts his hand on his head with embarrassment.

Steve　: Maybe smash a few things along the way.　Phrase 2

Bruce　: I think it's gratuitous, but whatever.

Bruce tears his shirt off to match the look of his former self. He growls softly and raises both hands, and then pounds on an already-wrecked taxi, making a small dent. There is no enthusiasm in his actions. Then he tosses a busted motorcycle in the air. Lifting both hands again, Bruce tries to look menacing, but it doesn't

下線のみで番号がないものは、別冊「英和辞典」に掲載されている単語です。

特長
3

英文に忠実に和訳されていることで、セリフの意味や意図を完全に理解できる

英語のセリフの日本語訳として「日本語字幕」と「日本語音声（吹替）」が存在しますが、まず、字幕には字数制限というものがあり、1秒につき4文字で、一度に表示される字幕は1行13文字前後で2行分まで、という形式が一般的なものとされています。吹替の場合は英語のセリフと同じ秒数を使うことができますが、それでも英語独特の表現や文化的背景を必要とするものが存在するため、完全に同じ内容を表現できるわけではありません。日本語字幕も吹替も、映画館で作品をスムーズに楽しむために作られたものなので、日本人の知らない固有名詞や英語のジョークは、日本人にも理解できるような、なんとなくニュアンスの似ている別のものに置き換わっていることもあります。

本書では、本来の英語のセリフの意味を理解してもらえるよう、オリジナルの英語のセリフに忠実に訳しています。秒数制限、文字数制限という制約がない分、セリフの本来の意味をじっくり楽しんでいただくことを目的としています。

時には「英語の直訳［自然な日本語に変換］」という言い換え表現として意訳を記載しています。これにより英語と日本語の違いを意識することができます。

You're better off leaving the sneaking to your brother.

字幕翻訳 ▶ ロキみたいなマネして

本書の翻訳 ▶ こそこそするのはあなたの弟（ロキ）に任せておいたほうがいいわよ。

目的別の効果的な学習法

1 ▸ 好きなセリフ・面白い表現をとにかくたくさん覚えたい

本編では章扉の左下に各チャプターの開始時間、別冊のフレーズ解説ではセリフの出てきた時間が表示されているので、その時間表示を参考に、実際の映像のセリフのシーンを簡単に探すことができます。和訳や解説を読んでセリフの意味をしっかり理解できたら、自分の好きなキャラになりきって、発音、イントネーションなどを真似てみましょう。その後は、その完コピしたセリフをアレンジして積極的に使いましょう。SNSでの発信や、ネイティブとの英会話などでそういう「生きたフレーズ」を積極的に使っていくことを繰り返すと、借り物ではない「自分の言葉」となっていきます。

2 ▸ 最初からじっくり学んで英語力を着実にアップさせたい

本書は場面の転換に合わせてチャプターに分かれています。この作品は長編映画ですから、「一気に学ぼう」と意気込みすぎず、一つひとつのチャプターをしっかり理解しながら進むのがよいでしょう。
その際、まずは一度、「英語音声、字幕なし」で観てみることをお勧めします。これは「英語のセリフだけでどこまで話の流れや言葉の意味が理解できるか」という「テスト」です。もう何度も鑑賞していて、セリフも内容もすっかり頭に入っているという方も多いと思うのですが、「英語の音だけ」という段階を踏むことで自分が聞き取れなかった部分や単語などの存在に気づくことができ、後で本書の和訳や解説を読む際にもそこを念入りに読み込めばいいという指標にもなります。

その後、両方日本語、つまり「日本語音声、日本語字幕」で観る段階を入れてみるのもいいでしょう。本書では英文に忠実な和訳を記載しているので、この段階は飛ばしても構わないのですが、日本語字幕や吹替でどこまで和訳されているかを事前に確認しておくと、実際に英語のセリフに向き合った時に、字幕や吹替で訳しきれていなかった部分に気づける喜びを感じることができます。
最後は「英語音声、英語字幕」にして、本書を読み進め、別冊の解説と英和辞典も参考にしながら、一つひとつのセリフの意味と内容を確認していきましょう。
そうして一つのチャプターが終われば、次のチャプターに進みましょう。ここでまた、「英語音声、字幕なし」にして観てみると、それより前のチャプターに出てきた表現や単語が聞き取れるようになっているかもしれません。作品というものは話が連続しているので、キーワードとなる言葉や頻出表現は繰り返し登場します。チャプターに区切って学んでいくことで、前のチャプターで学んだことがさっそく次のチャプターでの聞き取りや理解に生かせますし、「わかるようになった！」という進歩を感じられることは英語学習継続の大きな力となってくれます。

注：ファースト・ネームがピーターであるキャラが二人いるので、ピーター・パーカーは「パーカー」、ピーター・クイルは「クイル」と表記しています。

CONTENTS 目次

はじめに 010

本書の特長 015

本書の使い方 018

SCRIPT

CHAPTER 01 ニューヨーク 2012年 022

CHAPTER 02 アスガルド 2013年 042

CHAPTER 03 モラグ 2014年 056

CHAPTER 04 俺をはじき飛ばして 068

CHAPTER 05 ハイル・ヒドラ 086

CHAPTER 06 二人のキャプテン・アメリカ 108

CHAPTER 07 違う時代の二人のネビュラ 138

CHAPTER 08 俺はまだふさわしい 148

CHAPTER 09 オーブ 168

CHAPTER 10 両方とも手に入れる別の方法 188

CHAPTER 11 ニュージャージー 1970年 202

SCRIPT

CHAPTER 12 父と息子 ---------- 216

CHAPTER 13 私はあんたよ ---------- 234

CHAPTER 14 ヴォーミア 2014年 ---------- 240

CHAPTER 15 彼女の家族 ---------- 262

CHAPTER 16 ナノ・ガントレット ---------- 278

CHAPTER 17 2回目のスナップ ---------- 294

CHAPTER 18 ビッグ3 ---------- 328

CHAPTER 19 アベンジャーズ、アッセンブル ---------- 384

CHAPTER 20 なら、私はアイアンマンだ ---------- 512

CHAPTER 21 3,000回愛してる ---------- 562

CHAPTER 22 アスガーディアンズ・オブ・ギャラクシー ---------- 584

CHAPTER 23 人生を手に入れる ---------- 594

& 別冊 フレーズ解説&英和辞典

New York 2012

CHAPT

1:07:11

ER 01

ニューヨーク 2012年

In the sky above Stark Tower, Chitauri ships and Leviathans emerge from a wormhole, overflowing into the airspace above Manhattan. The Chitauri flock to the wall of skyscrapers, and one of them roars. [The Avengers (2012)]

スターク・タワーの上空にワームホールからチタウリの船やリヴァイアサンが現れ、マンハッタン空域に溢れている。チタウリは摩天楼の壁に群がっていて、そのうちの一匹が吠える。［『アベンジャーズ』（2012年）］

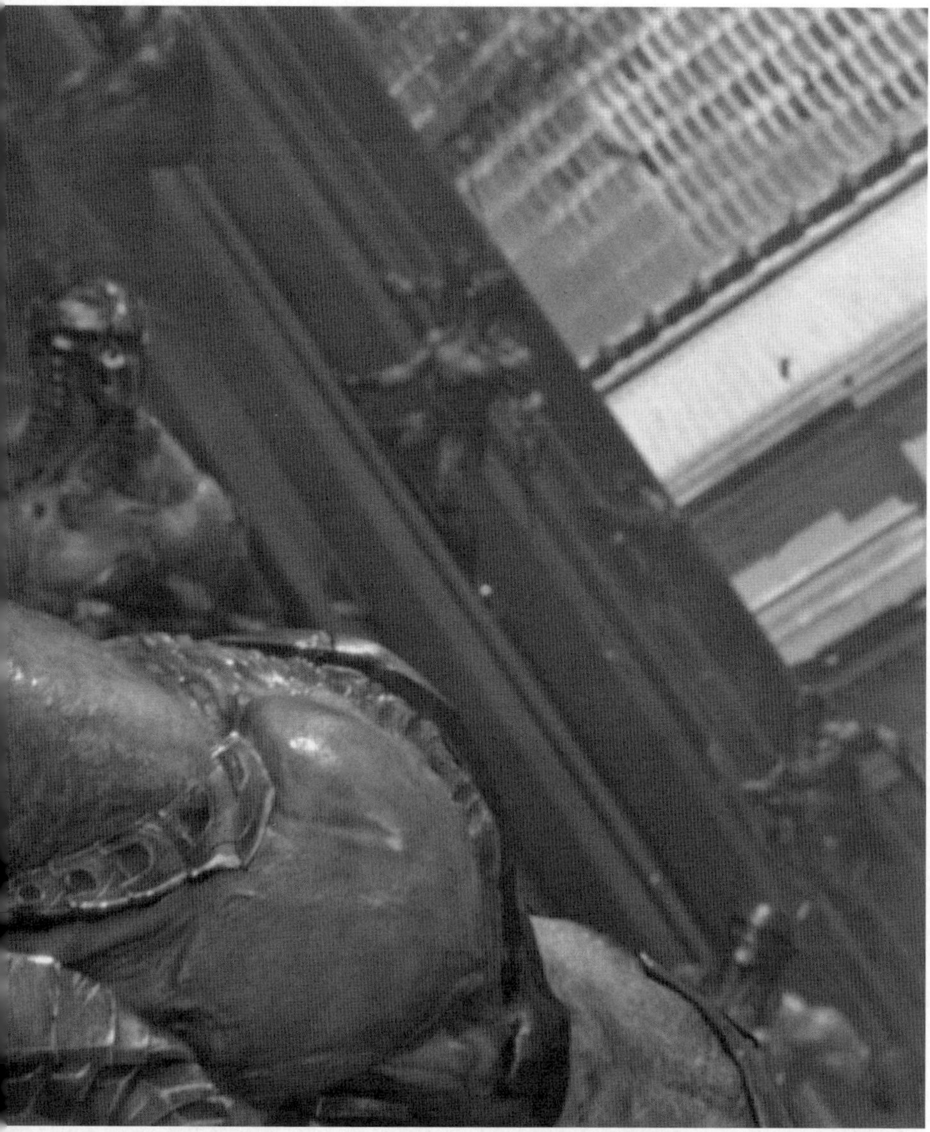

In the Battle of New York in 2012, Hulk roars, and Iron Man hovers and then lands on the ground. Hulk, Hawkeye (Clint Barton), Thor, Black Widow (Natasha Romanoff), Captain America (Steve Rogers), and Iron Man (Tony Stark) are there, decked out in their heroic garb, standing in a circle, backs to one another. Six original Avengers look daggers at the Chitauri invaders.

Just down the street from the 2012 Avengers, a series of bright flashes occurs. There appear the figures of Steve, Bruce, Scott, and Tony as they exit the quantum realm. They have returned from the present (2023) to the year 2012.

2012年のニューヨークの戦いで、ハルクは吠え、アイアンマンは空中に浮かんだ後、地上に着地する。ハルク、ホークアイ（クリント・バートン）、ソー、ブラック・ウィドウ（ナターシャ・ロマノフ）、キャプテン・アメリカ（スティーブ・ロジャース）、アイアンマン（トニー・スターク）がそこにいて、ヒーローの衣装を身にまとい、互いに背中を向ける形で円形に立っている。6人の初代アベンジャーズは、チタウリの侵入者をにらみつける。

その2012年のアベンジャーズから少し離れた通りで、一連の明るい閃光が起きる。量子世界から出てきた、スティーブ、ブルース、スコット、トニーの姿がそこに現れる。彼らは2023年の現在から2012年に戻ったのだ。

Their time-travel suits retract. Steve is wearing his old-fashioned Captain America uniform, the one he wore during his first mission with the Avengers in 2012. Scott is wearing his Ant-Man gear, while Tony and Bruce are both wearing street clothes.

Steve : **All right, we all have our assignments. Two stones uptown, one stone down. Stay low. Keep an eye on the clock.** ◂ Phrase 1

Steve turns his head as he hears a crashing sound in the distance followed by a familiar roar. It's the Hulk. Angry Hulk. 2012 Hulk.

The Hulk leaps down on the pavement and smashes the Chitauri with a car, repeatedly. Another Chitauri runs into view, takes one look at the Hulk, and bolts in the opposite direction. Hulk picks up a tire and throws it at the smashed car near him. The tire bounces off the car, sailing through the air and hitting a crosswalk light. The Hulk jumps on top of the smashed car and hops up and down until the thing is even more smashed than when he has started, before running off with a roar. Present Bruce puts his hand on his head with embarrassment.

Steve : **Maybe smash a few things along the way.** ◂ Phrase 2

Bruce : **I think it's gratuitous, but whatever.**

Bruce tears his shirt off to match the look of his former self. He growls softly and raises both hands, and then pounds on an already-wrecked taxi, making a small dent. There is no enthusiasm in his actions. Then he tosses a busted motorcycle in the air. Lifting both hands again, Bruce tries to look menacing, but it doesn't work well.

タイムトラベル・スーツが消える。スティーブは、2012年のアベンジャーズとの最初の任務で着ていた、昔ながらのキャプテン・アメリカのユニフォームを着ている。スコットはアントマン・スーツを着て、トニーとブルースの二人は普段着を着ている。

スティーブ　：よし、僕たちはみんな任務がある。アップタウンに2個のストーン、ダウンタウンに1個のストーンだ。目立たないようにしろ。時計から目を離すな。

破壊音に続き、聞き覚えのあるうなり声が遠くに聞こえ、スティーブは振り返る。ハルクだ。怒れるハルク。2012年のハルク。

ハルクは舗道に飛び降り、車でチタウリを繰り返し何度も強打する。別のチタウリが視界に走ってきて、ハルクを一目見ると、驚いて反対方向に駆け出す。ハルクはタイヤを持ち上げそれを近くの粉砕された車に向かって投げる。タイヤは車で跳ね返って、空中を飛び、信号機に当たる。ハルクは粉砕された車の上に跳び乗り、最初よりさらにもっと粉砕されるまで上下に飛び跳ねる。その後、うなり声と共に走り去る。現在の［現在からやってきた］ブルースは、恥ずかしさで頭に手を当てる。

スティーブ　：多分、道中で、2、3回、スマッシュしといたほうがいいな。

ブルース　：（暴れる根拠がないから）不要だとは思うけど、でも何でもいいさ。

ブルースは以前の自分の姿に似せるために、シャツを破り取る。穏やかに吠えて、両手を上げ、すでに壊れたタクシーを叩いて、小さなへこみを作る。彼の行為は熱気に乏しい。それから壊れたバイクを空中に投げる。両手をまた上げて、ブルースは怖く見えるように頑張るが、あまり効果はない。

Elsewhere in the city, the Chitauri continue their invasion. One Chitauri on a one-person flying machine is streaking through the skies above Bleecker Street when it is struck by a fan of glowing energy. The flying machine explodes as more fans take out more Chitauri.

On the rooftop of the Sanctum Sanctorum, the Ancient One, the Sorcerer Supreme, produces a magical fan and throws it to the Chitauri. Bruce lands with a thud atop of the Sanctum Sanctorum. He sees a door that leads to a stairwell below and starts to enter.

市の他の場所でも、チタウリが侵略を続けている。一人乗りの飛行艇に乗ったチタウリがブリーカー通りの上空を猛スピードで通り過ぎるが、輝くエネルギーの扇に攻撃される。その飛行艇は爆発し、さらなる扇が、さらにチタウリを倒す。

サンクタム・サンクトラムの屋上では、ソーサラー・スプリーム（至高の魔術師）のエンシェント・ワンが、魔法の扇を生み出し、それをチタウリに向かって投げる。ブルースがドシンと音を立ててサンクタム・サンクトラムの屋上に着地する。彼は下の階段吹き抜けに続くドアを見て、中に入ろうとする。

Ancient One : I'd be careful going that way. ◂ Phrase 3 We just had the floors waxed.

エンシェント・ワン：そこを行くのに私なら注意しますよ。ちょうど床にワックスをかけたばかりだから。

Bruce : Yeah, I'm looking for Doctor Strange.

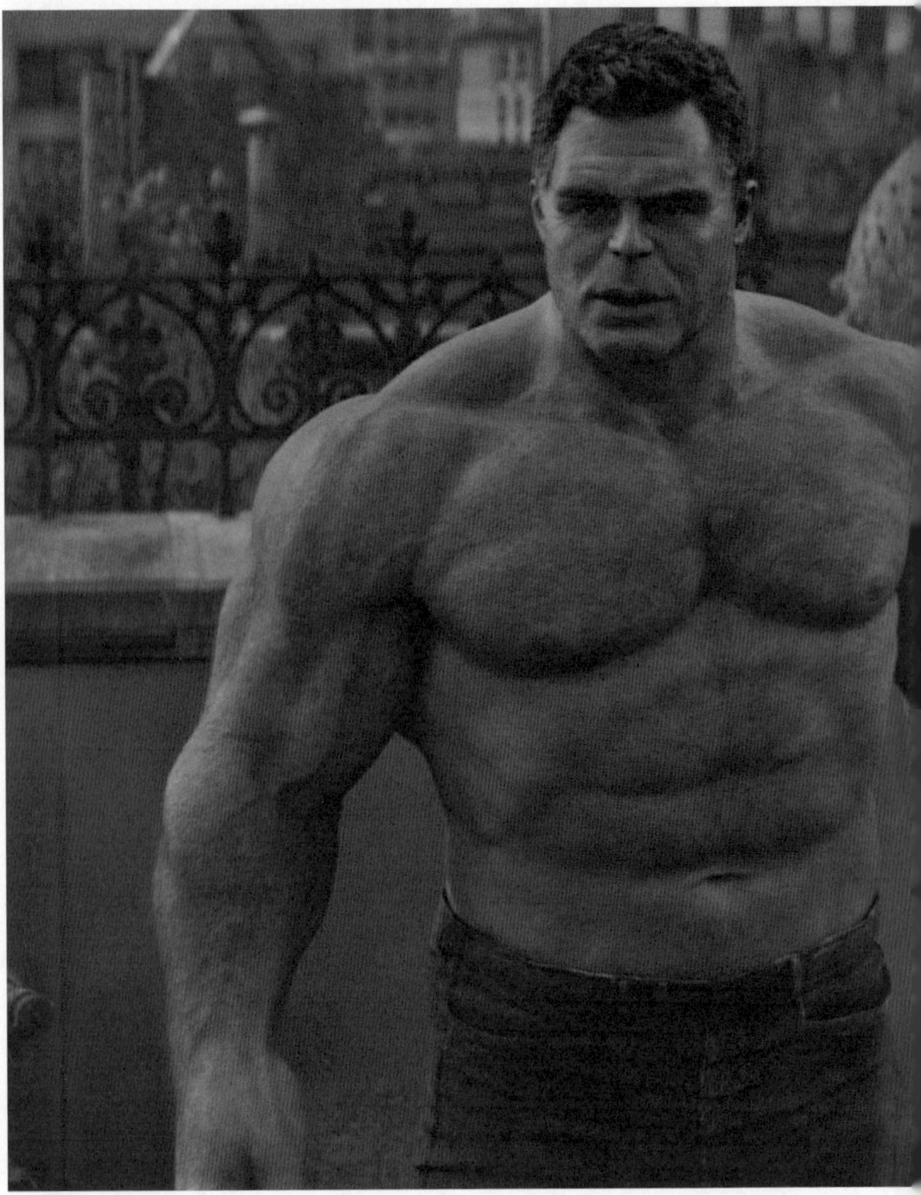

ブルース　：あぁ、僕はドクター・ストレンジを捜しています。

Ancient One : You're about five years too early. Stephen Strange is currently performing surgery about 20 blocks that way. What do you want from him?

Bruce : That, actually.

Bruce points at the Eye of Agamotto she's wearing around her neck. The Ancient One looks down at it.

Ancient One : Ah! I'm afraid not.

Bruce : Sorry, but I wasn't asking. ◀ Phrase 4

Ancient One : You don't want to do this.

Bruce : Ah, you're right, I don't. But I need that stone, and I don't have time to debate it.

エンシェント・ワン：あなたは5年ほど早く来すぎています。スティーヴン・ストレンジは目下、あちらの方向に20ブロックほどのところで（医師として）外科手術を行っている最中です。彼に何の用ですか？

ブルース：それです、実は。

ブルースは彼女が首にかけているアガモットの目を指さす。エンシェント・ワンはそれを見下ろす。

エンシェント・ワン：ああ！ 残念ながら無理です。

ブルース：申し訳ないが、僕は（それをくださいと）お願いしたわけじゃなかったんですが。

エンシェント・ワン：こんなことはしたくないでしょう［こんなことはしないほうがいいですよ］。

ブルース：あぁ、その通り。したくありません。でもそのストーンが必要なんです。そして僕には議論する時間はないんです。

Bruce steps forward and reaches for the Eye of Agamotto. The Ancient One moves her arm toward Bruce's chest, and pushes toward him, releasing Bruce's human astral form out of his body.

ブルースは前に進み出て、アガモットの目に手を伸ばす。エンシェント・ワンが腕をブルースの胸に向けて動かし、彼に向かって押すと、ブルースの人間の姿のアストラル体（霊体、幽体）が彼の体から放たれる。

Bruce's immense green physical frame collapses. Bruce's astral figure floats above the rooftop. He is bewildered by what has just happened.

Ancient One : Let's start over, shall we?

CHAPTER
01
02
03
04
05
06
07
08
09
10
11
12
13
14
15
16
17
18
19
20
21
22
23

ブルースの巨大な緑の肉体は倒れる。ブルースのアストラル体は屋上に浮いている。彼はたった今起こったことに混乱している。

エンシェント・ワン：最初からやり直しましょうか？

Asgard 2013

CHAPT

1:09:16

ER 02

アスガルド 2013年

Loki is lying down on the bed in his prison cell in Odin's palace. He is throwing a cup into the air and catching it, just passing the time of his incarceration. [Thor: The Dark World (2013)]

Thor and Rocket sneak past the prison cell and into a hallway. They glance down the hall, hiding behind a large stone column. They hear two women talking.

ロキはオーディンの宮殿の監獄の独房でベッドに横たわっている。彼は空中にカップを投げては受け止めて、ただ幽閉中の時間をつぶしている。［『マイティ・ソー／ダーク・ワールド』（2013年）］

ソーとロケットがその独房の横をこっそりと通り過ぎ、廊下に向かう。二人は大きな石柱の後ろに隠れながら、ホールの様子をうかがう。彼らは二人の女性の話し声を聞く。

Maiden : For you, Lady Jane.

Jane : Um, so you have anything with pants?

Maiden : Pants?

Jane : Never mind. These will be fine. Thank you.

Maiden : Yes, milady.

Thor : Oh, there's Jane.

Rocket : All right. Here's the deal, tubby. ◂Phrase 5 You're gonna charm her, and I'm gonna poke her with this thing, and extract the Reality Stone, and get gone lickety-split. ◂Phrase 6

Rocket is holding a strange-looking gadget. Thor turns and starts to walk away.

Thor : I'll be right back, okay? The wine cellar is just down here. My father used to have this huge barrel of Aakonian ale. I'll see if the scullery has a couple of to-go cups. ◂Phrase 7

Rocket : Hey. Hey! Aren't you drunk enough already?

Suddenly, a door opens and Thor hides behind a pillar. He peers around the pillar and a look of surprise flashes on his face. Frigga is walking with ladies. Thor follows her with his eyes.

Frigga : If you could send Loki some soup.

侍女　：どうぞ、レディ・ジェーン。

ジェーン　：あの、パンツの服はないの？

侍女　：パンツですか？

ジェーン　：気にしないで。これでいいわ。ありがとう。

侍女　：はい、奥様。

ソー　：あぁ、ジェーンがいる。

ロケット　：よし。いいかよく聞けよ、太っちょ。お前が彼女の気を引きつける、そして俺がこいつで彼女をつつき、リアリティ・ストーンを抽出して、全速力でずらかる。

ロケットは奇妙な見た目の装置を手に持っている。ソーは向きを変え、立ち去ろうとする。

ソー　：俺はすぐに戻るからな？ ちょうどこの下にワインセラーがあるんだ。俺の父がアーコニアン・エールの巨大な樽を持っていた（ものだった）。食器洗い場に、持ち帰り［持ち出し］用のカップが2個あるかどうか見てくる。

ロケット　：おい。おい！ お前はもう十分に酔っぱらってるんじゃないのか？

突然、ドアが開き、ソーは柱の後ろに隠れる。ソーが柱越しに目を凝らして見ると、驚きの表情が彼の顔に浮かぶ。フリッガが女性たちと歩いている。ソーはフリッガの姿を目で追う。

フリッガ　：ロキにスープを運んでやってくれるかしら。

Maiden : Yes, milady.

Frigga : And ask our librarians to pull some volumes from the astronomy shelf.

Rocket : Who's the fancy broad?

Thor : That's my mother. She dies today.

Rocket : Oh, that is today?

Thor : I can't do this. I can't do this. I shouldn't be here. I shouldn't have come. It's a bad idea!

Rocket : Come here.

Thor : No, no, no. I think I'm having a panic attack.

Rocket : Come here. Right here.

Thor : I shouldn't be here. This is bad.

侍女　：はい、奥様。

フリッガ　：それから、司書たちに、天文学の棚から何巻か取り出すように言ってちょうだい。

ロケット　：あの高級な感じの女は誰だ？

ソー　：あれは俺の母だ。母は今日死ぬ。

ロケット　：あぁ、それって今日なのか？

ソー　：こんなことできない。こんなことできない。俺はここにいるべきじゃない。来るべきじゃなかったのに。（ここに来るなんて）ひどい案だ［間違いだ］！

ロケット　：こっちに来い。

ソー　：いやだいやだいやだ。パニック発作が起きてるようだ。

ロケット　：こっちに来い。ここに。

ソー　：俺はここにいるべきじゃない。こんなのよくない。

Rocket slaps Thor in the face.

ロケットはソーの顔を叩く。

CHAPTER
01
02
03
04
05
06
07
08
09
10
11
12
13
14
15
16
17
18
19
20
21
22
23

Rocket : You think you're the only one who lost people? What do you think we're doing here? I lost the only family I ever had. Quill, Groot, Drax, the chick with the antenna, all gone. ◂Phrase 8 I get you miss your mom, but she's gone. Really gone. ◂Phrase 9

Thor is staring at Rocket with tears in his eyes.

Rocket : And there are plenty of people who are only kind of gone, and you can help them. ◂Phrase 9 So, is it too much to ask that you brush the crumbs out of your beard, make schmoopy talk to Pretty Pants, and when she's not looking, suck out the Infinity Stone, and help me get my family back? ◂Phrase 10

Thor : Okay.

Rocket : Are you crying?

Thor : No. Yes. I feel like I'm losing it.

Rocket : Get it together! You can do this. You can do this. All right? ◂Phrase 11

Thor : Yes, I can. ◂Phrase 11

Rocket : Good.

Thor : I can do this. I can do this. I can't do this. ◂Phrase 11

ロケット　：人を亡くしたのが自分だけだと思ってるのか？ 俺たちがここで何をしてると思う？ 俺がかつて持っていた唯一の家族を俺は失ったんだ。クイル、グルート、ドラックス、触角付き娘、みんな逝(い)っちまった。お前がママがいなくなって寂しいと思ってるのは俺にもわかる、だけど、彼女はもういないんだ。本当にいないんだ。

ソーは目に涙を浮かべ、ロケットを見つめている。

ロケット　：いなくなったかのようになっているだけのたくさんの人がいて、お前はそいつらを救うことができるんだ。だから、こんなことをお前に頼むのは言いすぎか？［言いすぎじゃないだろ？］ ひげについたくずを払い落して、かわいいパンツちゃんに甘い言葉をかけて、彼女が見てない時にインフィニティ・ストーンを吸い出して、俺の家族を取り戻すのを手伝え、って（頼むのは）。

ソー　：わかった。

ロケット　：お前、泣いてるのか？

ソー　：いや（泣いてない）。ああ（泣いてる）。気が変になりそうだ。

ロケット　：落ち着け！ お前はこれができる。お前はできる。いいか？

ソー　：ああ、俺はできる。

ロケット　：よし。

ソー　：俺はできる。俺はできる。（やっぱり）俺はこんなことはできない。

Thor turns and runs away.

Rocket : All right, heartbreaker, she's alone. This is our shot.

Rocket turns around but sees nobody there.

Rocket : Thor? Thor!

ソーは向きを変えて走り去る。

ロケット　：よし、色男、彼女は一人だ。これが俺たちのチャンスだぞ。

ロケットは振り向くが、そこには誰もいない。

ロケット　：ソー？ ソー！

CHAPT

1:11:54

ER 03

モラグ 2014年

The hatch beneath the Benatar opens, and a pod lowers to the planet's surface.

Rhodey : All right, bring it down, Blue. Right on that line. That's it. Down, down.

Natasha and Clint are standing on the ground. Natasha gives a swift kick a small lizard-like creature, Orloni, sending it into the air.

Clint : Hey, can we hurry it up?

Natasha : Guys, chop-chop. Come on. We're on the clock.
◀ Phrase 12

Rhodey : All that is really helpful.

Natasha gives Rhodey a hug.

Natasha : Take care, okay?

Rhodey : Yeah. Get that stone and come back. No messing around.

Clint : Hey.

Rhodey : We got this.

Clint : Let's get it done.

Rhodey : Yes, sir.

Clint : I'll see you back.

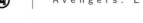

ベネター号の下のハッチが開き、ポッドが地表に降りる。

ローディ　：よし、それを下ろせ、ブルー。その線のちょうど上に。それでいい。下に、下に。

ナターシャとクリントが地面に立っている。ナターシャはトカゲのような小さな生物オルローニに素早い蹴りを入れ、オルローニは飛ばされる。

クリント　：なあ、急げるか？

ナターシャ　：二人とも、急いで。ねえ。私たち、勤務時間中よ。

ローディ　：そういうの全部、すごく助けになるね。

ナターシャはローディをハグする。

ナターシャ　：気をつけて、いいわね？

ローディ　：ああ。あのストーンを手に入れて、戻れよ。ぐずぐずするのは、なしだぞ。

クリント　：なあ。

ローディ　：俺たちなら大丈夫だ。

クリント　：やり遂げよう。

ローディ　：了解。

クリント　：戻って会おう。

Rhodey : You guys watch each other's six. ◂ Phrase 13

Clint and Natasha walk into the ship. Natasha smiles at Rhodey.

Clint : Yeah.

The Benatar takes off and speeds out of the atmosphere.

Nebula : Coordinates for Vormir are laid in. All they have to do is not fall out.

In the Benatar, Clint and Natasha sit in the front chairs, looking through the windshield at the vibrant array of colors that go streaking past them.

Clint : We're a long way from Budapest.

They both laugh.

Back to Morag. Rhodey and Nebula are standing on the surface.

Rhodey : Okay, so, uh... we just wait around for this Quill guy to show up and then he leads us to the Power Stone, is that it?

Nebula : Let's take cover. We're not the only ones in 2014 looking for the stones.

Rhodey : Wait a minute. What are you talking about right now? Who else is looking for these stones?

Nebula : My father... my sister... and me.

ローディ　：お互いの背後に気をつけてやれよ。

クリントとナターシャは歩いて船に入る。ナターシャはローディに笑顔を見せる。

クリント　：ああ。

ベネター号は飛び立ち、スピードを上げて大気圏を出る。

ネビュラ　：ヴォーミアへの座標は入れてある。二人がすべきなのは、仲たがいしないようにすることだけ。

ベネター号の中では、クリントとナターシャが前方の席に座り、窓越しにたくさんの鮮やかな色が猛スピードで通り過ぎていくのを見る。

クリント　：俺たち、ブダペストからすごく遠いところにいるな。

二人とも笑う。

モラグに画面が戻る。ローディとネビュラが地表に立っている。

ローディ　：よし、それで……俺たちはクイルって男が現れるのをただぶらぶらしながら待って、それからそいつが俺たちをパワー・ストーンに導いてくれる、そうだよな？

ネビュラ　：隠れましょう。2014年にストーンを捜してるのは私たちだけじゃない。

ローディ　：ちょっと待て。ここにきて何を言ってるんだ？ 他に誰がストーンを捜してるんだよ？

ネビュラ　：私の父……私の姉……そして私。

Rhodey : And you? Where are you right now?

2014 Nebula stands on a platform and fights with her opponents. Swinging her swords, she hits her opponent in the head. He drops a grenade canister. The light flashes and it explodes. She is thrown into the air, and hits the ground.

Another enemy aims his gun right at her, about to pull the trigger. Another figure appears, kicking the opponent, sending him flying into the power core. Then the conquering figure emerges from the smoke. It's 2014 Gamora.

Gamora : You're welcome.

2014 Nebula : I didn't ask for your help.

Gamora : And yet, you always need it.

Reaching for Nebula's hand, Gamora offers to help her sister to her feet. Nebula declines, slapping her hand away.

Gamora : Get up. Father wants us back on the ship.

2014 Nebula : Why?

Gamora : He's found an Infinity Stone.

They get aboard Q-Ship.

2014 Nebula : Where?

Gamora : On a planet called Morag.

2014 Nebula : Father's plan is finally in motion.

ローディ　：そして君？（その）君は今どこにいるんだ？

2014年のネビュラは台の上に立ち、敵と戦っている。剣を振り、敵の頭を刺す。敵は手榴弾の筒を落とす。パッと光って手榴弾が爆発する。ネビュラは空中に飛ばされ、地面にぶつかる。

別の敵がネビュラに銃で狙いをつけ、まさに引き金を引こうとする。別の人物が現れ、敵を蹴り、パワーコアの中に飛ばす。それから、その勝利した人物が煙の中から姿を現す。2014年のガモーラだ。

ガモーラ　：どういたしまして［お礼ならいいわよ］。

2014年のネビュラ：あんたに助けてなんて頼まなかった。

ガモーラ　：それなのに、あなたはいつも助けを必要としてるのよ。

ネビュラの手を取ろうと手を伸ばし、ガモーラは妹が立つのを助けようとする。ネビュラは、ガモーラの手を叩いて払い断る。

ガモーラ　：立って。お父様が私たちに船に戻るようにって。

2014年のネビュラ：なぜ？

ガモーラ　：お父様はインフィニティ・ストーンを見つけたの。

二人はQシップに乗り込む。

2014年のネビュラ：どこで？

ガモーラ　：モラグという惑星で。

2014年のネビュラ：お父様の計画がついに動き出した。

Gamora : One stone isn't six, Nebula.

2014 Nebula : It's a start. If he gets all of them...

They hear a sound from behind. The two sisters turn around to see a transport beam materialize in the distance. A tall figure forms within the beam, holding a long double-bladed sword in his massive hand. It is their father, Thanos.

Thanos : Ronan's located the Power Stone. I'm dispatching you to his ship.

Gamora : He won't like that.

Thanos : His alternative is death. Ronan's obsession clouds his judgment. ◀ Phrase 14

Thanos wipes blood off his sword with a cloth.

2014 Nebula : We will not fail you, Father.

Thanos : No, you won't.

2014 Nebula : I swear... I will make you proud.

Suddenly, the circuitry behind her left eye sparks. She staggers backward and sits on the ground, screaming. A hologram is projected from Nebula's left eye.

Rhodey : ...we just wait around for this Quill guy to show up and then he leads us to the Power Stone, is that it?

ガモーラ　：ストーンは1個で、6個ではないわ、ネビュラ。

2014年のネビュラ：（でも）始まりよ。もしお父様が全部のストーンを手に入れたら……

後ろから音が聞こえる。二人の姉妹は振り返り、向こうに転送ビームが実体化するのを見る。両端にブレードがある長いソードを巨大な手に持った、背の高い姿が転送ビームの中に形成される。彼女たちの父親、サノスだ。

サノス　：ロナンがパワー・ストーンの場所を突き止めた。やつの船にお前たちを派遣する。

ガモーラ　：ロナンはそのようなことは好まない［喜ばない］でしょう。

サノス　：それに代わるものは死だ［それを拒めば死ぬことになる］。ロナンの執着はやつの判断を曇らせる。

サノスは布でソードについた血をぬぐう。

2014年のネビュラ：我々はご期待を裏切るようなことはいたしません、お父様。

サノス　：ああ、お前たちは裏切らないだろう［期待に応えろ］。

2014年のネビュラ：誓います……お父様が誇りに思ってくださるようにすると。

突然、ネビュラの左目の奥の回路が火花を出す。彼女は叫びながら、後ろによろめき地面に座る。ネビュラの左目からホログラムが投影される。

ローディ　：……俺たちはクイルって男が現れるのをただぶらぶらしながら待って、それからそいつが俺たちをパワー・ストーンに導いてくれる、そうだよな？

Nebula : Let's take cover. We're not the only ones in 2014 looking for the stones.

2014 Nebula hits herself in the eye and shuts off the hologram.

Gamora : Who was that?

2014 Nebula : I don't know. My head is splitting. ◀ Phrase 15 I don't know.

Gamora : Her synaptic drive was probably damaged in battle.

Thanos lifts the end of his blade toward Nebula, touching it to her chin.

Thanos : Shh. Bring her to my ship.

ネビュラ　：隠れましょう。2014年にストーンを捜してるのは私たちだけじゃない。

2014年のネビュラは自分の目を叩き、ホログラムを消す。

ガモーラ　：今のは誰だったの？

2014年のネビュラ：わからない。頭が割れるように痛い。わからない。

ガモーラ　：多分、ネビュラのシナプス・ドライブが戦闘でダメージを受けたのです。

サノスはブレードの端をネビュラに向かって持ち上げ、それをネビュラの顎につける。

サノス　：シー（静かに）。ネビュラを私の船に連れてこい。

Flick Me

CHAPT

ER 04

俺をはじき飛ばして

New York in 2012. In his Iron Man armor, Tony Stark holds on to the outside of the Chrysler Building. He scans the interior of Stark Tower, and sees that Loki has been subdued and the 2012 original Avengers have just completed their first mission.

Tony : **Better hustle, Cap.** ◂ Phrase 16 **Things look like they're just about wrapped up here.**

Steve : **Got it. I'm approaching the elevator now.**

Iron Man flies through a broken window in the penthouse, and then lands inside. He creeps behind a wall. The Iron Man armor retracts and Tony is in the street clothes once more. He looks at the 2012 Avengers and Loki in the penthouse.

Loki : **If it's all the same to you, I'll have that drink now.**

2012 Tony : **All right, get him on his feet. We can all stand around posing up a storm later.** ◂ Phrase 17 **By the way, feel free to clean up.**

Tony : **Mr. Rogers, I almost forgot that that suit... did nothing for your ass.**

Tony is looking at 2012 Captain America's backside.

Steve : **No one asked you to look, Tony.**

Tony : **It's ridiculous.**

Scott : **I think you look great, Cap. As far as I'm concerned, that's America's ass.**

2012年のニューヨーク。アイアンマンのアーマーを装着した状態で、トニー・スタークはクライスラー・ビルディングの外側につかまっている。トニーがスターク・タワーの内部をスキャンすると、ロキが制圧され、2012年の初代アベンジャーズが最初の任務を完了したばかりなのが見える。

トニー　：急いだほうがいいぞ、キャップ（キャプテン）。どうやらやつらはほぼ仕事を終えたようだ。

スティーブ　：了解。今、エレベーターに接近中。

アイアンマンはペントハウスの壊れた窓を通って飛び、中に着地する。トニーは壁の後ろを静かに歩く。アイアンマン・アーマーは収納され、トニーはまた普段着になる。トニーはペントハウスの中の2012年のアベンジャーズとロキを見る。

ロキ　：かまわないなら、今、あの酒をもらおうか。

2012年のトニー：よし、そいつを立たせろ。精一杯ポーズしながら、ボーッと突っ立ってるのは後でもできる。ところで、遠慮せず掃除してくれたっていいんだぞ。

トニー　：ロジャース君、忘れるところだった［今思い出した］が、あのスーツは……君のケツには何もいい効果をもたらしてないな。

トニーは2012年のキャプテン・アメリカの背面［尻］を見ている。

スティーブ　：誰も（ケツを）見てくれなんて頼んでないぞ、トニー。

トニー　：（見た目が）こっけいだ。

スコット　：俺は素敵だと思うよ、キャップ。俺に言わせれば、あれがアメリカのケツだ。

A tiny figure stands on Tony's shoulder. It's Ant-Man. He throws a tiny salute.

2012 Natasha : Who gets the, uh, magic wand? ◂ Phrase 18

Natasha is holding Loki's scepter. The Mind Stone within the scepter is glowing.

2012 Steve : S.T.R.I.K.E. team's coming to secure it.

CHAPTER 01 02 03 04 05 06 07 08 09 10 11 12 13 14 15 16 17 18 19 20 21 22 23

小さな人物がトニーの肩の上に立っている。アントマンだ。彼は小さな敬礼をする。

2012年のナターシャ：その、魔法の杖は誰が持つの？

ナターシャはロキの杖［笏］を持っている。杖の中のマインド・ストーンが輝いている。

2012年のスティーブ：ストライク・チームがそれを保管するためにここに来る。

The elevator doors open, and members of S.T.R.I.K.E., S.H.I.E.L.D.'s elite task force, walk out, including Brock Rumlow and Jasper Sitwell.

Sitwell : **We can take that off your hands.**

2012 Natasha : **By all means.** ◂ Phrase 19 **Careful with that thing.**

Natasha hands Loki's scepter over to Sitwell.

2012 Clint : **Yeah, unless you want your mind erased. And not in a fun way.** ◂ Phrase 20

Sitwell : **We promise to be careful.**

Sitwell puts the scepter inside a large briefcase.

Scott : **Who are these guys?**

Tony : **They are S.H.I.E.L.D. Well, actually Hydra, but we didn't know that yet.**

Scott : **Seriously? You didn't? I mean, they look like bad guys.**

Tony : **You're small, but you're talking loud.** ◂ Phrase 21

Now Loki is shackled. 2012 Captain America walks past Hulk, Thor, and Loki, informing his team over the comms.

2012 Steve : **On my way down to coordinate search and rescue.** ◂ Phrase 22

エレベーターのドアが開き、シールドのエリート任務部隊である、ストライクのメンバーがそこから出てくる。その中にはブロック・ラムロウとジャスパー・シットウェルも含まれている。

シットウェル　：君が持っているそれを我々が預かろう。

2012年のナターシャ：ぜひよろしく。そいつ（その杖）の扱いには注意して。

ナターシャはロキの杖をシットウェルに手渡す。

2012年のクリント：あぁ、心を消されたいと思うなら話は別だがな。それも、楽しくはない感じで。

シットウェル　：扱いには注意すると約束する。

シットウェルは大きなブリーフケースにその杖を入れる。

スコット　：こいつらは誰？

トニー　：あいつらはシールドだ。まぁ、実はヒドラだが、僕らは（当時）そのことをまだ知らなかった。

スコット　：まじで？ 知らなかったって？ だって、あいつら、悪人っぽく見えるぞ。

トニー　：君は小さいのに、大声でしゃべるんだな。

今ロキは手枷をはめられている。2012年のキャプテン・アメリカが、通信機でチームに連絡しながら、ハルク、ソー、ロキの前を通り過ぎる。

2012年のスティーブ：捜索と救助を指揮するため、下に向かってるところだ。

Loki's outer appearance shifts until he looks exactly like 2012 Captain America. Loki as 2012 Steve repeats, doing an imitation of the Star-Spangled Avenger.

Loki : **On my way down to coordinate search and rescue.**
◂ Phrase 22

Then his appearance changes again, back to his trickster Loki self.

Loki : **I mean, honestly, how do you keep your food down?**

2012 Thor puts a strange device over Loki's mouth. The device expands quickly, holding Loki's mouth closed.

2012 Thor : **Shut up.**

Thor walks Loki toward the elevator.

Tony : **Ooh. All right, you're up, little buddy. There's our stone.**

Tony see the Tesseract, containing the Space Stone, inside an open briefcase. Some guy's fingers move across a keypad on the case as he prepares to close it.

Ant-Man bends over on Tony's shoulder.

Scott : **All right. Flick me.** ◂ Phrase 23

ロキの見た目が2012年のキャプテン・アメリカとそっくりになるように変化する。ロキは2012年のスティーブとしてセリフを繰り返し、星条旗のアベンジャー（キャプテン・アメリカ）の真似をする。

ロキ　：捜索と救助を指揮するため、下に向かってるところだ。

それからロキの見た目はまた変化し、（人を騙すのが得意な）トリックスターのロキ自身に戻る。

ロキ　：正直言って、どうやって食べ物を吐き出さずにいられるんだ？［そんなセリフにはヘドが出そうだよ］

2012年のソーは奇妙なデバイスをロキの口にかぶせる。それはすぐに広がり、ロキの口を閉じさせる。

2012年のソー：黙れ。

ソーはロキをエレベーターに向かって歩かせる。

トニー　：おぉ。よし、君の出番だ、リトル・バディ。我々のストーンがある。

スペース・ストーンを内包している四次元キューブが、開いたブリーフケースの中にあるのをトニーは見る。ある男性の指がキーパッドの上を動き、ケースを閉じようと準備している。

アントマンはトニーの肩の上で前かがみになる。

スコット　：わかった。俺をはじき飛ばして。

Flick Me

Tony flicks Ant-Man, sending him straight for the still-open briefcase. He lands inside the case, and then jumps out, landing the man's hand and running up his arm. It is 2012 Tony that closes the briefcase with the Space Stone inside.

One of Tony's old Iron Man helmets is sitting on a pedestal. Tony backs up toward an open window. He taps on the Arc Reactor as he jumps right out of the window.

トニーはアントマンを指ではじき、まだ開いているブリーフケースに向かってまっすぐ飛ばす。アントマンはケースの中に着地し、そこから飛び出し、男の手に着地して、腕を駆け上がる。中にスペース・ストーンが入ったブリーフケースを閉じるのは2012年のトニーである。

トニーの古いアイアンマン・ヘルメットの一つが台の上に置いてある。トニーは開いた窓のほうに後ろ向きに進む。トニーはアーク・リアクターをタップして、窓から飛び降りる。

Tony falls toward the ground as the Iron Man armor, Mark 85, forms around his body. Thrusters fire from his palms, arresting his descent.

His mask closes down and Iron Man rockets away.

トニーは地面に向かって落ちていき、アイアンマン・アーマー、マーク85が体の周りに形成される。手のひらのスラスターが火を噴き、降下を止める。

マスクが閉じ、アイアンマンは飛び去る。

2012 Thor, 2012 Tony, and Loki stand with several S.H.I.E.L.D. agents in the elevator, waiting for the doors to close. Hulk attempts to get into the elevator.

Hulk : **Move.**

2012 Thor : **Hey. Whoa, whoa, whoa!**

2012 Tony : **Hey, hey. Buddy! What do you think? Maximum occupancy has been reached.**

2012年のソーとトニー、そしてロキは、何名かのシールド・エージェントと共にエレベーターに乗り、ドアが閉まるのを待っている。ハルクがエレベーターに乗り込もうとする。

ハルク　：動け［詰めろ］。

2012年のソー：おい。ちょっと、ちょっと、ちょっと！

2012年のトニー：おい、おい。バディ！ どう思う？ 最大定員に達しちゃってるんだよ。

2012 Thor : **Take the stairs.**

2012 Tony : **Yeah. Stop, stop.**

The elevator doors close. Hulk punches the door in anger, making a dent in it.

Hulk : **"Take the stairs." Hate the stairs.**

Hulk walks toward the stairs, fuming.

2012年のソー：階段を使え。

2012年のトニー：そうだ。やめろ、やめろ。

エレベーターのドアが閉まる。ハルクは怒りでドアを殴り、へこみができる。

ハルク：「階段使え」。階段嫌い。

ハルクは腹を立てながら、階段へと歩いていく。

Hail Hydra

CHAPT

1:18:01

ER 05

ハイル・ヒドラ

Outside, Iron Man flies around Stark Tower, hovering momentarily.

外では、アイアンマンがスターク・タワーの周りを飛び、一時的に空中停止している。

Tony : **All right, Cap, I got our scepter in the elevator just passing the 80th floor.**

Steve : **On it. Head to the lobby.**

Tony : **All right, I'll see you there.**

Rumlow stands in the elevator with Sitwell and the other S.H.I.E.L.D. agents. Rumlow holds the briefcase tightly. Sitwell is talking on the phone.

Sitwell : **Evidence secure. We're en route to Doctor List. No. No hitches at all, Mr. Secretary.**

The elevator stops. The doors open, and Captain America stands there. He gets into the elevator and pushes a button.

Sitwell : **Captain. I thought you were coordinating search and rescue.**

Steve : **Change of plans.**

Rumlow : **Hey, Cap.**

Steve : **Rumlow.**

Captain America catches sight of one of the agents putting his hand on the firearm on his hip.

Steve : **I just got a call from the secretary. I'm gonna be running point on the scepter.**

トニー　：よし、キャップ、エレベーターの中の杖を見つけた、ちょうど80階を通過中だ。

スティーブ　：それは僕がやる［任せろ］。（君は）ロビーに向かえ。

トニー　：了解、そこで会おう。

ラムロウはシットウェルや他のシールド・エージェントと一緒にエレベーターに乗っている。ラムロウはブリーフケースをしっかりと持っている。シットウェルは電話で話している。

シットウェル　：証拠を確保。我々はドクター・リストのところに向かう途中です。いいえ。障害は全くありません、理事。

エレベーターが停まる。ドアが開くと、そこにはキャプテン・アメリカが立っている。彼はエレベーターに乗り込み、ボタンを押す。

シットウェル　：キャプテン。あなたは捜索と救助を指揮している最中だと思っていました。

スティーブ　：計画の変更だ。

ラムロウ　：どうも、キャップ。

スティーブ　：ラムロウ。

キャプテン・アメリカはエージェントの一人が腰の火器に手を置くのに気づく。

スティーブ　：たった今、理事から電話があった。その杖はこれから僕が責任を持って担当する。

Sitwell : **Sir? I don't understand.**

Steve : **We got word there may be an attempt to steal it.**

Rumlow : **Sorry, Cap. We can't give you the scepter.**

Sitwell : **I'm gonna have to call the director.**

Steve : **That's okay. Trust me.**

Then he leans into Sitwell, close enough to whisper in his ear.

Steve : **Hail Hydra.** ◂ Phrase 24

Shocked, Sitwell looks up at Captain America. Sitwell looks at Rumlow, who is also shocked. The doors open. Captain America, with the scepter case in his hand, steps out of the elevator, with a smile.

Hulk pounds down the stairwell. He looks over the railing all the way down to the bottom. All he can see is staircase after staircase. He growls, full of fury.

Hulk : **So many stairs!**

Inside the lobby of Stark Tower, present Tony watches 2012 Tony, 2012 Thor, Loki, and several S.H.I.E.L.D. agents, walking toward the front doors. Tony has disguised himself with a helmet and some goggles and is standing near the reception desk.

Tony : **Thumbelina, do you copy? I've got eyes on the prize. It is go time.**

シットウェル　：なんですって？ 理解できません。

スティーブ　：それを盗もうとする試みがあるかもしれないとの連絡を我々は受けたんだ。

ラムロウ　：すみません、キャップ。あなたにその杖を渡すことはできません。

シットウェル　：長官に電話しなければなりませんね。

スティーブ　：それはいい［その必要はない］。僕を信じろ。

それからキャプテン・アメリカは、シットウェルの耳にささやける近さまで、彼のほうに体を傾ける。

スティーブ　：ハイル・ヒドラ（ヒドラ万歳）。

ショックを受け、シットウェルはキャプテン・アメリカを見上げる。シットウェルはラムロウを見るが、彼もまたショックを受けている。ドアが開く。キャプテン・アメリカは手に杖の入ったケースを持ち、微笑みを浮かべながらエレベーターを降りる。

ハルクはドスンドスンと音を立てて階段吹き抜けを降りている。手すりからはるか下を覗き込む。見えるのは階段に次ぐ階段だけ。彼は怒りでいっぱいとなり、うなる。

ハルク　：階段すごく多い！

スターク・タワーのロビーの中で、2012年のトニー、ソー、ロキ、数名のシールド・エージェントが玄関に向かって歩いていくのを現在のトニーが見ている。彼はヘルメットとゴーグルで変装していて、受付の近くに立っている。

トニー　：親指姫、聞こえるか？ 目的のものを見つけた。行くぞ。

Scott : Bombs away.

Still at ant size, Ant-Man is hanging on to 2012 Tony's hairline. Letting go, he drops down and grabs a whisker on Tony's beard. Tony tries to scratch his beard. Ant-Man falls down Tony's chest, and grabs the edge of the Arc Reactor.

Scott : Is that Axe Body Spray?

Tony : Yeah, I had a can in the desk for emergencies. Relax. Can we focus, please?

Scott : I'm going inside you, now.

Ant-Man shrinks to an even smaller size, which allows him to slip inside 2012 Tony's Arc Reactor with ease.

2012 Thor and 2012 Tony stop walking as they encounter Alexander Pierce.

Pierce : Uh, may I ask you where you're going?

2012 Thor : Bit of lunch and then Asgard. I'm sorry, you are...?

2012 Tony : Alexander Pierce. He's the man above the folks behind Nick Fury.

2012 Thor : Oh.

Pierce : My friends call me Mr. Secretary. I'm gonna have to ask you to turn that prisoner over to me.

スコット　：爆弾投下。

まだアリのサイズのままで、アントマンは2012年のトニーの髪の生え際にぶら下がっている。手を離して下に落ち、トニーのほおひげの1本を掴む。トニーがひげをかこうとする。アントマンはトニーの胸に落ちて、アーク・リアクターの端を掴む。

スコット　：それって、アックス・ボディスプレー？

トニー　：あぁ、緊急事態のためにデスクに缶を入れてたんだ。落ち着け。頼むから集中できるかな？

スコット　：さあ、今から君の中に入るぞ。

アントマンはさらに小さなサイズに縮み、そのおかげで2012年のトニーのアーク・リアクターに簡単に滑り込むことが可能になる。

2012年のソーと2012年のトニーは、アレクサンダー・ピアースに遭遇し、歩みを止める。

ピアース　：あー、君たちがどこに行くのかを尋ねてもいいかな？

2012年のソー：ちょっとランチして、それからアスガルドだ。悪いが、あんたは……？

2012年のトニー：アレクサンダー・ピアースだ。ニック・フューリーの背後にいる人たちより上の立場の人間だよ。

2012年のソー：おぉ。

ピアース　：友人は私を理事（ミスター・セクレタリー）と呼ぶ。その囚人を私に引き渡してくれと言わなければならないな。

2012 Thor : Uh, Loki will be answering to Odin himself.

Pierce : No, he's going to answer to us. Odin can have what's left. ◂ Phrase 25 And I'm gonna need that case. That's been S.H.I.E.L.D. property for over 70 years.

Agent : Hand over the case, Stark.

An agent with Pierce reaches down and attempts to take the case holding the Tesseract from 2012 Tony.

Tony : All right, move it, Stuart Little. Things are getting dicey out there. Let's go.

2012 Tony : I'm not gonna argue who's got the higher authority here...

2012年のソー：あー、ロキ自身がオーディン王（の尋問）に対して説明責任を果たすことになっている。

ピアース：いや、ロキは我々の尋問に答えてもらう。オーディンにはその残りがあればいいだろう。それに私はそのケースが必要になる。それは70年以上もシールドの所有物だったものだ。

エージェント：そのケースを引き渡せ、スターク。

ピアースに同行している一人のエージェントが下に手を伸ばし、2012年のトニーから、四次元キューブの入ったケースを取ろうとする。

トニー：よし、やれ、スチュアート・リトル。あっちでは、ことがやばい状態になってきてる。やるぞ。

2012年のトニー：ここで誰がより高い権限を持つかについて議論するつもりはないんですが……

Scott : You promise me you won't die?

スコット　：あんたは死なないって約束する？

Tony : We're only giving me a mild cardiac dysrhythmia.

Scott : That doesn't sound mild.

Ant-Man crouches down next to a pin in the Arc Reactor and grabs it with both hands.

Pierce : I need the case.

2012 Tony : I know you got a lot of pull, I'm just saying, jurisdiction...

Pierce : Okay, then give me the case.

2012 Tony : Well, jurisdiction...

Agent : Hand it over.

Reaching out, Pierce grabs 2012 Tony's arm that holds the briefcase. Then another S.H.I.E.L.D. agent moves in, also reaching for 2012 Tony.

Tony : Do it, Lang!

2012 Tony : Get your hands off me.

Tony : Window's closing. Pull my pin.

Scott : Here goes!

トニー　：僕に軽い不整脈を起こさせることになるだけだ。

スコット　：それって軽く聞こえないんだけど。

アントマンはアーク・リアクターのピンの横にしゃがみ、それを両手で掴む。

ピアース　：そのケースが必要なんだ。

2012年のトニー：あなたが多くの人を動かしてるのはわかりますが、僕が言っているのは、管轄は……

ピアース　：よし、それじゃあ、そのケースを渡せ。

2012年のトニー：あぁ、管轄が……

エージェント　：それを引き渡せ。

手を伸ばして、ピアースは、ブリーフケースを持っている2012年のトニーの腕を掴む。それから別のシールド・エージェントが入ってきて、同様に2012年のトニーに手を伸ばす。

トニー　：やれ、ラング！

2012年のトニー：僕から手を放せ。

トニー　：チャンスが失われるぞ。僕の（リアクターの）ピンを抜け。

スコット　：行くぞ［それ］！

Ant-Man pulls the pin out of place. Immediately, the Arc Reactor beneath 2012 Tony's shirt starts to flash on and off, and he gasps, eyes going wide. He grunts, and then lets go of the briefcase. He collapses to the floor, and begins to convulse.

Pierce : **Stark?**

2012 Thor : **Stark?**

Agent : **He's convulsing. Give him air!**

Pierce : **Medic!**

Tony : **Medic! Give these guys some help.**

2012 Thor : **Speak to me. Stark, is it your chest machine?**

Ant-Man has left the Arc Reactor and is now running down 2012 Tony's arm. He leaps toward the Tesseract case. He kicks it with his strength, and the case spins across the floor, sliding.

Loki watches the Tesseract case slide across the floor with keen interest, while all the S.H.I.E.L.D. agents are too distracted by 2012 Tony's attack to notice.

2012 Thor : **Breathe, breathe.**

Tony lunges for the briefcase, then picks it up, still unnoticed, and carries it away from the scene. He heads toward the stairwell door.

Tony : **Good job. Meet me in the alley. I'm gonna grab a quick slice.**

◂ Phrase 26

アントマンが定位置からピンを引き抜く。すぐに2012年のトニーのシャツの下のアーク・リアクターが点滅し始め、トニーは目を見開いてあえぐ。彼はうなり声をあげ、その後、ブリーフケースから手を離す。彼は床に崩れ落ち、痙攣し始める。

ピアース：スターク？

2012年のソー：スターク？

エージェント：痙攣してる。彼に空気（酸素）を！

ピアース：医療班［救急救命士］！

トニー：医療班！ あの者たちを手助けしてくれ。

2012年のソー：話してくれ。スターク、胸の機械のせいか？

アントマンはすでにアーク・リアクターを離れ、今は2012年のトニーの腕の上を走っている。彼は四次元キューブのケースに向かって跳ぶ。彼は力いっぱいケースを蹴り、ケースは床を回転しながら滑っていく。

ロキは四次元キューブのケースが床を滑るところを熱心に見ているが、一方、シールドのエージェントは全員、トニーの発作にすっかり気を取られていて、ケースのことに気づかない。

2012年のソー：呼吸しろ、呼吸しろ。

トニーはブリーフケースに向かって突進し、それを拾い上げるが、まだ気づかれておらず、ケースを現場から持ち去る。彼は階段吹き抜けのドアのほうに向かう。

トニー：よくやった。裏通りで会おう。僕は軽く（ピザを）1切れ食べるよ。

Suddenly, the door opens with incredible force, knocking Tony into the air, causing him to lose grip of the Tesseract case. The case pops open, and the Tesseract tumbles out, hitting the ground.

Hulk storms out of the stairwell door, growling. The Tesseract continues its slide across the floor, coming to rest directly at Loki's feet. He looks down at the Tesseract.

Hulk : **No stairs!**

Inside the lobby, people see Hulk and start to panic. Hulk slams his massive fist into the walls, growling.

Loki sees that neither his guards nor any of the other S.H.I.E.L.D. agents have taken notice. He crouches down and picks up the Tesseract. Then he stands up, the Cube in hand.

He uses the Tesseract to open a portal in space behind him. The portal wraps itself around Loki, and he disappears with the Tesseract as the portal closes.

Agent : **Uh... Come on, Stark, stay with us.** ◂ Phrase 27

2012 Thor : **I'm going to try something. Okay? I have no idea if it's going to work.**

2012 Thor places his hammer, Mjolnir, directly over the Arc Reactor. 2012 Thor taps Mjolnir lightly, discharging a spark of electricity. Almost at once, 2012 Tony seems to recover.

2012 Thor : **Yes!**

突然、信じられないほどものすごい力でドアが開き、トニーに当たって彼を空中に飛ばし、そのせいでトニーは四次元キューブのケースを握っていた手を離してしまう。ケースがパッと開き、四次元キューブが転がり出て、床に当たる。

ハルクは階段吹き抜けのドアから荒々しく飛び出してきて、うなる。四次元キューブはそのまま床を滑り、ちょうどロキの足元で止まる。ロキは四次元キューブを見下ろす。

ハルク　：階段いやだ！

ロビーでは、人々がハルクを見てパニックになり始める。ハルクは大きな拳を壁に激しく叩きつけ、うなる。

ロキは、自分の護衛や他のシールドのエージェントが誰も気づいていないのを見る。彼はしゃがんで四次元キューブを拾い上げる。それから手にキューブを持って立ち上がる。

ロキは四次元キューブを使って、彼の後ろの空間にポータルを開く。ポータルがロキを包み込み、ロキは四次元キューブと共に消え、ポータルは閉じる。

エージェント　：あぁ……おい、スターク、しっかりしろ［死ぬな］。

2012年のソー：俺がちょっと試してみる。いいか？ それが効くかどうかはわからないが。

2012年のソーは彼のハンマー、ムジョルニアを、アーク・リアクターのちょうど上に置く。2012年のソーはムジョルニアを軽く叩き、電気の火花を放電する。ほとんどすぐに2012年のトニーは回復した様子を見せる。

2012年のソー：よし！

2012 Tony : Oh, that worked a treat. ◂Phrase 28 Dude, that was so crazy.

2012 Thor : I had no idea if that was gonna work.

2012 Tony : The case.

2012 Thor : The case is, uh... Where's the case? Where's Loki? Loki!

Present Tony is flat on his back, and then he becomes conscious.

Scott : That wasn't supposed to happen, was it?

Tony : Oh, we blew it.

2012 Thor : Loki?

2012年のトニー：あぁ、今のはうまくいったよ。なぁ、今のはすごく強烈だった。

2012年のソー：今のが効くかどうかはわからなかったんだがな。

2012年のトニー：ケース。

2012年のソー：ケースは……ケースはどこだ？ ロキはどこだ？ ロキ！

現在のトニーはあおむけに倒れており、それから意識を取り戻す。

スコット：今のは起こるはずじゃなかったこと……だよね？

トニー：あぁ、僕たちは大失敗しちまった。

2012年のソー：ロキ？

CHAPT

Two Captaim Americas

1:21:51

ER 06

二人のキャプテン・アメリカ

Captain America presses for information over the comms as he steps around a corner. His shield is slung on one arm, and he holds the case containing Loki's scepter in the other.

Steve : **Tony, what's going on? Tell me you found that Cube.**

Steve looks up and sighs.

Steve : **Oh, you gotta be shitting me.**

Standing on the walkway is 2012 Captain America. 2012 Captain America takes one look at present Captain America and speaks over the comms.

2012 Steve : **I have eyes on Loki. Fourteenth floor.**

Steve : **I'm not Loki...**

He sets the case containing the scepter on the floor.

Steve : **... and I don't wanna hurt you.**

2012 Captain America lunges across the glass walkway at present Captain America, who raises his shield above his head. 2012 Captain America swings the edge of his own shield down at Captain America. The two shields collides, sparks flying. Both Caps each swing their shields at the other, creating more sparks.

2012 Cap kicks his leg toward Cap's face, but Cap leans back and the kick misses. Then Cap jumps up, spinning around, trying to deliver a kick. But 2012 Cap leaps into the air and kicks Cap in the chest. Thrown by the force of the kick, Cap falls on the walkway, sliding on the glass floor.

キャプテン・アメリカは角を曲がったところで、通信機を通して情報を求める。片方の腕には盾がつけられており、もう片方の手にはロキの杖が入ったケースを持っている。

スティーブ　：トニー、何が起こってるんだ？ あのキューブを見つけたと言ってくれ。

彼は視線を上げて、ため息をつく。

スティーブ　：あぁ、冗談だろ。

通路の上に立っているのは2012年のキャプテン・アメリカである。2012年のキャプテン・アメリカは現在のキャプテン・アメリカをちらっと見て、通信機で告げる。

2012年のスティーブ：ロキを見つけた。14階だ。

スティーブ　：僕はロキじゃない……

彼は杖の入ったケースを床に置く。

スティーブ　：……それに君にけがをさせたくない。

2012年のキャプテン・アメリカが、現在のキャプテン・アメリカに向かってガラスの通路を突進してくる。現在のキャプテン・アメリカは頭上に盾を上げる。2012年のキャプテン・アメリカは、キャプテン・アメリカに自分の盾の端を振り下ろす。二つの盾が衝突し、火花が飛ぶ。二人のキャップはそれぞれ、相手に向かって盾を振り、さらに火花が飛ぶ。

2012年のキャップが、キャップの顔に向かって脚で蹴るが、キャップは後ろにそり、キックは外れる。それからキャップは跳び上がって回転し、キックをお見舞いしようとする。しかし2012年のキャップが空中に跳び上がり、キャップの胸を蹴る。キックの力で飛ばされて、キャップは通路に落ち、ガラスの床を滑る。

2012 Steve : I can do this all day. ◂ Phrase 29

Steve : Yeah, I know. I know.

Cap throws his shield at 2012 Cap, who responds in kind. Two shields collide in midair, and then fall over the side of the walkway, falling to the atrium below.

The two Captain Americas sprint toward one another, and a fistfight erupts. Punches are thrown and blocked.

Cap grabs 2012 Cap's arm and yanks it behind his back, getting him in a fireman's carry. Cap knees 2012 Cap in the stomach.

He accidentally kicks the scepter case, sending it toward the glass barrier. It shatters the glass and falls over the edge. The case lands on the atrium floor and pops open, the scepter falling out amidst a spray of glass shards.

Cap sweeps 2012 Cap's legs from under him, and 2012 Cap falls forward the edge of the walkway, going over. His hand shoots upward, and he grabs onto Cap, pulling him along for the ride. The two Captain Americas fall off the walkway, hurtling toward the atrium floor below.

Both smash through a glass awning on the way down, which shatters on impact. The two tumble over the stairs and reach the atrium floor. 2012 Cap lands face-down. Cap hits the ground hard, and something pops out of his uniform.

2012 Cap sees a compass on the floor. It is open, and on the inside of the lid is a picture of Peggy Carter. He grabs the compass and rises to his feet. Cap rises to his feet as well.

2012年のスティーブ：これを一日中やってられるぞ［ずっと続けられるぞ］。

スティーブ　：あぁ、だろうな。わかってるよ。

キャップは2012年のキャップに向かって盾を投げ、相手も同じやり方で応じる［盾を投げる］。二つの盾は空中でぶつかり、それから通路の端を乗り越えて、下のアトリウムまで落ちていく。

二人のキャプテン・アメリカはお互いに向かって猛ダッシュし、素手での殴り合いが始まる。パンチが放たれ、ブロックされる。

キャップは2012年のキャップの腕を摑んでそれを背中の後ろに引っ張り、彼にファイヤーマンズキャリー［飛行機投げ・肩車］（の技）をかける。キャップは2012年のキャップの腹に膝蹴りをする。

キャップは誤って杖のケースを蹴り、それがガラスの柵のほうに飛んでいく。それはガラスを粉々に割り、端から落ちる。ケースはアトリウムの階に落ち、パッと開いて、飛び散ったガラスの破片の真ん中に杖が落ちる。

キャップは2012年のキャップを足払いし、2012年のキャップは通路の端でつんのめり、通路の端を越えてしまう。彼の手が上に伸びてキャップを摑み、彼を引っ張って道連れにする。二人のキャプテン・アメリカは通路から落ち、下にあるアトリウムの階に向けて猛スピードで落ちていく。

両者は途中にあるガラスの覆いを勢いよく突き抜け、覆いは衝撃で粉々になる。二人は階段を転がり、アトリウムの階に到達する。2012年のキャップはうつ伏せで着地する。キャップは地面に強く体を打ち、ユニフォームから何かが飛び出す。

2012年のキャップは床の上のコンパスを見る。それは開いていて、蓋の内側にはペギー・カーターの写真がある。彼はそのコンパスを摑み、立ち上がる。キャップも同様に立ち上がる。

2012 Steve : **Where did you get this?**

The two Captain Americas stand opposite from one another, with the scepter in between them. Cap lunges for the scepter, and 2012 Cap follows suit. 2012 Cap places a boot down on the scepter.

Then he grabs Cap's arm, maneuvering behind him, having him in a chokehold. They drop to the floor, rolling together. 2012 Cap reaches for the scepter.

Steve : **Bucky is alive.**

2012 Steve : **What?**

2012年のスティーブ：これをどこで手に入れた？

二人のキャプテン・アメリカは、二人の間に杖がある状態で、互いに向かい合って立つ。キャップが杖に向かって突進し、2012年のキャップもその後に続く。2012年のキャップは杖の上にブーツを載せて押さえる。

それからキャップの腕を掴み、巧みに後ろに回り込んで、彼にチョークホールド（首を絞める技）をかける。二人は床に倒れ、一緒に転がる。2012年のキャップは杖に手を伸ばす。

スティーブ　：バッキーは生きてる。

2012年のスティーブ：何？

Stunned, 2012 Cap releases Cap's neck. Cap punches 2012 Cap in the face. Cap rolls on the floor, grabs the scepter, and touches its tip to 2012 Cap's chest.

驚いて、2012年のキャップは、キャップの首から手を離す。キャップは2012年のキャップの顔を殴る。キャップは床の上を転がり、杖を掴み、その先を2012年のキャップの胸に触れさせる。

The Mind Stone within the scepter glows brightly and energy from it flows into 2012 Cap's body. He collapses to the floor, unconscious.

Cap grabs his compass and gets up. He stands looking at 2012 Cap, who is face-down on the ground. He gets a look at his younger version's backside.

Steve : **That is America's ass.**

杖の中のマインド・ストーンが明るく光り、ストーンからのエネルギーが2012年のキャップの体に流れ込む。彼は意識をなくし、床に倒れる。

キャップはコンパスを掴み、立ち上がる。地面にうつ伏せになっている2012年のキャップを見ながら立っている。彼は自分の若いバージョンの背面［尻］に目をやる。

スティーブ　：それがアメリカのケツか。

Tucking the compass into his belt, Captain America holds the scepter tight and leaves.

The rooftop of the Sanctum Sanctorum. Hulk's body is lying on a chair with a big hat on. He looks as if he was sleeping. Bruce's human astral form begs the Ancient One to let him have the Time Stone.

Bruce : **Please, please.**

Ancient One : **I'm sorry, I can't help you, Bruce. If I give up the Time Stone to help your reality, I'm dooming my own.**

Bruce : **With all due respect, all right... I'm not sure the science really supports that.** ◂ Phrase 30

コンパスをベルトに押し込みながら、キャプテン・アメリカは杖をしっかり持って、立ち去る。

サンクタム・サンクトラムの屋上。ハルクの体は、大きな帽子を載せて椅子に横たわっている。彼はまるで眠っているように見える。ブルースの人間の姿のアストラル体はタイム・ストーンを渡してほしいと、エンシェント・ワンに懇願している。

ブルース：どうか、頼みます。

エンシェント・ワン：申し訳ないですが、あなたを助けることはできません、ブルース。もしあなたの現実を救うためにタイム・ストーンを提供したら、私は自分の現実を悪い方向に運命づけてしまうことになります。

ブルース：お言葉を返すようですが、いいですか……今の発言が本当に科学に裏打ちされているとは僕には思えません。

The Ancient One waves her hand through air, and a long, glowing rope suddenly appears before her. The rope extends throughout the city in front of them, toward an unseen endpoint.

エンシェント・ワンが空中に手を振ると、長く輝くロープが突然彼女の前に現れる。そのロープは彼らの目の前にあるニューヨーク市を通り抜け、見えない終点に向かって伸びている。

With another gesture, a circle appears around the rope, and images of the six Infinity Stones begin to swirl around it. The circle then disappears, and only the stones remain.

Ancient One : **The Infinity Stones create what you experience as the flow of time. Remove one of the stones and that flow splits.**

She flicks the Time Stone out of its position. The Time Stone disappears from view. A dark, rope-like tendril breaks off from the original line at the precise place where the Time Stone is removed. The tendril snakes off into the distance.

もう一度身振りをすると、ロープの周りに円が現れ、6個のインフィニティ・ストーンのイメージがその周りに回転し始める。その後、円は消え、ストーンだけが残る。

エンシェント・ワン：インフィニティ・ストーンは、時間の流れとしてあなたが経験することを作り出します。ストーンの一つを取り除けば、その流れが分裂します。

彼女はタイム・ストーンをそれがある場所からはじき飛ばす。タイム・ストーンは視界から消える。黒い、ロープのようなつるが、タイム・ストーンが取り除かれたまさにその場所で、元々あった線から分離する。つるは遠くへ、くねりながら進んでいる。

Ancient One : Now, this may benefit your reality, but my new one, not so much. In this new branch reality, without our chief weapon against the forces of darkness, our world will be overrun. Millions will suffer. So, tell me, Doctor. Can your science prevent all that?

エンシェント・ワン：そして、これがあなたの現実にとって利益になるかもしれません、でも私の新しい現実にとってはそうはなりません。この新しく枝分かれした現実において、暗黒の力に対抗する最高の武器なしでは、我々の世界は（暗黒の力に）占領されてしまうでしょう。何百万もの人々が苦しむでしょう。だから、教えてください、博士。あなたの科学は、今言ったことすべてを阻止することができますか？

Bruce : No, but we can erase it. Because once we're done with the stones, we can return each one to its own timeline at the moment it was taken. So, chronologically, in that reality, it never left.

Bruce's astral form reaches out, grabbing the image of the Time Stone in the air. Then he places it back into the circle with the other Infinity Stones. The dark tendril vanishes without a trace.

Ancient One : Yes, but you're leaving out the most important part. In order to return the stones, you have to survive.

Bruce : We will. I will. I promise.

Ancient One : I can't risk this reality on a promise. It's the duty of the Sorcerer Supreme to protect the Time Stone.

ブルース　：いいえ（できません）、でも我々はそれを消す［帳消しにする］ことはできます。なぜなら、いったん我々がそのストーンを使い終えたら、それぞれの石を、その時間軸そのものの石が取られた瞬間に戻すことができるからです。ですから、年代的［時間軸的］に言うと、その現実の中で、ストーンはそこを離れなかった、ということです。

ブルースのアストラル体は手を伸ばし、空中にあるタイム・ストーンのイメージを掴む。そして彼はそれを、他のインフィニティ・ストーンがある円の中に戻す。黒いつるは跡形もなく消滅する。

エンシェント・ワン：そうですか、でもあなたの言葉には最も重要な部分が抜けています。ストーンを返すためには、あなたがたが生き残らなければなりません。

ブルース　：我々は生き残ります。僕は生き残ります。約束します。

エンシェント・ワン：一つの口約束にこの現実を賭(か)けることはできません［一つの口約束でこの現実を危険にさらすわけにはいきません］。タイム・ストーンを守ることは、ソーサラー・スプリーム（至高の魔術師）の義務なのです。

Bruce : Then why the hell did Strange give it away?

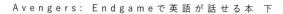

ブルース　：ではいったいなぜ、ストレンジはそれをくれてやったのですか？

Ancient One : What did you say?

Bruce : Strange. He gave it away. He gave it to Thanos.

Ancient One : <u>Willingly</u>?

Bruce : Yes.

Ancient One : Why?

Bruce : I have no idea. Maybe he made a mistake.

Ancient One : Or I did.

The Ancient One raises her hand and flicks her fingers, moving them through the air. Hulk's body rises from too-small chair, hat falling off his face. His body sails over the rooftop, joining Bruce's astral form.

エンシェント・ワン：何と言いました？

ブルース：ストレンジです。彼はストーンをくれてやったんです。彼はストーンをサノスに渡したのです。

エンシェント・ワン：自ら進んで、ですか？

ブルース：そうです。

エンシェント・ワン：なぜ？

ブルース：僕にはわかりません。彼は間違いを犯したのかもしれません。

エンシェント・ワン：または、私が間違いを犯したか。

エンシェント・ワンは手を上げて、指をさっと動かし、空を切る。ハルクの体が小さすぎる椅子から起き上がり、帽子が顔から落ちる。ハルクの体は屋上を浮かびながら移動し、ブルースのアストラル体と合体する。

The Ancient One places her hands on the side of the Eye of Agamotto amulet hung around her neck. The amulet opens, revealing the Time Stone hidden inside. She holds her fingers as if she was going to take it out, and she does, but without touching it. She offers it to Bruce.

エンシェント・ワンは、自分の首にかかっているアガモットの目のアミュレット（首にかけるお守り）の横に両手を置く。アミュレットが開き、中に隠れていたタイム・ストーンが現れる。彼女はそれを取り出そうとするかのように指を構えるが、触れることなくストーンを取り出す。彼女はストーンをブルースに差し出す。

Ancient One : Strange is meant to be the best of us.

Bruce : So, he must've done it for a reason.

Ancient One : I fear you might be right. ◂Phrase 31

The Ancient One puts the Time Stone on Bruce's hand.

Bruce : Thank you.

Ancient One : I'm counting on you, Bruce. We all are.

エンシェント・ワン：ストレンジは我々魔術師の中でも最高の者となるよう運命づけられています。

ブルース：それなら、彼は何か理由があって、そうしたに違いない。

エンシェント・ワン：残念ながら、あなたが正しいかもしれません。

エンシェント・ワンはブルースの手の上にタイム・ストーンを置く。

ブルース：ありがとう。

エンシェント・ワン：あなたを頼りにしていますよ、ブルース。私たちみんなが（あなたを頼りにしています）。

CHAPT

Two Nebulas from Different Times

1:26:24

ER 07

違う時代の二人のネビュラ

Inside Thanos' mother ship, the Sanctuary II in 2014. Ebony Maw stands at the controls. He activates a mechanical arm, which reaches toward Nebula's head. Thanos is there and he snatches the mechanical arm with a massive hand and plugs it into a port of Nebula's skull.

2014年、サノスの母船サンクチュアリII の中。エボニー・マウはコントロール台の前に立っている。彼は機械のアームを起動し、そのアームはネビュラの頭に向かって伸びる。サノスがそこにいて、巨大な手で機械のアームを掴み、ネビュラの頭の端子に差し込む。

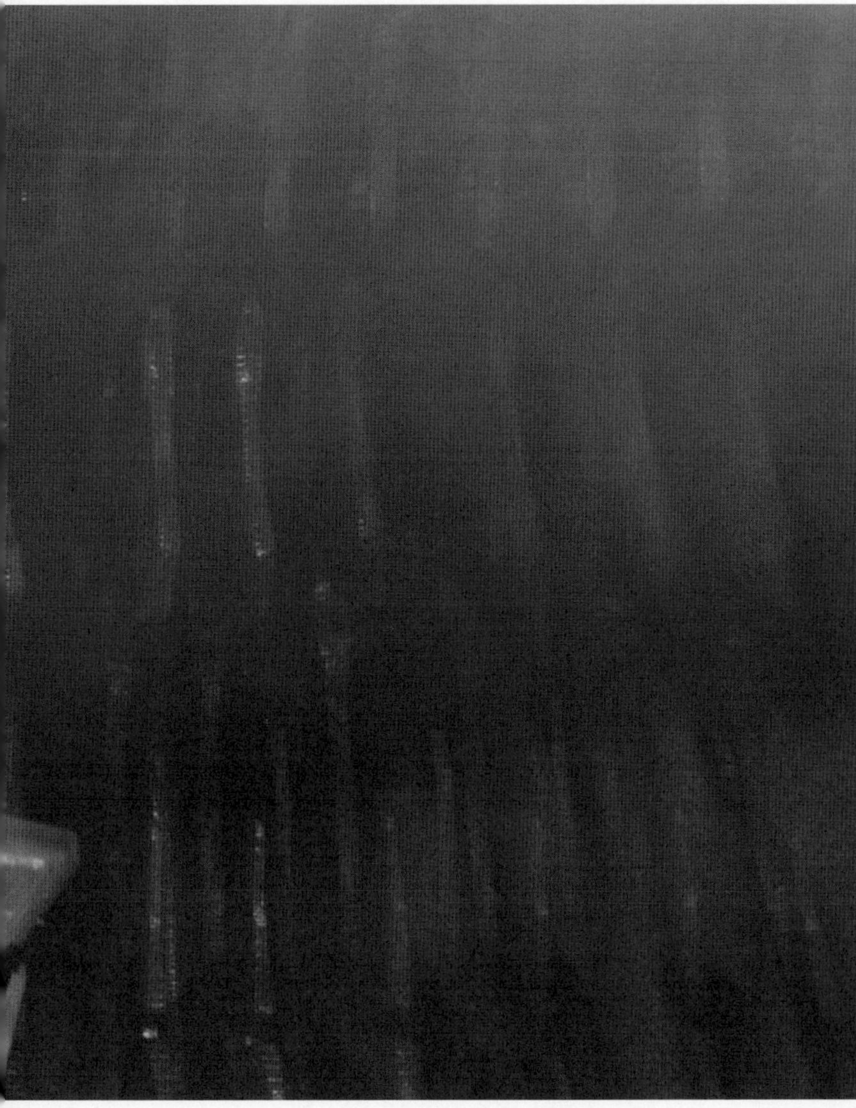

Thanos : Run diagnostics. Show me her memory file.

Maw : Sire, the file appears entangled. It was a memory, but not hers. There's another consciousness sharing her network. Another Nebula.

Thanos : Impossible.

Maw : This duplicate carries a time stamp... from nine years in the future.

Thanos : Where is this other Nebula?

Maw : In our solar system on Morag.

Thanos : Can you access her?

Maw : Yes, the two are linked.

Thanos : Search the duplicate's memories for Infinity Stones.

サノス　：診断を行え。ネビュラのメモリーファイルを見せろ。

マウ　：父上［陛下］、そのファイルは（他のものと）もつれてからまっているようです。メモリー（記憶）ですが、彼女のものではありません。彼女のネットワークを共有しているもう一つの意識があります。もう一人のネビュラです。

サノス　：あり得ない。

マウ　：この同じ者のもう一人はタイムスタンプ（時刻印）を持っています……9年後の未来からの。

サノス　：もう一人のネビュラはどこだ？

マウ　：我々の太陽系の（惑星）モラグに。

サノス　：そいつにアクセスできるか？

マウ　：はい、二人はリンクしています。

サノス　：そのもう一人の、インフィニティ・ストーンに関するメモリーを調べろ。

Maw activates the hologram projector in Nebula's left eye. Nebula's head rises, and the hologram projects from her eye. In the air above them, figures of several humanoids appear in a room of some kind.

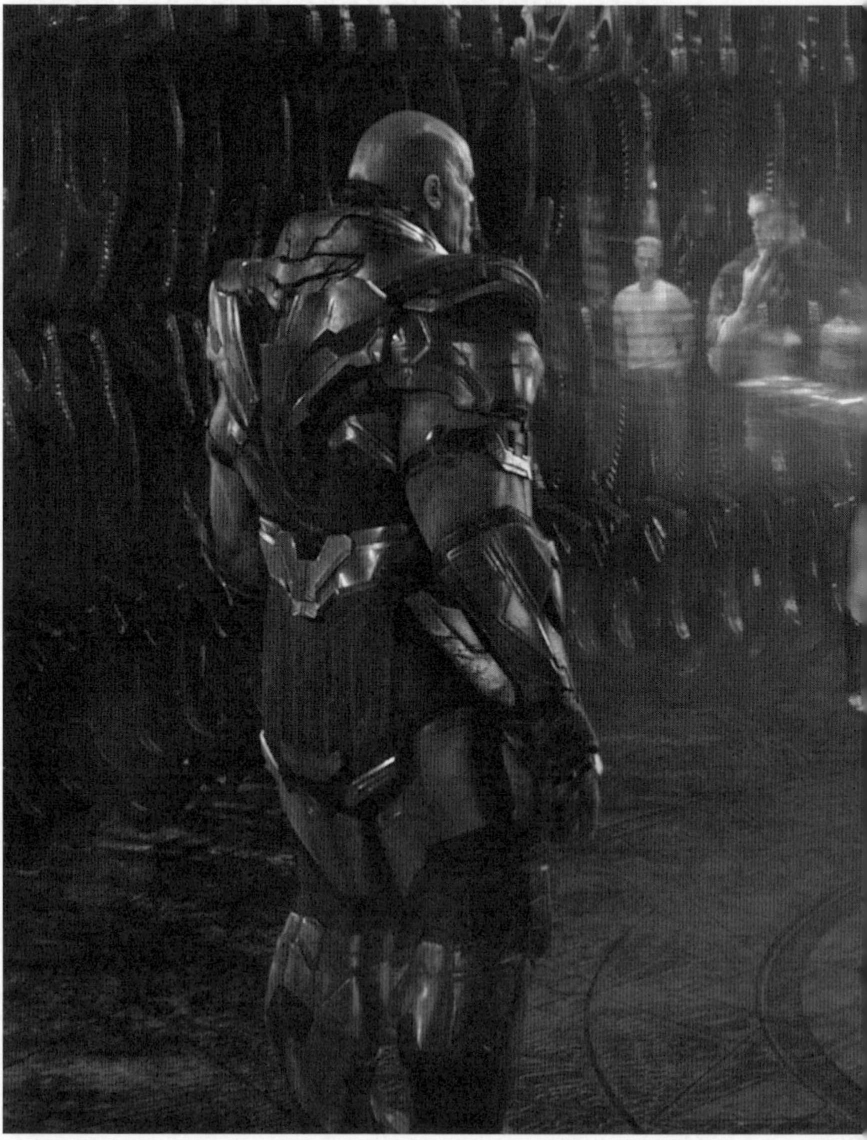

マウはネビュラの左目のホログラム・プロジェクターを起動する。ネビュラの頭が持ち上がり、ホログラムが目から投影される。彼らの頭上の空中に、部屋のようなところにいる何人かのヒューマノイドの姿が現れる。

Bruce : And these stones have been in a lot of different places throughout history.

Tony : Our history. So, not a lot of convenient spots to just drop in, yeah?

Clint : Which means we have to pick our targets.

Tony : Correct.

Thanos : Freeze image.

Gamora : Terrans.

Thanos : Avengers. Unruly wretches. What's that reflection? Amplify this, Maw.

Thanos points at the hologram, at a distortion that appears to be a reflection. Maw zooms in on an area of the hologram. The reflection shows Nebula.

Gamora : I don't understand. Two Nebulas.

Thanos : No. The same Nebula... from two different times. Set course for Morag. And scan the duplicate's memories. I wanna see everything.

ブルース　：そしてこれらのストーンは歴史を通じて、多くの異なる場所に存在してきた。

トニー　：僕たちの歴史にね。だから、ちょっと立ち寄れる便利な場所はたくさんあるわけじゃないだろ？

クリント　：それはつまり、ターゲットを選ばなければならない、ってことか。

トニー　：その通り。

サノス　：映像を一時停止しろ。

ガモーラ　：地球人。

サノス　：アベンジャーズ。御しがたい不届き者どもだ。その映っている影は何だ？ これを拡大しろ、マウ。

サノスはホログラムの、何かに反射して映った像のように見える、ゆがんだ像を指さす。マウはホログラムのあるエリアの画面を拡大する。その像はネビュラの姿を示す。

ガモーラ　：理解できないわ。ネビュラが二人。

サノス　：いや。同じネビュラだ……二つの違う時代のな。モラグに針路をセットしろ。そしてもう一人のメモリーをスキャンしろ。私はすべてを見たい。

CHAPT

1:28:24

ER 08

俺はまだふさわしい

Asgard in 2013. In Odin's palace, ladies are walking. And then, Frigga stops walking.

Frigga : **My ladies, I'll see you after. Go on ahead.**

Frigga walks toward the pillar Thor is hiding behind. He tries not to get caught by his mother, but she gets behind the pillar and talks to him from behind.

Frigga : **What are you doing?**

Thor yells in surprise at the words. Then Frigga yells too.

Frigga : **Oh, God! You're better off leaving the sneaking to your brother.** ◀ Phrase 32

Thor : **No, I wasn't sneaking. I was just going for a walk.**

Frigga : **What are you wearing?**

Thor : **I always wear this. It's one of my favorites.**

Frigga reaches out with her hand and places it upon Thor's cheek. And she looks into the face of her son.

Thor : **Mm...**

Frigga : **What's wrong with your eye?**

Thor : **Oh, my eye. Remember the, uh, Battle of Harokin when I got hit in the face with the broadsword?**

2013年のアスガルド。オーディンの宮殿で、女性たちが歩いている。それからフリッガが立ち止まる。

フリッガ　：あなたたち、また後で会いましょう。先に行っていて。

ソーが後ろに隠れている柱に向かって、フリッガが歩いてくる。ソーは母に見つからないようにしようとするが、フリッガは柱の後ろを通って、後ろからソーに声をかける。

フリッガ　：何してるの？

ソーはその言葉に驚いて叫ぶ。続いてフリッガも叫ぶ。

フリッガ　：まぁ、なんてこと！ こそこそするのはあなたの弟（ロキ）に任せておいたほうがいいわよ。

ソー　：いいえ、俺はこそこそなんかしていませんでした。俺はただ散歩してただけです。

フリッガ　：何を着ているの［あなたの着ているその服は何］？

ソー　：いつもこれを着てますよ。俺のお気に入りの一つだ。

フリッガは手を伸ばし、ソーの頬の上に置く。そして息子の顔をじっと見る。

ソー　：んー……

フリッガ　：あなたの目、どうしたの？

ソー　：あぁ、俺の目ですか。ハロキンの戦いを覚えてるでしょう、幅広の刀が俺の顔に当たった時の？

Frigga : **You're not the Thor I know at all, are you?**

Thor : **Yes, I am.**

Frigga : **The future hasn't been kind to you, has it?**

Thor : **I didn't say I was from the future.**

Frigga : **I was raised by witches, boy. I see with more than eyes, you know that.**

Thor confesses, nearly in tears.

Thor : **Yeah, I'm totally from the future.**

Frigga : **Yes, you are, honey.**

Thor : **I really need to talk to you.**

Frigga : **We can talk.**

Frigga hugs his son close.

Jane Foster wakes up and gets out of the bed. She walks away, holding clothes in her hands. Rocket emerges from behind the pillow and sneaks behind her, holding the gadget for extracting the Aether in his hand.

Frigga is listening to his son.

フリッガ　：あなたは私が知っているソーではないわね？

ソー　：いいえ、俺は（あなたの知っている）ソーですよ。

フリッガ　：未来はあなたに優しくなかったのね？

ソー　：未来から来たなんて俺は言いませんでしたよ。

フリッガ　：私は魔女に育てられたのよ、坊や。目以上のもので物事を見ているの、知ってるでしょ。

ほとんど泣きそうになりながら、ソーは告白する。

ソー　：はい、俺はまさに未来から来ました。

フリッガ　：ええ、そうね、ハニー。

ソー　：俺は母上とどうしても話さなければならないんです。

フリッガ　：二人で話せるわ。

フリッガは息子をしっかりと抱きしめる。

ジェーン・フォスターは目覚め、ベッドから出る。手に服を持ち、歩き去る。枕の後ろからロケットが現れ、エーテルを抽出するための装置を手に持ちながら、彼女の後をこっそりつける。

フリッガは息子の話を聞いている。

Thor : His head was over there... and his body over there... I mean, what was the point? I was too late. I was just standing there. Some idiot with an axe.

Frigga : Now, you're no idiot. You're here, aren't you? Seeking counsel from the wisest person in Asgard.

Thor : I am. Yes.

Frigga : Idiot, no. A failure? Absolutely.

Thor : That's a little bit harsh.

Frigga : Do you know what that makes you? Just like everyone else.

Thor : I'm not supposed to be like everyone else, am I?

Frigga : Mm. Everyone fails at who they're supposed to be, Thor. The measure of a person, of a hero... is how well they succeed at being who they are. ◀ Phrase 33

ソー ：やつの頭があっちにあって……やつの体がそっちにあって……全く、何の意味があったのかと［全く無意味だった］。俺は遅すぎた。俺はただそこに突っ立っていた。斧を持った、ある一人のバカでした。

フリッガ ：いいですか、あなたはバカじゃないわ。あなたはここにいるでしょ？ アスガルドいちの賢者からの助言を求めにね。

ソー ：はい。そうです。

フリッガ ：バカかしら、違うわ。できそこない？ 間違いなくそうね。

ソー ：それはちょっと手厳しいですね。

フリッガ ：それがあなたをどういう存在にするか知っていますか？ 他のみんなと同じということですよ。

ソー ：俺は他のみんなと同じではいけないはずだったのでは？

フリッガ ：うーん。誰もが自分がなるべき者にはうまくなれないものよ、ソー。人の指標は、ヒーローの指標は……自分自身でいることにいかに成功するかなのです。

Thor : I've really missed you, Mom.

ソー　：本当にずっと恋しく思っていました、母上。

She rests her forehead against his.

Rocket is sprinting down the Grand Hall on all fours, holding on to the Aether extraction device. Several Asgardian guards are chasing him.

Rocket : Thor! I got it! ◂ Phrase 34

Asgardian Guard : Get that rabbit! ◂ Phrase 34

Thor : **Mom, I have to tell you something.**

Frigga : **No, son, you don't. You're here to repair your future, not mine.**

Thor : **This is about your future.**

Frigga : **Uh, it's none of my business.**

Rocket comes running on all fours into the chamber. Then he stands up on two legs and greets Frigga. She waves to him.

フリッガはソーの額に自分の額を当てる。

ロケットは、エーテルの抽出デバイスを持ちながら、回廊を四つんばいで全速力で走っている。数名のアスガルドの護衛が彼を追いかけている。

ロケット：ソー！ 取ったぞ！

アスガルドの衛兵：あのウサギをつかまえろ！

ソー：母上、話さなければならないことがあります。

フリッガ：いいえ、話す必要はありません。あなたは自分の未来を修復するためにここに来たのです、私の未来ではなく。

ソー：これは母上の未来に関することです。

フリッガ：あぁ、私にはどうでもいいことだわ。

ロケットは四つんばいで部屋に駆け込んでくる。それから、二本脚で立ち、フリッガに挨拶する。フリッガはロケットに手を振る。

Rocket : Hi. You must be Mom. I got the thing. Come on. We gotta move.

ロケット　：どうも。あなたはきっと（ソーの）お母さんに違いない。例のものを取った。行くぞ。俺たち、移動しなきゃ。

Thor : <u>Oh, I wish we had more time.</u> ◀ Phrase 35

Frigga : No, this was a gift. Now you go and be the man you're meant to be.

Thor : I love you, Mom.

Frigga : I love you.

Thor and Frigga hug close.

Frigga : And eat a <u>salad</u>.

Rocket : Come on, we gotta go.

Rocket taps his time-travel band.

Frigga : Goodbye.

Rocket : Three... Two...

Thor : No, wait!

Thor extends his left hand and closes his eyes.

Rocket : What am I looking at?

Frigga : Oh, sometimes it takes a second.

Opening one eye, Thor looks to his left. In the distance, Rocket hears something like a whooshing sound. A second later, a large hammer, Mjolnir, flies through an open window, coming to rest precisely in Thor's left hand.

ソー　：あぁ、母上との時間がもっとあれば。

フリッガ　：いいえ、これは贈り物でした。さぁ、あなたは行って、そうあるべきである人になりなさい。

ソー　：愛しています、母上。

フリッガ　：愛しているわ。

ソーとフリッガはしっかりと抱きしめ合う。

フリッガ　：それから、サラダを食べなさいね。

ロケット　：来い。行かなきゃ。

ロケットがタイムトラベル・バンドをタップする。

フリッガ　：さようなら。

ロケット　：3……2……

ソー　：いや、待て！

ソーは左手を伸ばして目を閉じる。

ロケット　：俺は何を見てるんだ？［ソーは何やってんだ？］

フリッガ　：あぁ、時にはちょっと時間がかかることがあるのよ。

片目を開けて、ソーは左を見る。ロケットは、遠くにシューというような音を聞く。その直後に、巨大なハンマー、ムジョルニアが開いた窓を通って飛んできて、ソーの左手にぴったりと収まる。

Thor : I'm still worthy. ◀ Phrase 36

"Come and Get Your Love" by Redbone starts playing in the background.

Rocket : Oh, boy.

Their time-travel suits form around their bodies.

ソー　：俺はまだ（ムジョルニアを持つに）ふさわしいんだ。

レッドボーンの「カム・アンド・ゲット・ユア・ラヴ」がBGMとして流れ始める。

ロケット　：あぁ、まったく。

タイムトラベル・スーツが二人の体の周りに形成される。

Thor : **Goodbye, Mom.**

Frigga : **Goodbye.**

Thor and Rocket disappear.

ソー　　：さようなら、母上。

フリッガ　：さようなら。

ソーとロケットが消える。

The Orb

CHAPT

1:32:18

ER 09

オーブ

Morag in 2014. Peter Quill is dancing to "Come and Get Your Love," wearing headphones. He splashes through puddles, kicks an Orloni, slides along some sludge on the ground, and spins. [Guardians of the Galaxy (2014)]

Reaching down, he snatches an Orloni and starts to use it as a microphone, singing along to the song playing on his Walkman. And then, he flings the Orloni away. Rhodey and Nebula are watching Quill from their hiding place. Since the song is playing only in Quill's ears, it seems to Rhodey and Nebula that Quill is singing and dancing without music.

Rhodey : **So, he's an idiot?**

Nebula : **Yeah.**

As Quill slides forward with a smile, War Machine hits him right on the head, knocking him out.

Nebula crouches down beside Quill and digs into the satchel he carries with him. She rummages for a few seconds until she pulls something out.

Rhodey : **What's that?**

Nebula : **The tool of a thief.**

Nebula takes the tool over to the temple vault. She inserts the lock pick, and spins the tumblers on the lock. Then the vault doors open slowly.

They look inside the vault and see the Orb resting upon a pedestal. Nebula sets foot inside the vault, and Rhodey stops her.

2014年のモラグ。ピーター・クイルはヘッドフォンをして、「カム・アンド・ゲット・ユア・ラヴ」に合わせながら踊っている。水たまりの水をはね、オルローニを蹴り、地面のぬかるみの上を滑り、くるくる回る。［『ガーディアンズ・オブ・ギャラクシー』（2014年）］

下に手を伸ばして、クイルはオルローニを素早く掴み、それをマイクとして使い始め、ウォークマンで流れている歌に合わせて歌う。その後、彼はそのオルローニを投げる。ローディとネビュラが隠れている場所からクイルを見ている。その歌はクイルの耳の中でのみ流れているので、ローディとネビュラにとっては、クイルが音楽もなしに歌い踊っているように見える。

ローディ　：で、彼はバカなのか？

ネビュラ　：ええ。

クイルが微笑みながら前方に滑った時、ウォーマシンが彼の頭を殴り、彼は倒れる。

ネビュラはクイルの横にしゃがみ、彼が携帯している肩かけカバンの中を調べる。しばらくひっかき回して捜した後、何かを引っ張り出す。

ローディ　：それは何だ？

ネビュラ　：こそ泥の道具。

ネビュラはその道具を寺院の宝物室に持っていく。ネビュラはそのロックピック（錠前をピッキングする道具）を挿入し、錠のタンブラーを回転させる。すると宝物室のドアがゆっくりと開く。

二人は宝物室の中を覗き込み、台座の上にオーブがあるのを見る。ネビュラが宝物室に足を踏み入れると、ローディが彼女を止める。

Rhodey : Whoa, whoa, whoa, whoa. ◀ Phrase 37 This is the part where spikes come out with skeletons on the end of them and everything.

Nebula : What are you talking about?

Rhodey : When you break into a place called "The Temple of the Power Stone" there's gonna be a bunch of booby traps.

ローディ　：ちょっと、ちょっと、ちょっと、ちょっと。ここは、端に骸骨がついたスパイクが飛び出すとかってところだろ。

ネビュラ　：何言ってる？

ローディ　：「パワー・ストーンの神殿」と呼ばれる場所に侵入する時には、たくさんのブービー・トラップがあるもんだろ。

Nebula shakes her head and walks into the vault.

Nebula : Oh, my God.

Rhodey : Okay. All right. Go ahead.

ネビュラは（あきれたように）首を横に振って、宝物室の中に入って行く。

ネビュラ　：まったく。

ローディ　：オッケー。いいよ。どうぞ。

She reaches out with a mechanical hand, moving it through the force field that surrounds the pedestal. The metal of her hand begins to glow red hot. She grabs hold of the Orb and then pulls it from the pedestal and through the force field. Nebula's arm continues to glow after she has removed it from the force field.

She walks over to Rhodey and drops the Orb into his armored gauntlet. Nebula blows on her hand in an effort to cool it off.

ネビュラは機械の手を伸ばし、台座を囲むフォース・フィールドを通過させる。彼女の手の金属が熱で赤く焼け始める。ネビュラはオーブを掴み、台座から、そしてフォース・フィールドを通り抜けてそれを引き抜く。フォース・フィールドからそれを取り出した後もネビュラの腕は焼け続けている。

ネビュラはローディのところに歩き、彼のアーマード・ガントレットの中にオーブを落とす。ネビュラは冷まそうとして、手をフーフーと吹く。

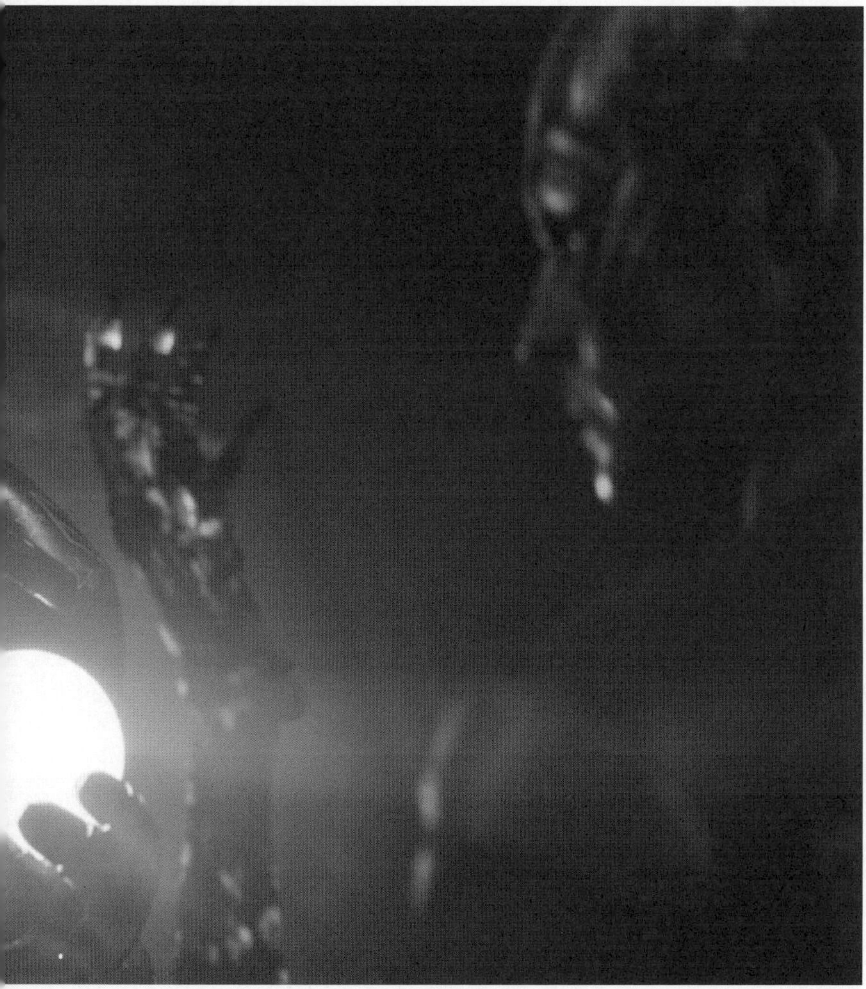

Nebula : I wasn't always like this.

Rhodey : Me either. But we work with what we got, right?
◂ Phrase 38

Nebula : Hmm.

Rhodey : Let's sync up.

The two face each other as they tap their time-travel bands simultaneously. Their time-travel suits form around their bodies.

Rhodey : Three, two, one.

Rhodey shrinks and enters the Quantum Realm. But sparks flow from Nebula's head, and her helmet retracts. Screaming in pain, Nebula grabs her head and falls to the ground. The hologram projector in her left eye switches on.

Inside the chamber on Sanctuary II, 2014 Nebula screams in pain. The projector in her left eye is showing images of Thanos and the Avengers in 2018.

Bruce : You murdered trillions!

Thanos : You should be grateful.

Natasha : Where are the stones?

Thanos : Gone. Reduced to atoms.

Bruce : You used them two days ago!

ネビュラ　：私はずっとこんな風だったわけではなかったのに。

ローディ　：俺もだよ。でも俺たちは自分が持ってるものでやっていくんだ、そうだろ？

ネビュラ　：うーん。

ローディ　：同期しよう。

二人は向き合って、同時にタイムトラベル・バンドをタップする。タイムトラベル・スーツが体の周りに形成される。

ローディ　：3、2、1。

ローディは小さくなり量子世界に入る。しかしネビュラの頭から火花が飛び、彼女のヘルメットが消える。痛みで叫びながら、ネビュラは頭を掴み、地面に倒れる。彼女の左目のホログラム・プロジェクターのスイッチが入る。

サンクチュアリII の部屋の中で、2014年のネビュラが痛みで叫ぶ。彼女の左目のプロジェクターは2018年のサノスとアベンジャーズの映像を映している。

ブルース　：お前は何兆もの生物を殺したんだ！

サノス　：お前たちは感謝すべきだ。

ナターシャ　：ストーンはどこ？

サノス　：消えてしまったよ。原子に戻った。

ブルース　：お前は2日前にストーンを使っただろ！

Thanos : I used the stones to destroy the stones. It nearly killed me. But the work is done. It always will be. I am inevitable.

Maw halts the hologram.

Gamora : What did you do to them?

Thanos : Nothing. Yet. They're not trying to stop something I'm going to do in our time. They're trying to undo something I've already done in theirs. ◀ Phrase 39

Gamora : The stones.

Thanos : I found them all. I won. Tipped the cosmic scales to balance.

Thanos touches Gamora's chin, pushing hair off her shoulder gently. Gamora crouches down, kneeling before her father.

Maw : This is your future.

Thanos : It's my destiny.

Maw resumes playing the hologram.

Nebula : My father is many things. A liar is not one of them.

Thanos : Ah. Thank you, daughter. Perhaps I treated you too harshly.

In the hologram, Thanos gets beheaded. Gamora is surprised and stands up.

サノス　：ストーンを破壊するためにストーンを使ったのだ。もう少しで私は死ぬところだった。だがその務めは果たされた。務めは常に果たされる。私は必然［絶対］なのだ。

マウがホログラムを止める。

ガモーラ　：父上は彼らに何をしたのですか？

サノス　：何も（していない）。まだな。やつらは我々のこの時代に私がしようとしていることを止めようとしているのではない。私がやつらの時代ですでにやってしまったことを元に戻そうとしているのだ。

ガモーラ　：ストーンですね。

サノス　：私はストーンをすべて見つけた。私は勝った。宇宙の天秤（てんびん）を傾け（て局面を一変させ）たのだ。

サノスはガモーラの顎に手を触れ、彼女の肩にかかった髪の毛を優しく払う。ガモーラはしゃがんで、父の前にひざまずく。

マウ　：これがあなた様の未来。

サノス　：私の運命だ。

マウはホログラムを再開する。

ネビュラ　：私の父はいろいろな面がある。嘘つきはそのうちの一つではない。

サノス　：あぁ。ありがとう、娘よ。おそらく私はお前を過酷に扱いすぎたな。

ホログラムの中で、サノスが首を切られる。ガモーラは驚いて立ち上がる。

Thanos : And that is destiny fulfilled.

Maw : Sire... your daughter...

Using his telekinesis, Maw wraps the chain tight around Nebula's neck, choking her.

サノス　：そして、それが全うされた運命だ。

マウ　：父上……あなたの娘は……

テレキネシスを使い、マウはネビュラの首にチェーンをきつく巻きつけ、彼女を窒息させる。

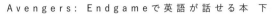

2014 Nebula : No!

Maw : ...is a traitor.

2014 Nebula : That's not me. It's not, I could never... I would never betray you. Never. Never.

Thanos walks slowly toward Nebula. Thanos tears off the chain. Thanos caresses Nebula's cheek with his index finger and cups Nebula's chin in his palm.

2014年のネビュラ：やめて！

マウ：……裏切り者です。

2014年のネビュラ：あれは私じゃない。違う、私は決して……私ならあなたを裏切ったりなんかしない。決して。決して。

サノスはネビュラのほうにゆっくり歩く。彼はチェーンを引きちぎる。サノスは人差し指でネビュラの頬を優しく撫でて、ネビュラの顎を手のひらで包む。

Thanos : **I know. And you'll have the chance to prove it.**

Present Nebula is lying on the ground of the temple in 2014. The projector in her left eye shuts down.

Nebula : **No! He knows!**

Nebula races toward the pod. Inside the pod, she grabs a communicator.

Nebula : **Barton! Barton, come in. Romanoff! Come in, we have a problem. Come on! Come in, we have a... Thanos knows. Thanos...**

Nebula sees the Sanctuary II in the sky through the windshield of the pod. A tractor beam from the Sanctuary II is pulling the pod with Nebula upward.

サノス　：わかっている。そしてお前にはそれを証明するチャンスがある。

現在のネビュラが、2014年の寺院の地面に横たわっている。左目のプロジェクターが停止する。

ネビュラ　：だめだ！ あいつに知られた！

ネビュラはポッドに向かって走る。ポッドの中で、ネビュラは通信機を掴む。

ネビュラ　：バートン！ バートン、応答して。ロマノフ！ 応答して、問題が発生した。お願い！ 応答して、（問題）が発生した……サノスに知られた。サノスに……

ネビュラはポッドの窓ごしに、空に浮かんでいるサンクチュアリII を見る。サンクチュアリII からのトラクター・ビームがネビュラの乗ったポッドを上に引っ張っていく。

CHAPT

Another Way to Get Them Both

1:37:00

ER 10

両方とも手に入れる別の方法

New York in 2012. Captain America goes over the side of the fire escape. Holding his shield in one hand and Loki's scepter in the other, he lands on the alley below.

Tony : **Cap.**

Steve turns around to see Tony and Scott sitting in a broken car covered in rubble.

Tony : **Sorry, buddy, we got a problem.**

Scott : **Yeah, we do.**

Steve : **Well, what are we gonna do now?**

Tony : **You know what? <u>Give me a break</u>, Steve. I just got hit in the head with the Hulk.**

Scott has got out of the car and stands next to Tony in the driver's seat.

Scott : **You said that we had one shot. This was our shot. We shot it. It's shot. Six stones or nothing. It was six stones or nothing.**

Tony : **You're <u>repeating yourself</u>, you know that? You're repeating yourself.**

Scott : **You're repeating yourself. You're repeating yourself.**

Tony : **Dude. Come on!**

2012年のニューヨーク。キャプテン・アメリカは非常階段を乗り越える。片手に盾、もう片方の手にロキの杖を持ちながら、下の路地に着地する。

トニー　：キャップ。

スティーブは振り返り、トニーとスコットが、瓦礫に覆われた壊れた車に座っているのを見る。

トニー　：すまない、バディ、問題が発生した。

スコット　：あぁ、そうなんだ。

スティーブ　：それで、次はどうするんだ？

トニー　：いいか？ 大目に見てくれよ、スティーブ。ハルクとぶつかって頭を打ったところなんだ。

スコットは車から降りていて、運転席にいるトニーの隣に立っている。

スコット　：あんたはチャンスは一度きりだと言った。これがその俺たちのチャンスだったんだよ。俺たちはチャンスを試みた。チャンスは試みられた。6つのストーンかゼロか。6つのストーンかゼロかだったんだよ。

トニー　：同じ言葉を繰り返して言ってるぞ、わかってるか？ 同じ言葉を繰り返して言ってるぞ。

スコット　：同じ言葉を繰り返して言ってるぞ。同じ言葉を繰り返して言ってるぞ。

トニー　：おい。よせよ！

Scott : No. You never wanted a time heist. You weren't on board with the time heist.

Tony : I dropped the ball.

Scott : You ruined the time heist.

Tony : Is that what I did?

Scott : Yeah.

Steve : Are there any other options with the Tesseract?

Scott : No, no, no, there's no other options. There's no do-overs.

Scott slams the car door.

Scott : We're not going anywhere else. We have one particle left. Each. That's it. All right? We use that... bye-bye, you're not going home.

Tony's eyes open as if a good idea just occurred to him.

Steve : Yeah, well, if we don't try... then no one else is going home, either.

Tony : I got it. There's another way to retake the Tesseract and acquire new particles.

Tony steps out of the car and closes the door.

スコット　：いいや。あんたは（元々）タイム泥棒をやりたくなかったんだ。あんたはタイム泥棒には乗り気じゃなかったんだ。

トニー　：僕はへまをしたんだ。

スコット　：あんたはタイム泥棒を台無しにした。

トニー　：それが僕がしたことなのか？

スコット　：そうだ。

スティーブ　：四次元キューブのことで、何か他に選択肢はないのか？

スコット　：ないないない、他の選択肢なんかないよ。やり直しもない。

スコットは車のドアをバタンと閉める。

スコット　：俺たちは他の違う場所にはどこにも行けない。ピム粒子は残り一つだ。それぞれに。それだけだ。いいか？ 俺たちがそれを使えば……バイバイだ、元の世界には戻らない。

ちょうど何かいい考えが浮かんだかのように、トニーの目が見開く。

スティーブ　：あぁ、そうだが、もしやってみなければ……その時も同じように、他の誰もが元の世界には戻らない。

トニー　：わかった。四次元キューブをもう一度取り、新しいピム粒子を手に入れる方法が別にある。

トニーは車から出て、ドアを閉める。

Tony : Little stroll down memory lane. Military installation, Garden State.

Steve : When were they both there?

Tony : They were there at a time... I have a vaguely exact idea.

Steve : How vague?

Scott : What are you talking about? Where are we going?

Tony : I know for a fact they were there.

Scott : Who's they? What are we doing? ◀ Phrase 40

Tony : And I know how I know.

Scott : Guys, what is it?

Steve : Looks like we're improvising.

Tony : Great.

Scott : What are we improvising?

Steve walks over to Scott and hands Loki's scepter over to him.

Steve : Scott, get this back to the compound.

Tony : Suit up.

トニー　：ちょっと記憶の小道をたどってみろ。軍事施設、ガーデン・ステート（ニュージャージー州）の。

スティーブ　：その両方（四次元キューブとピム粒子）は、いつそこにあった？

トニー　：その二つはそこにあった、あの時……正確な心当たりがぼんやりとはあるんだが。

スティーブ　：ぼんやりとはどの程度だ？

スコット　：何を話してるの？ 俺たちはどこへ行くの？

トニー　：その二つがそこにあったというのは間違いないんだ。

スコット　：彼らって誰？ 俺たちはこれから何するの？

トニー　：そして、どうやればわかるかもわかってる。

スコット　：ねえ、それって何のこと？

スティーブ　：僕たちは出たとこ勝負になりそうだな。

トニー　：よし。

スコット　：何が出たとこ勝負なの？

スティーブはスコットのところに歩いてきて、彼にロキの杖を手渡す。

スティーブ　：スコット、この杖を本部に戻してくれ。

トニー　：準備しろ。

Scott : What's in New Jersey?

Steve and Tony face one another and start to enter new coordinates into their time-travel bands.

Tony : 0-4.

Steve : 0-4.

Tony : Uh, 0-7.

Steve : 0-7.

Scott : Excuse me.

Tony : 1-9-7-0.

Steve : Are you sure?

Scott : Cap? Captain? Steve?

スコット　：ニュージャージーに何があるんだ？

スティーブとトニーは向かい合い、タイムトラベル・バンドに新しい座標を入力し始める。

トニー　：0-4。

スティーブ　：0-4。

トニー　：あー、0-7。

スティーブ　：0-7。

スコット　：ちょっと。

トニー　：1-9-7-0。

スティーブ　：確かか？

スコット　：キャップ？ キャプテン？ スティーブ？

Both Tony and Steve turn and look at Scott, rolling their eyes.

Scott : **Sorry. America. Rogers. Look, if you do this... and it doesn't work, you're not coming back.**

トニーとスティーブはスコットのほうを見て、あきれ顔をする。

スコット ：ごめん。アメリカ。ロジャース。ねぇ、こんなことして……うまくいかなかったら、あんたたちは帰ってこられないよ。

Tony : Thanks for the pep talk, pissant. ◂ Phrase 41
You trust me?

Steve : I do.

Tony : Your call.

Steve : Here we go.

With a tap of their time-travel bands, the time-travel suits form over their bodies. With a flash of light, Tony and Steve disappear from view.

トニー　：励ましの言葉ありがとう、つまらんアリ野郎。
僕を信じるか？

スティーブ　：信じる。

トニー　：君の合図で。

スティーブ　：よし行くぞ。

タイムトラベル・バンドをタップすると、二人の体にタイムトラベル・スーツが形成される。閃光と共に、トニーとスティーブは視界から消える。

CHAPT

New Jersey 1970

1:38:54

ER 11

ニュージャージー 1970年

The 1970 hit tune "Hey Lawdy Mama" by Steppenwolf is playing in the background. A car, with a "NUFF SAID" bumper sticker on the back, goes speeding by outside the army base.

Man : **Hey, man! Make love, not war.**

A sign out front of the installation says: UNITED STATES ARMY / CAMP LEHIGH ARMY BASE / 78TH INFANTRY DIVISION / BIRTHPLACE OF CAPTAIN AMERICA.

Tony and Steve follow a walkway that connects with several buildings. Tony is wearing a business suit, while Steve is wearing army fatigues, a cap and sunglasses.

Tony : **Clearly you weren't actually born here, right?**
◂ Phrase 42

Steve : **The idea of me was.**

Tony : **Right. Well, imagine you're S.H.I.E.L.D... running a quasi-fascistic intelligence organization, where do you hide it?**

Steve : **In plain sight.**

Steve looks at a concrete bunker in front of them. Two men go into the bunker, making sure no one is around. Tony taps his glasses, activating the infrared scanner. The monitor shows that those two men are going down in an elevator.

Tony and Steve enter the elevator, heading down. A female S.H.I.E.L.D. agent, with a badge around her neck, holds a file folder. She turns to gaze at Tony and Steve.

BGMでステッペンウルフの1970年のヒット曲「ヘイ・ロウディー・ママ」が流れている。後ろに「もうそれ以上言うな」のバンパー・ステッカーをつけた車が、陸軍基地の外を、スピードを上げて走っていく。

男性　：よう、兄ちゃん！ 戦争しないで、愛し合おう。

基地の前に出ている看板にはこう書いてある。「アメリカ軍。キャンプ・リーハイ軍事基地。第78歩兵師団。キャプテン・アメリカ 生誕の地」

トニーとスティーブは複数の建物につながっている通路をたどる。トニーはビジネススーツを着ており、スティーブは軍服を着て、帽子をかぶり、サングラスをかけている。

トニー　：明らかに、君は実際にここで生まれたわけじゃないよな？

スティーブ　：僕（というスーパーソルジャー）のアイデアがここで生まれたんだ。

トニー　：確かに。それで、想像してみてくれ、君がシールドだとして……疑似ファシスト的な諜報機関を運営しているとしたら、それをどこに隠す？

スティーブ　：よく見える場所に。

スティーブは目の前にあるコンクリートのバンカー（地下の掩蔽壕（えんぺい））を見る。周囲に誰もいないのを確認しながら、二人の男がバンカーの中に入る。トニーはメガネをタップし、赤外線スキャナを起動する。モニターにはその二人の男がエレベーターで下に下りる様子が示される。

トニーとスティーブはエレベーターに乗り込み、下に向かう。首にバッジをかけた、シールドの女性エージェントはファイル・フォルダを持っている。彼女はトニーとスティーブのほうをじっと見る。

CHAPTER
01
02
03
04
05
06
07
08
09
10
11
12
13
14
15
16
17
18
19
20
21
22
23

Tony : **Good luck on your mission, Captain.**

Steve : **Good luck on your project, Doctor.**

Tony steps out and turns to see Steve, tapping the side of his glasses. The elevator doors close. Inside the elevator, the female agent talks to Steve with a smile.

Female Agent : **You new here?**

Steve : **Not exactly.**

She nods and looks back at her folder. And then she looks up at Steve with suspicious eyes.

Tony runs down the center of an enormous room, looking from side to side.

Tony : **Come on, you bastard.**

With his glasses, he scans the myriad storage units that line the research lab. But every readout in his glasses says: NEGATIVE. Finally, he comes to one that looks heavily fortified. Peering through his glasses, he sees a glow coming from within the container. The readout in his glasses says: TARGET ACQUIRED MATCH.

Tony : **Gotcha.** ◂ Phrase 43

Tony finds a briefcase on a desk, and puts the case down on a chair. Then he activates only right Iron Man gauntlet. Torches extend from his index and middle fingers, cutting through posts that hold the object closed. Shielding his eyes with his jacket, Tony continues to use his blowtorch until he sees the container is open. Inside is the Tesseract.

トニー　：君の任務の成功を、キャプテン［大尉］。

スティーブ　：君の計画の成功を、博士。

トニーはエレベーターを出て、スティーブを振り返り、メガネの端をタップする。エレベーターのドアが閉まる。エレベーターの中では、その女性エージェントが微笑みながらスティーブに話しかける。

女性エージェント：ここは初めて？

スティーブ　：そうでもない。

彼女はうなずき、自分のフォルダに視線を戻す。その後、顔を上げて、疑わしげな目つきでスティーブを見る。

トニーは左右を見ながら、巨大な部屋の真ん中を走る。

トニー　：まったく、こんちくしょう。

メガネを使って、彼はリサーチ・ラボに並ぶ無数の保管庫をスキャンする。しかしメガネが読み出した情報はどれも「一致せず」と表示される。彼はついに、厳重に構造強化されているように見える保管庫に行きつく。メガネを通して見ると、容器の内部から光が発しているのが見える。メガネの読み出し情報には「目的物捕捉。一致」と示されている。

トニー　：見つけた。

トニーは机の上にブリーフケースを見つけ、それを椅子の上に置く。それからアイアンマン・ガントレットの右手だけを起動する。（溶接用の）トーチが人差し指と中指から伸びて、その物体を閉じ込めている柱を切り裂く。ジャケットで目を保護しながら、トニーはコンテナが開くのを見るまでブロートーチを使い続ける。内部にあるのは四次元キューブである。

Tony : Back in the game. ◀ Phrase 44

トニー　：ゲームに戻った［ゲーム再開だ］。

He grabs the Tesseract with his gauntlet. He takes it over to the briefcase and puts it inside.

Howard : **Arnim, you in there? Arnim?**

That voice sounds familiar to Tony. He closes the briefcase, latching it, and turns around to see Howard Stark, his father. Tony is completely stunned. And then he turns around and starts to walk in the opposite direction.

Howard : **Hey! The door is this way, pal.**

Tony : **Oh, yeah.**

Tony turns around and walks toward Howard.

Howard : **Looking for Doctor Zola, have you seen him?**

Tony : **Yeah, Doctor Zola. No, I haven't, haven't, haven't seen a soul.** ◀ Phrase 45

As they walk closer to each other, Tony accidentally stumbles into a chair, and then reaches down with a hand to steady it.

Tony : **Pardon me.**

They stand facing each other. Tony sets the briefcase containing the Tesseract on the chair.

Howard : **Do I know you?**

Tony : **No, sir. Uh... I'm a visitor from MIT.**

彼はガントレットで四次元キューブを掴む。それをブリーフケースのところまで持ってきて、中に入れる。

ハワード　：アーニム、そこにいるのか？ アーニム？

トニーはその声に聞き覚えがある。トニーはブリーフケースを閉じ、カギをかけ、振り向くとハワード・スターク、自分の父親が目に入る。トニーは茫然としている。それからトニーは向きを変え、反対方向に歩いて行こうとする。

ハワード　：おい！ ドアはこっちだぞ、君。

トニー　：あぁ、はい。

トニーは向きを変え、ハワードに向かって歩く。

ハワード　：ゾラ博士を捜してるんだ、彼を見なかったか？

トニー　：あぁ、ゾラ博士ですか。いいえ、僕、僕、僕は、人っ子一人、見ていません。

二人は互いに向かって歩いて近づくが、トニーはうっかり椅子につまずいて、手を伸ばして椅子を押さえる。

トニー　：失礼。

二人は向かい合って立つ。トニーは四次元キューブの入ったブリーフケースをその椅子の上に置く。

ハワード　：私は君を知ってるかな？

トニー　：いいえ。あの……僕はMITから来た者です。

He takes off his glasses, reaches into his pocket, and pulls out an ID badge, showing it to Howard.

Howard : **Oh. MIT. Got a name?**

Tony : **Howard.**

Howard : **That'll be easy to remember.**

Tony : **Howard... Potts.**

Howard : **Well, I'm Howard Stark.**

Howard tucks the can of sauerkraut under his arm and raises his right hand.

Tony : **Hi.**

Tony extends his right hand, grabs Howard's index finger, and pulls only that.

Howard : **Shake that, don't pull it.** ◂Phrase 46

Tony : **Yeah.**

Howard : **You look a little green around the gills, there, Potts.** ◂Phrase 47

Tony : **I'm fine. Just long hours.**

Howard : **You wanna get some air?**

Howard motions toward the door. Tony stares straight ahead without a word.

トニーはメガネを外し、ポケットに手を入れて、IDバッジを引っ張り出して、ハワードに見せる。

ハワード　：おぉ。MITか。名前は？

トニー　：ハワード。

ハワード　：それは覚えやすいな。

トニー　：ハワード……ポッツ。

ハワード　：そうか、私はハワード・スタークだ。

ハワードは腕の下にザウアークラウトの缶を挟み、右手を上げる。

トニー　：どうも。

トニーは右手を伸ばし、ハワードの人差し指を掴み、人差し指だけを引っ張る。

ハワード　：手は揺(ゆ)する［握る］んだ、引っ張るな。

トニー　：ええ。

ハワード　：ちょっと顔色が悪いぞ、ポッツ。

トニー　：大丈夫です。ただ長時間だった［ここにいた］ので。

ハワード　：ちょっと風にあたるか？

ハワードは身ぶりでドアのほうを示す。トニーは無言で、まっすぐ前方をじっと見つめる。

Howard : Hello, Potts.

Tony : Yeah. That'd be swell. ◂ Phrase 48

Howard : That way.

Tony : Okay.

Howard : Need your briefcase?

Howard hands the briefcase to Tony, who chuckles nervously and gets a serious look on his face.

Howard : You're not one of those beatniks, are you, Potts?
◂ Phrase 49

They leave the research lab.

ハワード　：おい、ポッツ。

トニー　：ええ。それはいいですね。

ハワード　：あっちだ。

トニー　：はい。

ハワード　：ブリーフケース、必要だろ？

ハワードはトニーにブリーフケースを手渡す。トニーは弱々しくくすっと笑い、真顔になる。

ハワード　：君はよくいるああいうビート族の一人ではないんだよな、ポッツ？

二人はリサーチ・ラボを出る。

Father and Son

CHAPT

1:41:59

ER 12

父と息子

Hank Pym's lab at the Camp Lehigh installation. Among ant nest cases, assorted bottles, jars, test tubes, and scientific equipment, there is state-of-the-art Ant-Man helmet at that time. 1970 younger Hank Pym picks up the phone.

Pym : Hello?

Steve : Doctor Pym?

Pym : That would be the number that you called, yes.

Steve : This is Captain Stevens from shipping. We have a package for you.

Pym : Oh, bring it up.

He takes a sip from a cup of tea on his desk.

Steve : That's the thing, sir, we can't.

Pym : I'm confused. I thought that was your job.

Steve : Well, it's just... Sir, the box is glowing and to be honest, some of our mail guys aren't feeling that great.

Pym : They didn't open it, did they?

Steve : Uh, yeah, they did. You better get down here.

Pym slams the phone back into its cradle and sprints out of the lab, running down the hallway.

キャンプ・リーハイ基地のハンク・ピムのラボ。アリの巣のケース、様々なボトル、広口瓶、試験管や科学器具の間に、当時の最新鋭のアントマン・ヘルメットがある。1970年の、より若いハンク・ピムが電話を取る。

ピム：もしもし？

スティーブ：ピム博士ですか？

ピム：それが君のかけた番号のようだね、そうだ（私がピムだ）。

スティーブ：こちらは配送部のスティーブンス大尉です。あなたへのお荷物があります。

ピム：あぁ、こちらに持ってきてくれ。

ピムは机の上の紅茶のカップから一口飲む。

スティーブ：それが問題なのです、博士、持っていけません。

ピム：困惑するね。それが君たちの仕事だと思っていたのだが。

スティーブ：その、ただ……博士、その箱は輝いていて、正直に言うと、我々、配送部の数人の気分がすぐれないのです。

ピム：その者たちはその箱を開けなかっただろうな？

スティーブ：あー、いいえ、彼らは開けてしまいました。こちらに降りてきてもらったほうがいいかと。

ピムは受話器を台にガチャンと置き、ラボから全速力で出て、廊下を走っていく。

Pym : Excuse me! Out of the way!

Steve steps out of an office right next to Pym's. Steve enters Pym's lab. Inside the lab, he sees the vast array of scientific equipment. Finally, he finds vials of Pym Particles in a glass containment unit with a label on it that reads: PYM PARTICLES DO NOT TOUCH. Smiling, Steve removes four vials of Pym Particles from inside.

Howard and Tony go inside the freight elevator.

Tony : So, flowers and sauerkraut. You got a big date tonight?

Howard : Uh, my wife's expecting. And too much time at the office.

Tony is startled at Howard's remark.

Tony : Congratulations.

Howard : Thanks. Hold this, will ya?

Howard hands the flowers and sauerkraut over to Tony. Howard takes hold of the knot on his tie, adjusting it.

Tony : Yeah, sure. How far along is she? ◀ Phrase 50

Howard : Uh, I don't know. She's at the point where she can't stand the sound of my chewing. I guess I'll be eating dinner in the pantry again.

Tony : I have a little girl.

ピム　：失礼！ 道をあけてくれ！

スティーブはピムのオフィスのすぐ隣のオフィスから出てくる。スティーブはピムのラボに入る。ラボの中で、彼はずらりと並んだ科学器具を見る。ついに「ピム粒子。触るな」と書いてあるラベルのついたガラスの格納ユニットにピム粒子の小瓶を見つける。笑みを浮かべて、スティーブはユニットの中から4本のピム粒子の小瓶を取り出す。

ハワードとトニーは貨物用エレベーターに乗り込む。

トニー　：それで、花とザウアークラウト。今夜は大事なデートがあるんですか？

ハワード　：あぁ、私の妻が妊娠中なんだ。それと、かなり多くの時間をオフィスで過ごしてるもんだから（その詫びに花束を）。

トニーはハワードの発言にハッとする。

トニー　：おめでとうございます。

ハワード　：ありがとう。これを持っていてくれるか？

ハワードは花とザウアークラウトをトニーに手渡す。ハワードはネクタイの結び目を掴み、調整する。

トニー　：ええ、もちろん。奥さんは妊娠何か月ですか？

ハワード　：あぁ、わからないな。妻は今、私の噛む音［私が食事する音］にも我慢できない時期だ。また食器室で夕食を食べることになるだろうと思うよ。

トニー　：僕には小さな女の子［娘］がいます。

Howard : A girl would be nice. Less of a chance she'd turn out exactly like me.

Tony : What'd be so awful about that?

Howard : Let's just say that the greater good has rarely outweighed my own self-interest. ◂ Phrase 51

Howard pats Tony on the arm.

Steve is walking in the hallway trying to make himself as inconspicuous as possible. He sees the female agent talking to two Camp Lehigh guards up ahead.

Guard : And you've never seen these two men before?

Female Agent : No, I've got an eye for this. The two of them looked fishy.

Guard : Can you describe them? ◂ Phrase 52

Female Agent : One of them had a hippie beard.

Guard : Hippie. Like Bee Gees or Mungo Jerry?

Female Agent : Definitely Mungo Jerry.

Steve opens an office door, and ducks inside.

Guard : Yeah, this is Chesler. I need every available MP to sublevel six. We have a potential breach.

ハワード：女の子ならいいだろうね。まさに私のようになってしまう可能性が少なくなるから。

トニー：それの何がそんなに悪いんですか？

ハワード：大義が私自身の自己利益に勝ることはめったになかった、とだけ言っておこうか。

ハワードはトニーの腕をポンと叩く。

スティーブはできるだけ目立たないようにしながら廊下を歩いている。スティーブは前方に、あの女性エージェントが二人のキャンプ・リーハイの警備員と話しているのを見る。

警備員：それであなたはその二人の男性を以前に見たことはなかったんですね？

女性エージェント：なかったわ、私はこういうことが得意なの。その二人は見るからに怪しそうだった。

警備員：その二人の人相や風体（ふうてい）を説明してくれますか？

女性エージェント：二人のうち一人は、ヒッピーみたいなひげを生やしてた。

警備員：ヒッピーか。ビー・ジーズやマンゴ・ジェリーみたいな？

女性エージェント：間違いなく、マンゴ・ジェリーね。

スティーブはあるオフィスのドアを開け、中に隠れる。

警備員：はい、こちらはチェスラーです。出動可能なすべての憲兵を地下6階によこしてください。不法侵入の可能性があります。

The agent and the guards pass by, and Steve waits for a few second. Right before he is about to open the door, something in the office catches his eye. A picture frame is on the desk. Steve sees himself, Steve Rogers, in the picture. Or rather, Steve Rogers before the Super-Soldier experiment. Skinny Steve Rogers.

Then he looks back at the door and sees the name, MARGARET CARTER DIRECTOR written in reverse on the frosted glass.

Peggy : **I said bring them in.**

Steve looks into another work space through an interior window in the office. He sees Peggy Carter standing in a reception area with another S.H.I.E.L.D. agent.

Male Agent : **They're trying, ma'am, but Braddock's unit has been stopped by lightning strikes.**

Peggy : **Oh, for the love of...**

Male Agent : **I'll look at the weather projections.**

Steve is watching her with yearning eyes. And then he approaches the interior window. Looking through the window, unnoticed, Steve sees Peggy reading a report. Suddenly, she calls out to her staff and walks out of the room.

Peggy : **It's not lightning strikes we're looking at.**

Steve keeps watching the place where she was for a while and looks down.

Outside the Lehigh base, Howard and Tony are walking along. Tony is still holding the sauerkraut and flowers.

そのエージェントと警備員が通り過ぎ、スティーブは数秒待つ。彼がドアを開けようとした直前、オフィスのあるものが彼の目を引く。写真立てが机の上にある。写真の中に自分自身、スティーブ・ロジャースが見える。いやむしろもっと正確に言えば、スーパーソルジャー実験を受ける前のスティーブ・ロジャース。やせっぽちのスティーブ・ロジャースである。

それから彼はドアのほうを振り返り、すりガラスの上に鏡文字で「マーガレット・カーター。長官」という名前が書かれているのを見る。

ペギー　：彼らを呼び寄せなさいと言ったでしょ。

スティーブはオフィスの室内窓越しに、もう一つの仕事場の中を見る。別のシールド・エージェントと一緒に、ペギー・カーターが応接間に立っているのが見える。

男性エージェント：彼らもそうしようとしています、ですが、ブラドックの部隊は落雷で足止めされています。

ペギー　：あぁ、まったく……

男性エージェント：天気の予測を見ます。

スティーブは思慕するようにペギーを見つめている。それから室内窓に近づく。窓越しに、気づかれず、スティーブはペギーがレポートを読んでいるのを見る。突然、ペギーは部下を呼び、部屋を出ていく。

ペギー　：私たちが見ているのは落雷じゃないわ。

スティーブはペギーがいた場所をしばらく見つめ、そして目を伏せる。

リーハイ基地の外を、ハワードとトニーが一緒に歩いている。トニーはまだザウアークラウトと花を持っている。

Tony : So, where you at with names? ◂ Phrase 53

Howard : Well, if it's a boy, my wife likes Elmonzo. ◂ Phrase 54

Tony : Huh. Might wanna let that stew awhile. You got time. ◂ Phrase 55

Howard : Uh-huh. Let me ask you a question. When your kid was born, were you nervous?

Tony : Wildly. Yeah.

Howard : Did you feel qualified? Like you had any idea how to successfully operate that thing?

Tony : I literally pieced it together as I went along. I thought about what my dad did.

Tony does a double take at something. Over there, lifting his thumb, Steve signals to Tony.

Howard : My old man, he never met a problem he couldn't solve with a belt. ◂ Phrase 56

Tony : I thought my dad was tough on me. And now, looking back on it, I just remember the good stuff. You know? He did drop the odd pearl. ◂ Phrase 57

Howard : Yeah? Like what?

Tony : "No amount of money ever bought a second of time."

トニー　：それで、（子供の）名前については、今どのあたりですか？［どの程度考えていますか？］

ハワード　：そうだな、もし男の子なら、妻はエルモンゾがいいと言ってる。

トニー　：は。そんな名前は（自業自得なので）ほっておけばいいですよ。時間はありますし。

ハワード　：そうだな。一つ質問させてくれ。君に子供が生まれた時、緊張したか？

トニー　：ものすごく。ええ。

ハワード　：自分には資格があると感じたか？ 例えば、そういうことをうまくこなす方法を何か知ってた、とかは？

トニー　：僕はやっていきながら、文字通り、断片の情報をつなぎ合わせて全貌をつかみました。僕の父がやったことについて考えたんです。

トニーは何かを二度見する［最初は気づかないでしばらくしてから見直す］。向こうのほうで、親指を立てて、スティーブがトニーに合図を送る。

ハワード　：私の父、彼は、殴ることで解決できないような問題には出くわさなかった［問題はすべて殴ることで解決した］。

トニー　：僕の父は僕に厳しいと思っていました。そして今、それを振り返ると、僕はただ良かったことを思い出すだけなんですよ。父は確かに奇妙な金言を残したんです。

ハワード　：そうか？ 例えばどんな？

トニー　：「どれだけ金があっても1秒の時間さえ買うことはなかった」

Howard : Smart guy.

Tony : He did his best.

Howard : I'll tell you, that kid's not even here yet and there's nothing I wouldn't do for him. ◀ Phrase 58

Tony is lost in thought for a while. Steve nods toward Tony, who lifts the briefcase in his hand and thrums on it. Steve nods. Howard walks over to Tony.

Howard : Good to meet you, Potts.

Howard takes the sauerkraut and flowers.

Tony : Yeah. Howard... everything's gonna be all right.

Tony steps closer to his father and gives him a big hug.

Tony : Thank you... for everything... you've done for this country. ◀ Phrase 59

There is a fancy car waiting for Howard, and a driver is standing right outside. Howard looks at Tony and walks toward his car. Howard hands the flowers and sauerkraut to the driver. Tony looks at them with a happy face and walks away.

Howard : Jarvis. Have we ever met that guy?

ハワード　：賢い男だな。

トニー　：父は最善を尽くしました。

ハワード　：断言するよ、その（わが）子はまだここにはいないが、その（男の）子のためにやらないことなどない［どんなことでもする］とね。

トニーはしばらくもの思いにふけっている。スティーブがトニーのほうをあごで示すと、トニーは手に持ったブリーフケースを持ち上げ、それをコツコツ叩く。スティーブはうなずく。ハワードがトニーのほうに歩いてくる。

ハワード　：会えて良かったよ、ポッツ。

ハワードはザウアークラウトと花を受け取る。

トニー　：ええ。ハワード……すべてがきっと大丈夫ですよ。

トニーは父に近づき、父をぎゅっと抱きしめる。

トニー　：ありがとう……いろいろと……あなたがこの国のためにしてきたことすべてに（感謝します）。

ハワードを待つ高級車があり、運転手が車のすぐ外に立っている。ハワードはトニーを見てから車に向かう。ハワードは花とザウアークラウトを運転手に手渡す。トニーは幸せそうな顔で二人を見て、歩き去る。

ハワード　：ジャーヴィス。我々はあの男に会ったことあるかな？

Jarvis : You meet a lot of people, sir.

ジャーヴィス　：あなたはたくさんの人々にお会いになりますから。

Howard : Seems very familiar. Weird beard. ◀ Phrase 60

The two get into the car.

ハワード　：とても見覚えがある気がする。変なひげだがな。

二人は車に乗り込む。

CHAPT

1:46:37

ER 13

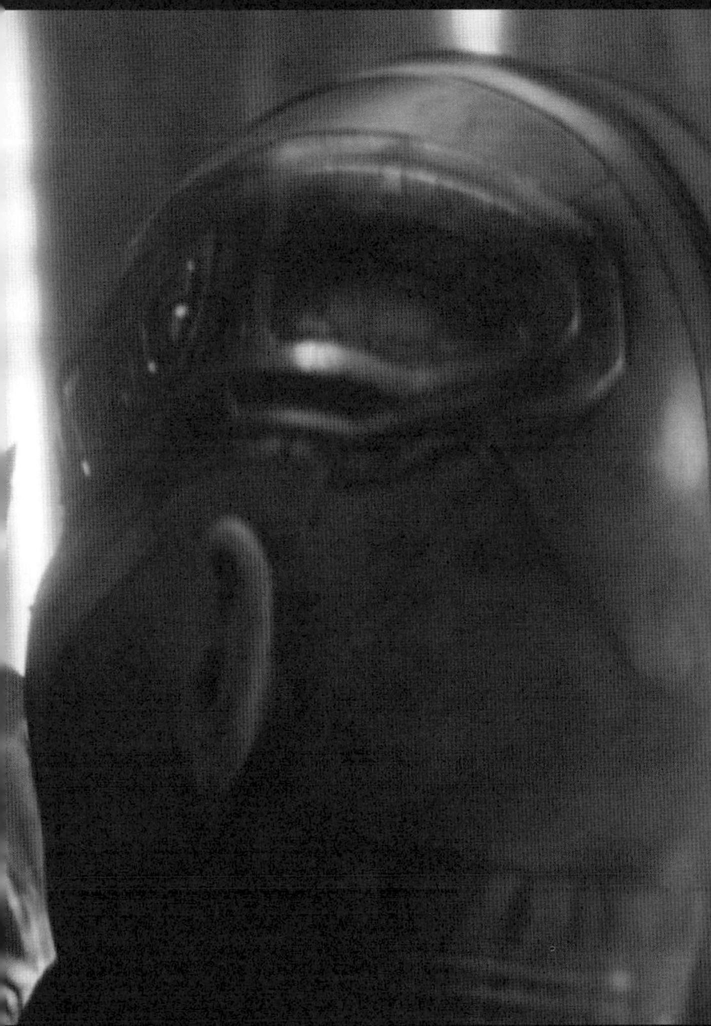

私はあんたよ

CHAPTER
01
02
03
04
05
06
07
08
09
10
11
12
13
14
15
16
17
18
19
20
21
22
23

Sanctuary II in 2014. Present Nebula hits the floor of the prison chamber. Looking up, she sees herself, 2014 Nebula, approaching with a look of utter contempt and disgust.

2014 Nebula : You're weak.

Nebula : I'm you.

2014 Nebula punches Nebula in the face. 2014 Nebula picks up Nebula's time-travel band. Gamora enters the prison chamber.

Nebula : You could stop this. You know you want to. Did you see what happens in the future? Thanos finds the Soul Stone. You wanna know how he does that? You wanna know what he does to you?

2014 Nebula : That's enough.

2014 Nebula kicks Nebula in the head. 2014 Nebula removes a dagger from a holster at her waist and brings it beside Nebula's throat. The blade is glowing with energy, sizzling. 2014 Nebula grabs hold of Nebula's neck.

2014 Nebula : You disgust me. ◂ Phrase 61 But that doesn't mean you're useless.

2014 Nebula pries off the orange metal plate atop Nebula's head.

Thanos is seated on his throne. 2014 Nebula approaches and ascends the stairs to the throne. She hands a vial of Pym Particles to Thanos. Then she motions to her skull. The orange metal plate her future self has been wearing is now affixed to 2014 Nebula's head.

2014年のサンクチュアリII 。現在のネビュラは牢獄の床に倒れる。見上げると、自分自身、2014年のネビュラが、軽蔑と嫌悪そのもののまなざしで近づいてくるのが見える。

2014年のネビュラ：あんたは弱い。

ネビュラ：私はあんたよ。

2014年のネビュラがネビュラの顔を殴る。2014年のネビュラはネビュラのタイムトラベル・バンドを拾い上げる。ガモーラが牢獄の部屋に入ってくる。

ネビュラ：あなたならこれを止められる。自分がそうしたいと思ってること、自分でもわかってる。未来で起きることを見た？ サノスはソウル・ストーンを見つける。どうやってサノスがそうするのか知りたい？ サノスがあなたに何をするか知りたい？

2014年のネビュラ：もうたくさんだ。

2014年のネビュラがネビュラの頭を蹴る。2014年のネビュラは腰のホルスターから短剣を取り出して、それをネビュラの喉の横に持っていく。刃はエネルギーで輝き、ジュージューと音を立てる。2014年のネビュラはネビュラの首を掴む。

2014年のネビュラ：あんたにはむかつく。でもだからってあんたが役に立たないわけじゃない。

2014年のネビュラはネビュラの頭からオレンジ色の金属プレートをこじ開けるようにして取り外す。

サノスが玉座に座っている。2014年のネビュラが近づいてきて、玉座への階段を上る。彼女はピム粒子の小瓶をサノスに手渡す。それから彼女は自分の頭をしぐさで示す。未来の自分がずっとつけていたオレンジ色の金属プレートが今は2014年のネビュラの頭に貼り付けられている。

2014 Nebula : How do I look? ◀ Phrase 62

2014年のネビュラ：私に似合っていますか？

Vormir 2014

CHAPT

1:48:11

ER 14

ヴォーミア 2014年

CHAPTER
01
02
03
04
05
06
07
08
09
10
11
12
13
14
15
16
17
18
19
20
21
22
23

Inside the Benatar. Natasha and Clint are standing, staring the amazing view in space.

Clint : **Wow. Under different circumstances, this would be totally awesome.** ◀ Phrase 63

ベネター号の中で、ナターシャとクリントは、宇宙の素晴らしい景色を眺めながら、立っている。

クリント　：わぁ。状況が違ってたら、これは全く最高だったろうにな。

They start walking on the planet Vormir. Now they are climbing the mountain. Snow falls through the darkened skies.

Natasha : I bet the raccoon didn't have to climb a mountain.

Clint : Technically he's not a raccoon, you know?

Natasha : Oh, whatever. He eats garbage.

Stonekeeper : Welcome.

二人は惑星ヴォーミアを歩き始める。今は山を登っている。暗くなった空から雪が降ってくる。

ナターシャ　：きっと、あのアライグマは山を登る必要はなかったって断言するわ。

クリント　：厳密にいうと、あいつはアライグマじゃない、わかってるだろ？

ナターシャ　：あぁ、なんでもいいわ。あいつはゴミみたいなものを食べるのよ。

ストーンキーパー：ようこそ。

Clint draws his sword from the sheath on his back. Natasha holds her gun at the ready. A dark cloaked figure hovers in front of them, its face hidden.

クリントは背中のさやから刀を抜く。ナターシャは銃を構える。黒いマントで覆われた人物が、顔を隠した状態で、二人の前に浮いている。

Stonekeeper : Natasha. Daughter of Ivan. Clint. Son of Edith.

Natasha : Who are you?

Stonekeeper : Consider me a guide... to you... and to all who seek the Soul Stone.

Natasha : Oh, good. You tell us where it is, then we'll be on our way.

Stonekeeper : Oh, Liebchen. If only it were that easy.

A man with a red-skulled face moves out of the shadows. Then Red Skull leads them to the tower. Natasha notices the semicircular opening on the floor.

Red Skull : What you seek lies in front of you. As does what you fear.

Natasha : The stone's down there.

Red Skull : For one of you. For the other... In order to take the stone, you must lose that which you love. An everlasting exchange. A soul for a soul.

Natasha stares into the abyss as Clint joins her.

Natasha sits on a log, not saying a word. Raising his hand, Clint speaks to Red Skull cheerfully.

Clint : How's it going?

Clint chuckles, and then he walks up to Natasha, shaking his head.

ストーンキーパー：ナターシャ。アイヴァンの娘よ。クリント。イディスの息子よ。

ナターシャ：あなたは誰？

ストーンキーパー：私のことは案内人だと思え……お前たちの……そしてソウル・ストーンを求めるすべての者の。

ナターシャ：あぁ、いいわね。それがどこにあるかを教えてくれたら、私たちは向かうから。

ストーンキーパー：おぉ、愛しき者よ。それがそんなに簡単であればよいのだがな。

赤い頭蓋骨の顔をした男が影の中から出てくる。それからレッドスカルは二人を塔まで導く。ナターシャは、床が半円状に開いているのに気づく。

レッドスカル：探すものはお前たちの目の前にある。お前たちが恐れるものも同じく（お前たちの目の前にある）。

ナターシャ：そのストーンは下のあそこにあるのね。

レッドスカル：お前たちのうちの一人のために（ある）。もう一人は……そのストーンを手にするためには、自分が愛するものを失わなければならない。永遠に続く交換だ［その交換は永遠に続く］。魂には魂を。

ナターシャは底知れぬ深淵を見つめる。クリントも彼女に加わる。

ナターシャは無言で丸太に座っている。クリントは手を上げて、レッドスカルに楽しげに話しかける。

クリント：調子はどうだ？

クリントはくすくす笑い、それから、頭を横に振りながら、ナターシャに歩み寄る。

Clint : Jesus. Maybe he's making this shit up.

Natasha : No. I don't think so.

Clint : Why? 'Cause he knows your daddy's name?

Natasha : I didn't. Thanos left here with the stone without his daughter. That's not a coincidence. ◀ Phrase 64

Clint : Yeah.

Natasha : Whatever it takes.

Clint : Whatever it takes.

Natasha stands up and faces Clint.

Natasha : If we don't get that stone, billions of people stay dead.

Clint : Yeah. Then I guess we both know who it's gotta be.

Natasha : I guess we do.

Clint reaches out and takes Natasha's hand. She places her other hand atop Clint's, cupping it. Their eyes meet.

Clint : I'm starting to think we mean different people here, Natasha.

クリント ：なんてこった。多分、あいつはこんなくだらない話をでっち上げてるんだ。

ナターシャ ：いいえ。私はそうは思わないわ。

クリント ：なぜ？ あいつが君の父さんの名前を知ってるからか？

ナターシャ ：私は（父の名前を）知らなかった。サノスはストーンと共に、娘がいない状態で、ここを離れた。それは偶然の一致じゃないわ。

クリント ：そうだな。

ナターシャ ：何を犠牲にしても。

クリント ：何を犠牲にしても。

ナターシャは立ち上がり、クリントと向かい合う。

ナターシャ ：もし私たちがそのストーンを手に入れなければ、何十億人もの人々が死んだままよ。

クリント ：そうだな。それなら、俺たち二人とも、それ［死ぬほう］が誰になるかわかってると思うよ。

ナターシャ ：そう［二人ともわかってると］私も思うわ。

クリントは手を伸ばし、ナターシャの手を取る。ナターシャはクリントの手の上にもう片方の手を乗せ、包む。二人の目が合う。

クリント ：俺たちはここで違う人のことを考えてるって思えてきたよ、ナターシャ。

Natasha : For the last five years, I've been trying to do one thing. Get to right here. That's all it's been about. Bringing everybody back.

Clint : No, don't you get all <u>decent</u> on me now.

Natasha : What, you think I wanna do it? I'm trying to save your life, you idiot.

Clint : Yeah, well, I don't want you to. How's that? Natasha, you know what I've done. You know what I've become.

Natasha : Oh, I don't judge people on their worst mistakes.

Clint : Maybe you should.

Natasha : You didn't.

Clint : You're a pain in my ass, you know that?

He rests his forehead against hers.

Clint : Okay. You win.

Clint smiles at Natasha. Then Clint Barton, a.k.a. Hawkeye, kicks her in the knee and knocks her down on the ground. He pushes on her shoulder, holding her in place.

Clint : Tell my family I love 'em.

ナターシャ　：この5年間、私はずっと一つのことをやろうとしてきた。まさにここにたどり着くこと。それがこれまでずっとのすべてだった。みんなを取り戻すこと。

クリント　：いや、今さら俺に対して、いいかっこしないでくれ。

ナターシャ　：何よ、私がそんなことしたがってるとでも思ってるの？ 私はあなたの命を助けようとしてるのよ、このバカ。

クリント　：あぁ、そうだな、俺は君にそんなことをしてほしくはない。それってどうなんだ？ ナターシャ、君は俺がやってきたことを知ってるだろ。俺が何になったか知ってるだろ。

ナターシャ　：あぁ、私はその人がやった最悪の過ちで人を判断したりしないわ。

クリント　：多分、君はそうすべきだ。

ナターシャ　：あなたはそうしなかった［私がした過ちで私を判断しなかった］。

クリント　：君は俺をいらいらさせるんだよ、わかってるだろ？

クリントはナターシャの額に自分の額を当てる。

クリント　：わかった。君の勝ちだ。

クリントがナターシャに微笑む。それからクリント・バートン、別名ホークアイは、彼女の膝を蹴り、地面に倒す。彼女の肩を押して、その場に固定する。

クリント　：愛してる、と俺の家族に伝えてくれ。

Natasha Romanoff, a.k.a. Black Widow, swings her hand at his elbow and throws him to the ground. Rising to her feet, she points the bracelet-shaped gauntlet on her wrist at him.

Natasha : **You tell 'em yourself.**

She fires her bracelet-shaped electroshock weapon, Widow's Bite, at him. Electricity runs through his body. He convulses, unable to control his muscles. Black Widow starts to run toward the cliff. He manages to stand up and shoots an arrow at the ground in front of her. A small explosion knocks her down to the ground.

ナターシャ・ロマノフ、別名ブラック・ウィドウはホークアイの肘に向かって手を動かし、彼を地面に投げる。立ち上がり、手首についたブレスレット状のガントレット（こて）を彼に向ける。

ナターシャ　：自分で言いなさい。

彼女はブレスレット状の電撃武器、ウィドウズ・バイトを彼に向けて発射する。電気が彼の体を走る。ホークアイは身もだえして筋肉を動かすことができない。ブラック・ウィドウは崖に向かって走り出す。ホークアイはなんとか立ち上がり、ブラック・ウィドウの前の地面に矢を放つ。小さな爆発で彼女は地面に倒される。

Tossing his bow aside, Hawkeye sprints toward the cliff, staring at Black Widow. He leaps into the air at the edge. She grabs him from behind, and they go over the edge together. Black Widow fires the grappling hook upward as they fall. They slam into the wall together. He finds the end of the line is clipped to his belt.

弓を横に投げ、ブラック・ウィドウを見つめながら、ホークアイは崖に向かって全力で走る。彼は崖のふちで空中に跳ぶ。ブラック・ウィドウは後ろから彼を掴み、二人は一緒にふちを越える。落ちる時に、ブラック・ウィドウは引っ掛け鉤（フック）を上に向けて発射する。二人は一緒に壁に激突する。ホークアイは綱の端が自分のベルトに留められているのを見る。

Clint : Damn you.

Dangling from the line, Clint is holding Natasha's wrist with his left hand. With his right hand, he tries to grab her hand, but fails.

Clint : Wait.

Natasha isn't holding on to Clint's hand. She doesn't even try.

Natasha : Let me go.

Clint : No. Please, no.

Natasha : It's okay.

Clint : Please.

Natasha kicks the wall. Clint loses his grip, and she slips through his fingers. She plummets toward the ground.

Clint : No!

Natasha's body is lying on the ground. The sky booms and flashes.

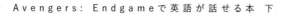

クリント　：いまいましいやつだ。

綱にぶら下がりながら、クリントはナターシャの手首を左手で掴んでいる。右手で彼女の手を掴もうとするが失敗する。

クリント　：待て。

ナターシャはクリントの手を掴んでいない。掴もうとすらしていない。

ナターシャ　：行かせて。

クリント　：だめだ。頼む、だめだ。

ナターシャ　：いいのよ。

クリント　：頼む。

ナターシャが壁を蹴る。彼女を握っていたクリントの手が離れ、ナターシャはクリントの指からすり抜ける。彼女はまっすぐ地面に向かって落ちていく。

クリント　：だめだ！

ナターシャの体が地面に横たわっている。空がとどろき、閃光が走る。

Clint finds himself lying on his back in a pool of water.

He sits up and looks down at his hand. Inside it, he holds the Soul Stone. He pounds his fist into the water, sobbing.

クリントは自分が水たまりの中にあおむけに横たわっているのに気づく。

上体を起こし、手を見下ろす。手の中に、ソウル・ストーンを握っている。彼は水に拳を打ちつけ、むせび泣く。

CHAPTER
01
02
03
04
05
06
07
08
09
10
11
12
13
14
15
16
17
18
19
20
21
22
23

Her Family

CHAPT

1:55:06

ER 15

彼女の家族

The present. The Avengers Headquarters. Through the Quantum Tunnel, the Avengers return from their missions one by one. They immediately grow to normal size, standing upon the platform. The aperture beneath them closes and the panel above retracts. Their time-travel helmets and suits disappear.

Bruce : **Did we get 'em all?**

Rhodey : **Are you telling me this actually worked?**

現在。アベンジャーズ本部。量子トンネルを通って、アベンジャーズは一人ずつそれぞれの任務から帰還する。すぐに普通のサイズになり、プラットフォームの上に立つ。彼らの下の絞りは閉じ、上のパネルは収納される。彼らのタイムトラベル・ヘルメットとスーツが消える。

ブルース　：全部手に入れたか？

ローディ　：これが本当にうまくいった、ってことか？

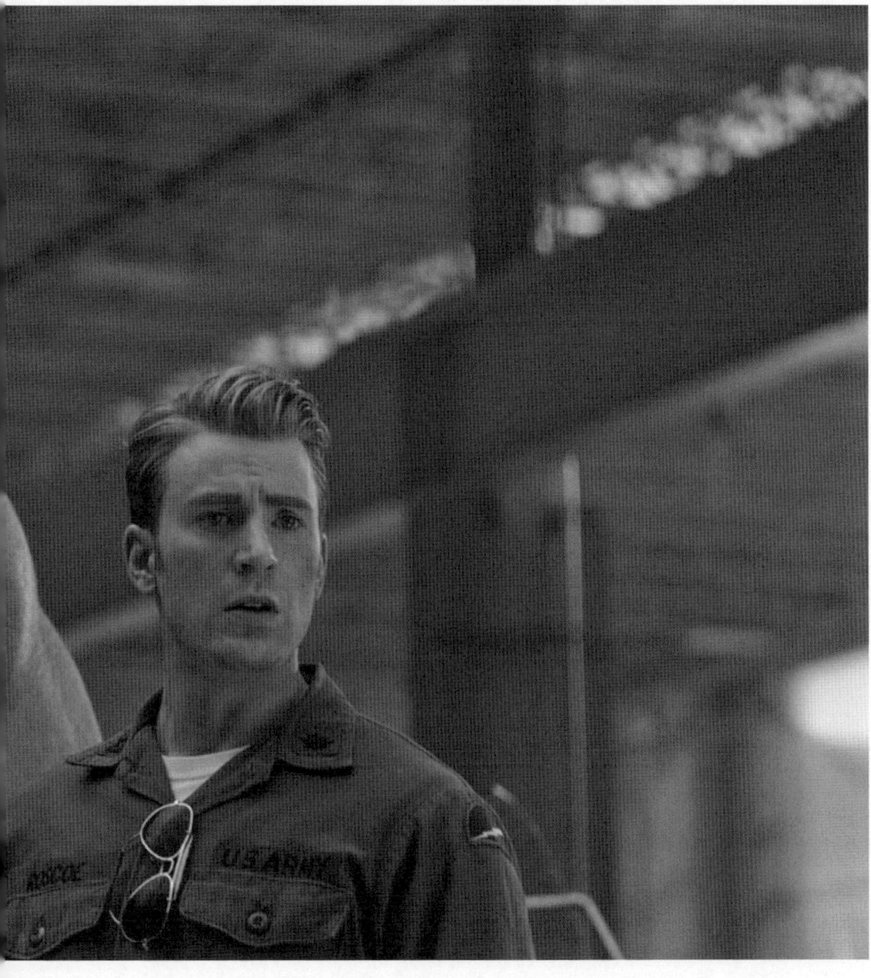

Rhodey holds up the Orb. Clint falls to his knees.

Bruce : **Clint, where's Nat?**

Clint doesn't say a word. Bruce collapses to his knees and punches the platform with his fist.

Bruce, Tony, Steve, Clint, and Thor, the first Avengers, are on the dock by the lake behind the Avengers Headquarters.

Tony : **Do we know if she had family?**

Steve : **Yeah. Us.**

Thor : **What?**

Tony : **Huh?**

Thor : **What are you doing?**

Tony : **Just asked him a question.**

Thor : **Yeah, no, you're acting like she's dead. Why are we acting like she's dead? We have the stones, right? As long as we have the stones, Cap, we can bring her back. Isn't that right? So, stop this shit. We're the Avengers. Get it together.**

Clint : **Can't get her back.**

Thor : **What's he...? What?**

ローディはオーブを掲げる。クリントが膝をつく。

ブルース　：クリント、ナット（ナターシャ）はどこだ？

クリントは何も言わない。ブルースは膝から崩れ落ち、プラットフォームを拳で殴る。

ブルース、トニー、スティーブ、クリント、ソーの初代アベンジャーズが、アベンジャーズ本部後ろの湖のほとりにある桟橋にいる。

トニー　：彼女に家族がいたかどうか知ってるか？

スティーブ　：あぁ。僕たちだ。

ソー　：何だって？

トニー　：は？

ソー　：何やってるんだ？

トニー　：ただ彼に（彼女に家族はいるのかと）質問しただけだ。

ソー　：あぁ、そうじゃない、お前たちがまるで彼女が死んだみたいにふるまってることだよ。どうして彼女が死んだかのようにふるまってるんだ？ 俺たちにはストーンがある、だろ？ 俺たちにストーンがある限り、キャップ、俺たちは彼女を取り戻せる。そうじゃないのか？ だから、こんなくだらないことはやめろ。俺たちはアベンジャーズだ。しっかりしろよ。

クリント　：彼女を取り戻すことはできない。

ソー　：あいつは何を……？ 何だって？

Clint : It can't be undone. It can't.

Thor starts to laugh.

Thor : Look, I'm sorry, no offense, but you're a very earthly being, okay? And we're talking about space magic. ◂ Phrase 65 And "can't" seems very definitive. Don't you think?

Clint : Yeah, look, I know that I'm way outside my pay grade here. ◂ Phrase 66 But she still isn't here, is she?

Thor : No, that's my point.

クリント　：取り消すことはできない。できないんだよ。

ソーは笑い出す。

ソー　：なぁ、すまない、悪気はないんだが、お前らはまさに地球的な生き物なんだ、いいか？ そして俺たちは今、宇宙の魔法の話をしてるんだ。だから「できない」なんて非常に断定的だと思えるね。そうは思わないか？

クリント　：あぁ、なぁ、ここで今、俺が、自分の知識が到底及ばないようなレベルの話をしてる、ってことは自分でもわかってる。だが、彼女は今もまだここにはいない、そうだろ？

ソー　：（彼女は今もまだここに）いない、それが（まさに）俺の言いたいことだ [まだいない、というだけのことだ]。

Clint : It can't be undone. Or that's at least what the red, floating guy had to say. Maybe you wanna go talk to him, okay? Go grab your hammer and you go fly and you talk to him.

クリント：取り消せないんだ。もしくはそれが少なくとも、あの赤い、浮かんでた男が言わなければならないことだった。なんならお前が彼に話しに行ったらいいじゃないか、そうだろ？ お前のハンマーをひっつかんで、飛んでって、あいつと話してこいよ。

Tears run down Steve's cheek.

Clint : It was supposed to be me. She sacrificed her life for that goddamn stone. She bet her life on it.

スティーブの頬に涙が流れる。

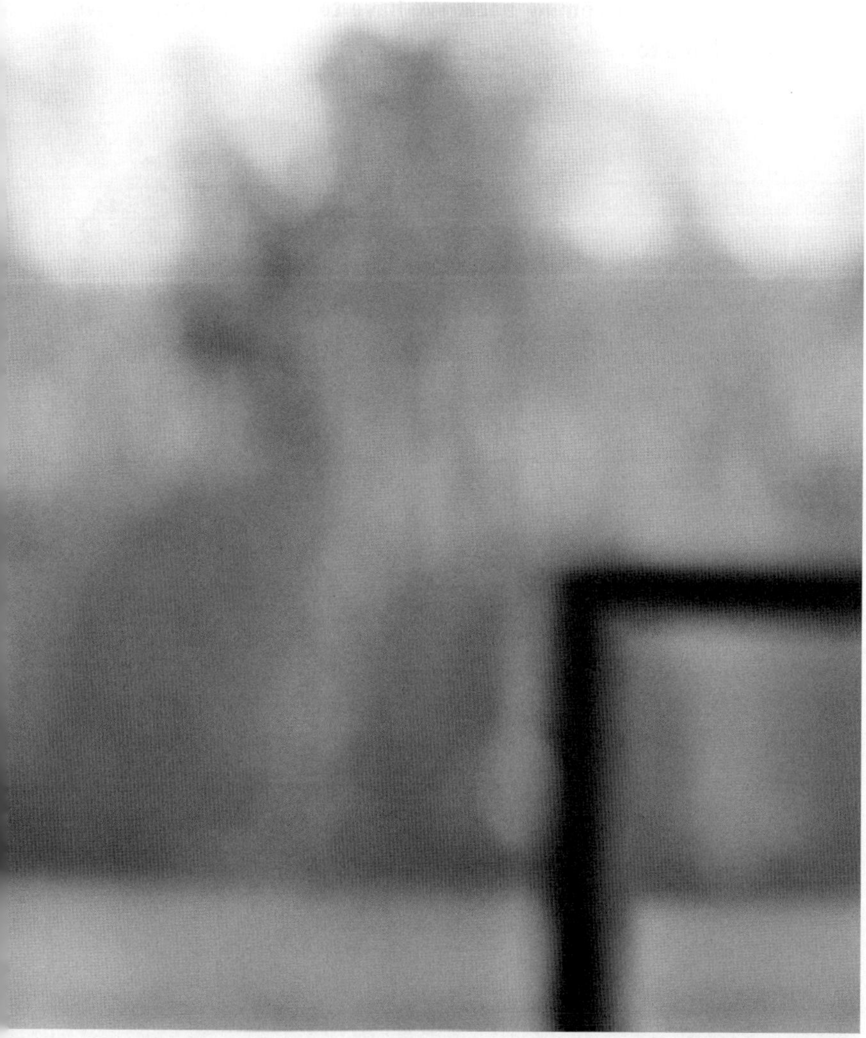

クリント　：俺になるはずだったのに。そのいまいましいストーンのために彼女は自分の命を犠牲にしたんだ。彼女はそれに自分の命を賭けたんだ。

Bruce grabs a bench on the dock and hurtles it across the lake.

Bruce : **She's not coming back. We have to make it worth it. We have to.**

ブルースは桟橋のベンチを摑み、それを湖の向こうに勢いよく投げる。

ブルース　：彼女は戻らない。僕らはそれを価値あるものにしなければならない。しなければならないんだ。

Steve : We will.

スティーブ　：そうするさ。

CHAPT

1:57:25

ER 16

ナノ・ガントレット

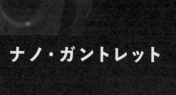

Inside the lab, Tony manipulates a series of six mechanical arms. Each of them is holding on to one of the six Infinity Stones. Rocket and Bruce stand to either side.

ラボの中で、トニーは一連の6本の機械のアームを操作する。それぞれのアームは6個のインフィニティ・ストーンの一つを掴んでいる。ロケットとブルースが両サイドに立っている。

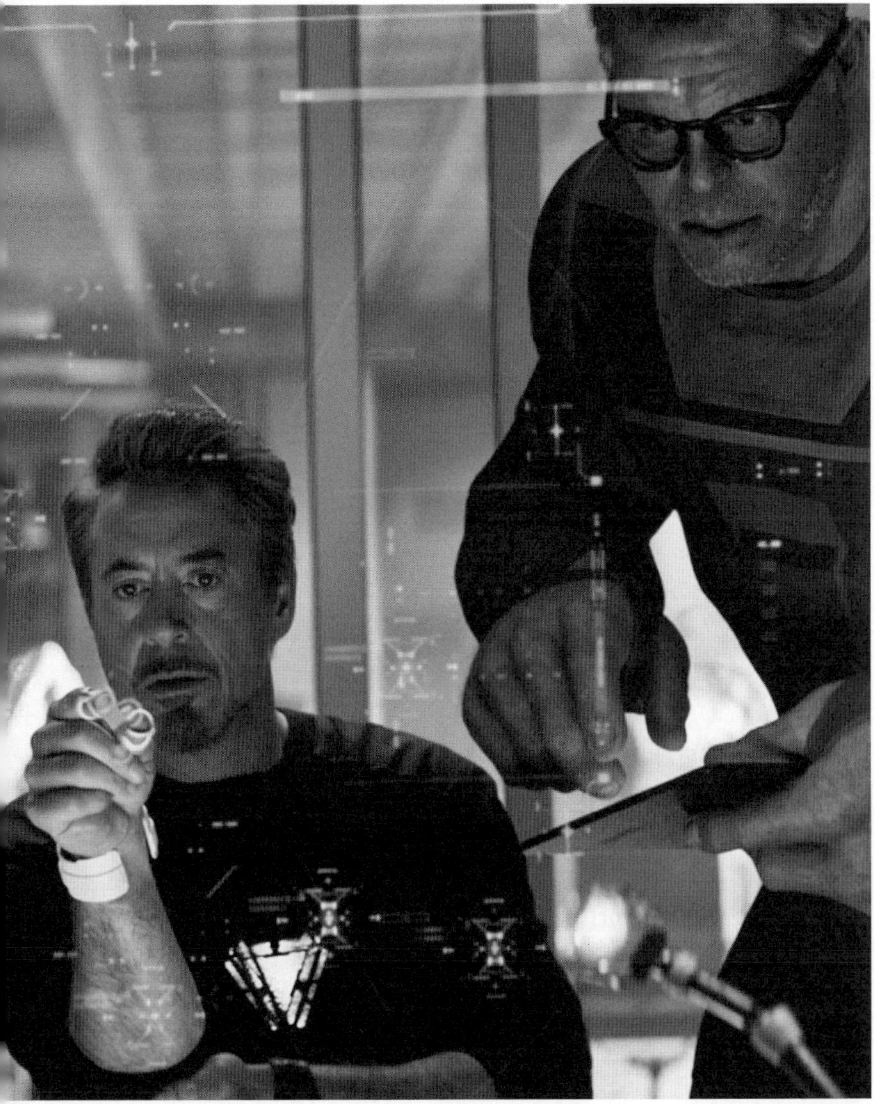

All six arms slowly move toward a red metallic gauntlet of Tony's own design. It's right handed. Tony carefully sets the six Infinity Stones into the new gauntlet.

Rocket : Boom!

Tony and Bruce are surprised. Rocket chuckles. Tony stares at Rocket.

Rocket takes hold of the fingers of the gauntlet, as Tony holds on to the cuff. They place it in a device that cradles the gauntlet, suspending it in the air.

Rocket : All right, the glove's ready. Question is, who's gonna snap their freakin' fingers?

Thor : I'll do it.

Tony : Excuse me?

Thor : It's okay.

Tony : Stop, stop. Slow down.

Steve : Thor, just wait. We haven't decided who's gonna put that on yet.

Thor : I'm sorry. What, we're all just sitting around waiting for the right opportunity? ◂ Phrase 67

Scott : We should at least discuss it.

6本のアームすべてが、トニー自身のデザインの赤い金属製のガントレットに向かってゆっくり動く。そのガントレットは右手用である。トニーはその新しいガントレットに6個のインフィニティ・ストーンを注意深くセットする。

ロケット　：ブーン［ドカーン］！

トニーとブルースが驚く。ロケットはくすりと笑う。トニーはロケットをにらむ。

ロケットはガントレットの指側を持ち、トニーは袖側を持つ。二人はガントレットを宙に吊るしながら支えるデバイスに、ガントレットを設置する。

ロケット　：よし、グローブ（ガントレット）は準備できた。問題は、誰がその指を鳴らすかだ。

ソー　：俺がやる。

トニー　：何だって？

ソー　：大丈夫だ。

トニー　：待て、待て。落ち着け。

スティーブ　：ソー、ちょっと待て。僕たちはまだそれを誰がはめることになるか決めてない。

ソー　：悪いが、じゃあ、俺たちみんなここにぼーっと座って適切な機会を待ってる、っていうのか？

スコット　：少なくともそのことを話し合うべきだよ。

Thor : Look, sitting here staring at the thing is not gonna bring everybody back. I'm the strongest Avenger, okay? So, this responsibility falls upon me. It's my duty. ◂ Phrase 68

Tony : Normally, you're right. It's not about that.

Thor : It's not that. Stop it! Just let me.

Bruce is pondering something, arms folded. Thor takes Tony's hands and holds them.

Thor : Just let me do it. Just let me do something good. Something right.

Tony : Look, it's not just the fact that that glove is channeling enough energy to light up a continent. I'm telling you. You're in no condition.

Thor : What do you think is coursing through my veins right now?

Rhodey : Cheez Whiz?

Thor points at Rhodey as if to protest his joke.

Thor : Lightning.

Tony : Yeah.

Thor : Lightning.

ソー　：なぁ、ここに座ってそれを見つめていても、誰も戻らない。俺は最強のアベンジャーだ［アベンジャーズの中で最強だ］、だろ？だから、この責任は俺の肩にかかるんだ。俺の義務だ。

トニー　：普段なら、君が正しい。（でも今は）そういうことじゃないんだ。

ソー　：そうじゃない。やめてくれ！ ただ俺にさせてくれ。

ブルースは腕を組みながら、何か考え込んでいる。ソーはトニーの手を取って握りしめる。

ソー　：ただ俺にそれをさせてくれ。ただ俺に善いことをさせてくれ。正しいことを。

トニー　：なぁ、一つの大陸に明かりを灯すのに十分なほどの（莫大な）エネルギーがそのグローブを流れる、ってだけじゃないんだよ。本当に。君の体調は万全じゃないんだ。

ソー　：今、俺の血管の中を駆け巡っているものは何だと思う？

ローディ　：チーズ・ウィズ？

ローディのジョークに抗議するかのように、ソーはローディを指さす。

ソー　：稲妻だ。

トニー　：ああ。

ソー　：稲妻だ。

Bruce : **Lightning won't help you, pal. It's gotta be me.**

Thor shakes his head regretfully and lets go of Tony. Bruce walks toward the gauntlet.

ブルース　：稲妻では助けにならないよ。僕でなければならない。

ソーは残念そうに首を横に振って、トニーから手を放す。ブルースはガントレットに向かって歩く。

Bruce : You saw what those stones did to Thanos. They almost killed him. None of you could survive.

Steve : How do we know you will?

Bruce : We don't. But the radiation's mostly gamma. It's like... I was made for this. ◀ Phrase 69

ブルース　：そのストーンがサノスに何をしたか君たちも見ただろう。ストーンはサノスを殺しかけた。（もしストーンを使えば）君たちの誰一人として生き延びられないだろう。

スティーブ　：君は生き延びられるとどうしてわかる？

ブルース　：（生き延びられるかは）わからない。でも放射されるのはほとんどがガンマ線だ。それはまるで……僕がこのために生み出されたようなものだ。

Nebula is staring at the Quantum Tunnel Platform, making sure that no one is watching. She approaches the platform, unwraps a leather strap from her glove, and pulls the glove off. The hand isn't burned. The Nebula is not the one that has retrieved the Orb from the temple on Morag. But she is the one who has arrived in the present day using the time-travel band she took from her future self.

ネビュラは量子トンネル・プラットフォームを見つめながら、誰も見ていないことを確認する。プラットフォームに近づき、手袋から革のストラップをほどき、手袋を外す。その手はやけどしていない。そのネビュラはモラグの寺院でオーブを取り出したネビュラではない。未来の自分から奪ったタイムトラベル・バンドを使って現在にやってきたネビュラである。

2014 Nebula expands the fingers on her android hand toward the end of the controls for the Quantum Tunnel. She interfaces with the controls, flipping a switch on the console.

2014年のネビュラはアンドロイドの手の指を量子トンネルの制御盤の端子に向かって伸ばす。制御盤とインターフェイスで接続し、コンソールのスイッチを入れる。

The Second Snap

CHAPT

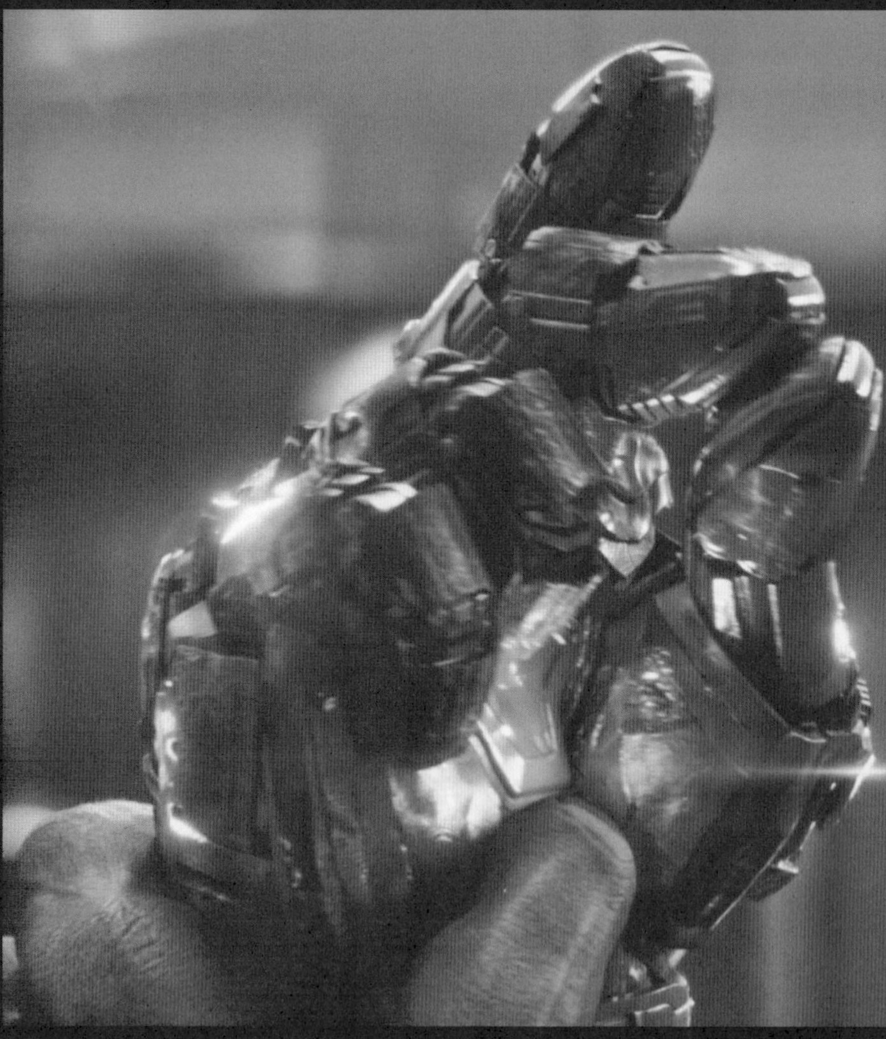

1:59:34

ER 17

2回目のスナップ

Inside the lab. Bruce holds the gauntlet in his huge hands. The gauntlet looks way too small to fit him.

Tony : **Good to go, yeah?**

Bruce : **Let's do it.**

Tony : **Okay, remember, everyone Thanos snapped away five years ago, you're just bringing them back to now, today. Don't change anything from the last five years.**

Bruce : **Got it.**

The Avengers stand wearing their battle gear. Steve is in his full Cap uniform. Scott is in the Ant-Man gear, and Rhodey is in the War Machine armor. Rocket lowers a pair of protective goggles over his eyes. Thor raises an arm, motioning for Rocket to get behind him.

ラボの中。ブルースは巨大な手にガントレットを持っている。ガントレットは彼が付けるにはあまりにも小さく見える。

トニー　：用意はいいか？

ブルース　：やろう。

トニー　：よし、覚えておいてくれ、5年前にサノスがスナップで消し去ったみんなを、今日の今に戻すだけだ。この5年間からは何も変えちゃだめだぞ。

ブルース　：わかった。

アベンジャーズは戦闘服を着て立っている。スティーブはキャップのフルユニフォームで。スコットはアントマンの戦闘服、ローディはウォーマシンのアーマー。ロケットは防護ゴーグルを目の上に下ろす。ソーは腕を上げて、ロケットに自分の後ろに下がっていろというしぐさをする。

Clint holds his bow, a full quiver of arrows on his back. Tony stands next to him. He taps the Arc Reactor and the Iron Man armor forms around him. Then he produces a shield of energy field to protect himself and Clint.

クリントは、矢がいっぱいに入った矢筒を背中につけ、弓を持っている。トニーは彼の隣に立っている。トニーはアーク・リアクターを軽く叩き、アイアンマンのアーマーが彼の周りに形成される。それからトニーは、自分とクリントを守るために、エネルギー・フィールドの盾を作り出す。

Tony : **Friday, do me a favor and activate Barn Door Protocol, will ya?**

Friday : **Yes, boss.**

Behind the Avengers, the doors to the laboratory close. Above, the skylight disappears as thick metal panels slide into place. Similar panels also move from the ceiling to the floor, securing the walls.

Bruce : **Everybody comes home.**

トニー　：フライデー、頼む、バーンドア・プロトコルを起動してくれるか？

フライデー　：はい、ボス。

アベンジャーズの後ろで、ラボへのドアが閉まる。頭上では分厚い金属パネルが所定の位置にスライドして、天窓が消える。同様のパネルが天井から床にも動き、壁を守る。

ブルース　：みんな帰ってくる。

Bruce slowly lifts his hand toward the gauntlet. With nano technology, the gauntlet starts to shift and expands until it is slightly larger than Bruce's immense hand. He places his hand inside.

ブルースはガントレットに向けてゆっくりと手を上げる。ナノ・テクノロジーでガントレットは動き始め、ブルースの巨大な手より少し大きくなるまで広がる。ブルースは手をその中に入れる。

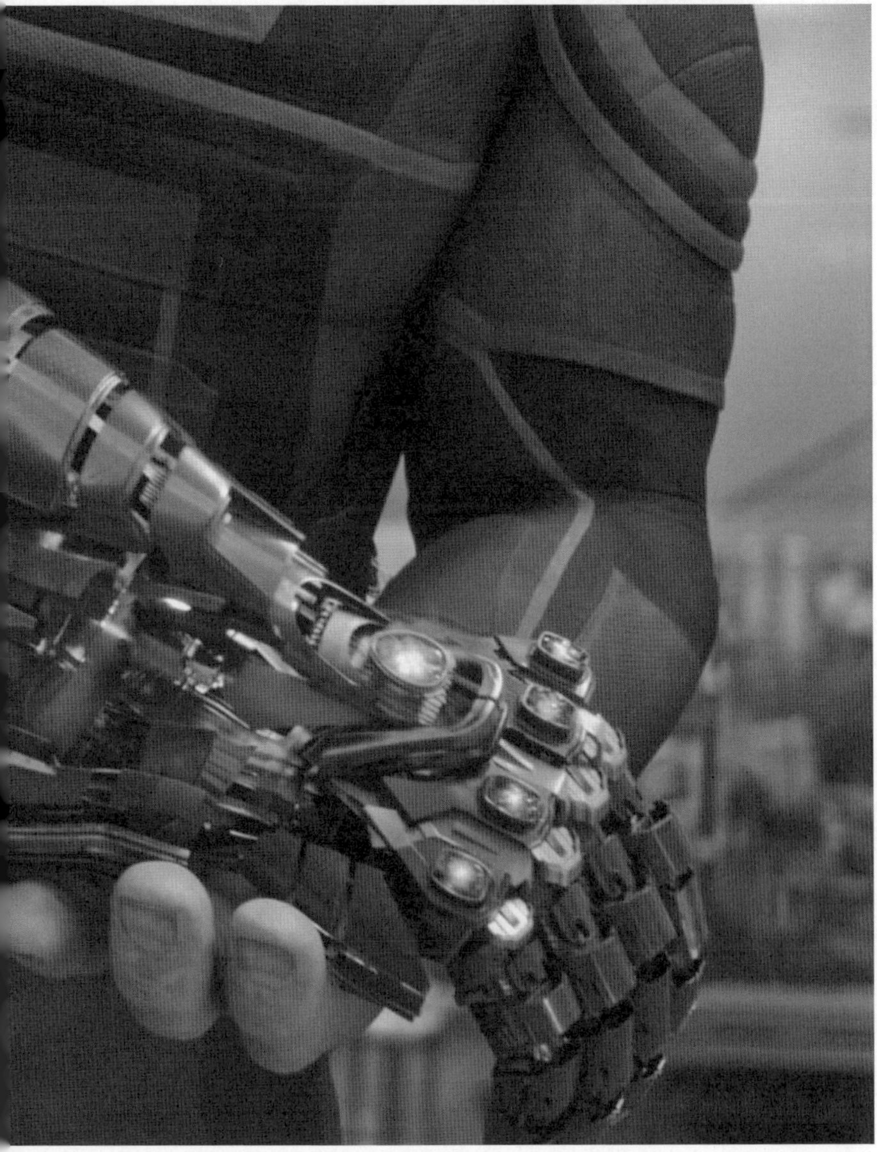

Thor clasps his hands together in prayer.

ソーは祈るように手を握り合わせる。

When the Nano Gauntlet finishes conforming to Bruce's hand, the Infinity Stones begin to glow. Energy arcs from one stone to the others and through the gauntlet itself. Bruce falls on one knee. He shudders and grunts as the energy pulses up and down his arm, around shoulders, through his back.

ナノ・ガントレットがブルースの手にぴったりはまり終えた時、インフィニティ・ストーンが輝き出す。エネルギーがストーンからストーンへと、そしてガントレット自身を通って弧を描く。ブルースは片膝をつく。エネルギーが彼の腕を上下し、肩の周りや背中まで脈打ち、ブルースは体を震わせてうなる。

Thor : **Take it off! Take it off!**

Steve : **No, wait. Bruce, are you okay?**

Tony : **Talk to me, Banner.**

Bruce : **I'm okay. I'm okay.**

Bruce nods slightly. Thor gives a double thumbs up.

2014 Nebula flips the switches on the control panel for the Quantum Tunnel. New text appears on screen: GATEWAY OPEN ORIGIN 2014. The panels above the platform begin to move and the floor aperture opens. 2014 Nebula smiles.

The Sanctuary II flies through the Quantum Realm, emerging from the tunnel inside the hangar. The ship flies upward, enlarging. It smashes through the ceiling, heading for the sky.

ソー　：（ガントレットを）外せ！ 外せ！

スティーブ　：いや、待て。ブルース、大丈夫か？

トニー　：答えろ、バナー。

ブルース　：大丈夫。僕は大丈夫だ。

ブルースはかすかにうなずく。ソーは両手の親指を立てる。

2014年のネビュラが量子トンネルのコントロールパネルのスイッチを入れる。新しい文字がスクリーンに現れる。「ゲートウェイ・オープン。2014年から」。プラットフォームの上のパネルが動き出し、床の絞りが開く。2014年のネビュラが微笑む。

サンクチュアリII が量子世界の中を飛び、ハンガーの中のトンネルから現れる。その船は大きくなりながら上に向かって飛ぶ。天井に衝突して突き破り、空に向かっていく。

Inside the lab. Bruce holds on to his right wrist with his left hand and raises the gauntlet in the air, screaming. The energy flows through him, and Bruce struggles to hold his right arm aloft.

ラボの中。ブルースは左手で右手の手首を握り、叫びながら、空中にガントレットを持ち上げる。エネルギーが彼の体を流れ、ブルースは必死に右腕を持ち上げている。

And then he touches the middle finger of his right hand to his thumb. Bruce snaps his fingers.

Bruce's eyes roll back, and his massive body falls to the floor as the gauntlet slips from his right hand. He passes out. His right arm is burned badly. Steve hurries to his side.

Steve : **Bruce!**

The gauntlet is burned badly too. Clint kicks the gauntlet away.

Tony : **Don't move him.**

Thor crouches down beside Bruce. Tony shoots cooling jets at Bruce's right arm from the fingers of his Iron Man suit. Bruce comes to, and he grabs for Steve's arm. Thor smiles and pats Bruce on the head.

Bruce : **Did it work?**

Thor : **We're not sure. It's okay.**

The metal panels is retracting. Scott walks toward the windows and sees birds flying and chirping around the tree.

Clint hears a phone vibrating. He turns to see his cell phone vibrating on the table. He slowly walks toward the table. Scott is staring at the birds. Clint walks over to his phone. On the screen, he sees a picture of Laura. Above the picture, it says: Call from Laura. His lips quiver. He picks up the phone and holds it to his ear.

Clint : **Honey.**

それから右手の中指を親指に触れさせる。ブルースは指をスナップする。

ブルースは白目をむき、彼の巨大な体は床に倒れ、ガントレットが彼の右手からずり落ちる。彼は気絶する。彼の右腕はひどいやけどをしている。スティーブは彼の脇に駆け寄る。

スティーブ　：ブルース！

ガントレットもひどく焼け焦げている。クリントはガントレットを蹴って向こうにやる。

トニー　：彼を動かすな。

ソーはブルースの横にしゃがむ。トニーはブルースの右腕に向かって、アイアンマン・スーツの指から冷却噴射を行う。ブルースは意識を取り戻し、スティーブの腕を掴む。ソーは微笑んで、ブルースの頭を撫でる。

ブルース　：うまくいった？

ソー　：わからない。大丈夫だ。

金属パネルが収納されていく。スコットは窓まで歩いていき、鳥たちが木の周りを飛び、さえずっているのを見る。

クリントは電話のバイブ音を聞く。彼は振り向き、テーブルの上で自分の携帯がバイブしているのを見る。彼はゆっくりとテーブルのほうに歩いていく。スコットは鳥を見つめている。クリントは電話のところに歩いていく。スクリーン上に、ローラの写真が見える。写真の上には「ローラから電話」と表示されている。彼の唇が震える。クリントは電話を手に取り、耳に当てる。

クリント　：ハニー。

Laura : Clint?

Clint : Honey.

Scott : Guys... I think it worked.

Bruce looks up through the skylight above. And he sees the Sanctuary II up in the sky. A missile from the spaceship heads toward the Avengers Headquarters. Scott is looking out a window and notices the flash only seconds before. He immediately shrinks to ant size, avoiding the worst of the explosion, but he is still thrown into the air by the shock wave.

From the sky above, Sanctuary II continues to fire missiles, hitting the various buildings of the compound. The main building collapses from the volley. Inside the lab, the building shakes, and the room comes apart. A fissure cracks the floor beneath them, and Rocket, along with Rhodey and Bruce, slides across the floor and down the gaping hole that has opened.

ローラ　：クリント？

クリント　：ハニー。

スコット　：みんな……うまくいったみたいだよ。

ブルースは頭上の天窓越しに上を見上げる。空の上にサンクチュアリII が見える。その宇宙船からの一発のミサイルがアベンジャーズ本部に向かってくる。スコットは窓の外を見ていて、ほんの数秒前に閃光に気づく。瞬時にアリのサイズに縮み、爆発の最悪のところは免れたが、それでも衝撃波で空中に飛ばされる。

上空からサンクチュアリII はミサイルを発射し続け、本部敷地の様々なビルを攻撃する。その一斉射撃でメインビルは倒壊する。ラボの中では、建物が揺れ、部屋がばらばらになる。地表の割れ目が彼らの下の床に亀裂を入れ、ロケットはローディやブルースと共に、床を滑って、ぽっかりと開いてしまった穴に滑り落ちる。

Now they are inside some kind of cavern, full of debris. Bruce is holding most of the weight of the structure atop his weakened shoulders. Rocket is pinned underneath a block of concrete debris.

今、彼らは、瓦礫だらけの大きな洞窟のようなものの中にいる。ブルースは衰弱している肩の上で構造物のほとんどの重さを支えている。ロケットはコンクリートの瓦礫の塊の下で動けない。

Rocket : I can't breathe! I can't breathe!

Rhodey : Canopy, canopy, canopy.

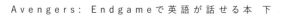

ロケット　：息ができない！ 息ができない！

ローディ　：キャノピー、キャノピー、キャノピー（を開け）。

The armor opens at the command, coming away from his body. Rhodey shifts out of it and then pulls himself across the floor, to the right. Water keeps streaming through cracks.

Bruce : **Rhodey, Rocket, get out of here.**

Rhodey crawls over toward Rocket.

Rocket : **Let me up! Let me up! Come on!**

Rhodey wedges a metal pole underneath the chunk of concrete that is on top of Rocket. Using it as a lever, Rhodey manages to lift the block enough so Rocket can wriggle free. The two roll over on their back and sign in relief.

Bruce : **Rhodey!**

Rocket : **Huh?**

Water rushes into the chamber, covering Rhodey and Rocket.

Scott comes out of the pile of rubble, still at ant size.

Rhodey : **<u>Mayday</u>, mayday! Does anybody copy? We're on the lower level. It's <u>flooding</u>!**

Scott : **What? What?**

Rhodey : **We are <u>drowning</u>! Does anybody copy? Mayday!**

その命令でアーマーが開き、ローディの体から外れる。ローディはアーマーから離れ、自分の体を床に引きずるようにして右に移動する。水が割れ目からどんどん流れてきている。

ブルース　：ローディ、ロケット、ここから逃げろ。

ローディはロケットのほうに這って進む。

ロケット　：俺を引き上げてくれ！ 引き上げてくれ！ 頼む！

ローディは、ロケットの上にあるコンクリートの塊の下に、金属の棒を押し込む。それをてこのように使って、ローディはロケットが体をくねらせ這い出ることができるくらいまで、ブロックを何とか持ち上げる。二人は転がってあおむけになり、ほっと溜息をつく。

ブルース　：ローディ！

ロケット　：なんだ？

水が部屋に押し寄せ、ローディとロケットを飲み込む。

スコットはまだアリサイズの状態で、瓦礫の山から出てくる。

ローディ　：メーデー、メーデー！ 誰か聞こえるか？ 俺たちは下の階にいる。浸水してる！

スコット　：何？ 何だって？

ローディ　：俺たち、おぼれそうだ！ 誰か聞こえるか？ メーデー！

Scott : Wait! I'm here! I'm here. Can you hear me?

Clint stands up and switches on a light.

スコット :待って! 俺はここだ! 俺はここだぞ。聞こえるか?

クリントが立ち上がり、ライトをつける。

Clint : Cap?

He goes into a maintenance tunnel, one of several that run beneath the Avengers compound. He sees the gauntlet resting atop some rubble. And then he hears something growling. He draws an arrow from his quiver. Turning around, he aims it down the dark tunnel and shoots it.

クリント　：キャップ？

クリントは、アベンジャーズ本部の下を通っているいくつかのメンテナンス・トンネルの一つに入る。瓦礫の上にガントレットがあるのを見る。そして彼は何かのうなり声を聞く。彼は矢筒から矢を一本引き抜く。振り返って暗いトンネルの向こうを狙って矢を放つ。

The light reveals dark creatures, the Outriders, screeching.

Clint : Okay.

Clint Barton, Hawkeye, grabs the gauntlet as he sprints down the tunnel in the opposite direction. The Outriders chase after him.

光で、金切り声をあげる黒い生き物、アウトライダーの姿が浮かび上がる。

クリント　：そうか。

クリント・バートン（ホークアイ）はガントレットを掴み、トンネルを反対方向に全力で走る。アウトライダーは彼を追いかける。

CHAPT

The Big Three

2:04:59

ER 18

ビッグ3

A beam of energy shines down from the Sanctuary II on the ground below. Thanos appears within the beam, holding his massive two-bladed weapon.

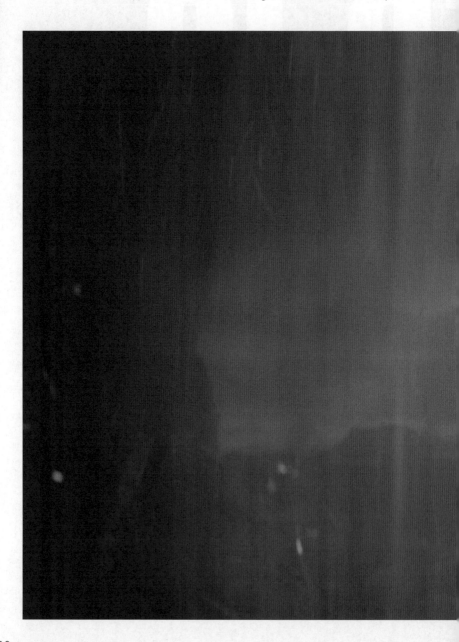

サンクチュアリII からのエネルギービームが、下の地上に向けて輝く。二つのブレードのついた巨大な武器を持ったサノスがビームの中に現れる。

2014 Nebula approaches him.

Thanos : Daughter.

2014 Nebula : Yes, Father.

Thanos : So, this is the future. Well done.

She removes the orange metal plate from her head and tosses it aside.

2014 Nebula : Thank you, Father. They suspected nothing.

Thanos sticks the blade of his weapon in the ground. Then he takes off the battle helmet and places it atop of the other end of the blade.

Thanos : The arrogant never do. ◂ Phrase 70

Thanos sits down.

Thanos : Go. Find the stones, bring them to me.

2014 Nebula : What will you do?

Thanos : Wait.

From inside the Sanctuary II's observation room, Gamora watches 2014 Nebula walk away from Thanos. Gamora walks toward the prison chamber. "Nebula from the future" sits on the floor.

Gamora : Tell me something. In the future... what happens to you and me?

2014年のネビュラがサノスに近づく。

サノス　：娘よ。

2014年のネビュラ：はい、お父様。

サノス　：それで、これが未来か。よくやった。

ネビュラは頭からオレンジ色の金属プレートを取り外し、横に放り投げる。

2014年のネビュラ：ありがとうございます、お父様。やつらは何も疑っていませんでした。

サノスは自分の武器のブレードを地面に突き刺す。それから戦闘ヘルメットを取り、反対側のブレードの先の上に載せる。

サノス　：傲慢な者どもは決して疑うことはない。

サノスは座る。

サノス　：行け。ストーンを見つけて、私の元に持ってこい。

2014年のネビュラ：お父様は何をするのですか？

サノス　：待つ（のみだ）。

2014年のネビュラがサノスから歩き去るのを、ガモーラはサンクチュアリII の展望室の中から見ている。ガモーラは牢獄に向かう。「未来から来たネビュラ」が床に座っている。

ガモーラ　：教えて。未来では……あんたと私に何が起こるの？

Nebula : I try to kill you. Several times. But eventually... we become friends. We become sisters.

Gamora offers her hand.

Gamora : Come on. We can stop him.

Nebula takes her sister's hand, rising to her feet.

Tony walks in the rubble and finds Steve lying on his back.

Tony : Come on, buddy, wake up!

Tony kicks Steve, the Living Legend of World War II, lightly. Steve comes to and gasps for air. Tony is holding Captain America's shield.

Tony : That's my man. You lose this again, I'm keeping it.

Steve : What happened?

Tony : You mess with time, it tends to mess back. You'll see.

Tony helps Steve to his feet. Tony and Steve walk over to Thor, who is standing at a demolished window, looking outside. When they reach his side, they see what Thor has been staring at. Thanos, sitting on a mound of rubble. Just sitting.

Tony : What's he been doing?

Thor : Absolutely nothing.

ネビュラ　：私はあんたを殺そうとする。何度も。でも最終的には……私たちは友達になる。私たちは姉妹になる。

ガモーラは手を差し出す。

ガモーラ　：行きましょう。私たちは彼を止められる。

ネビュラは姉の手を取り、立ち上がる。

トニーは瓦礫の中を歩き、あおむけに倒れているスティーブを見つける。

トニー　：おい、バディ。起きろ！

トニーは第二次世界大戦の生ける伝説であるスティーブを軽く蹴る。スティーブは意識を回復し、あえぐ。トニーはキャプテン・アメリカの盾を持っている。

トニー　：それでこそ僕の知ってる男だ。今度これを失くしたら、僕がもらっておくからな。

スティーブ　：何が起こったんだ？

トニー　：時間に干渉すれば、時間は干渉し返すものだ。今にわかる。

トニーはスティーブを助け起こす。トニーとスティーブはソーのところに歩いていく。ソーは壊された窓のところに立ち、外を見ている。ソーの横に来た時、二人はソーがずっと見つめていたものが何かを知る。サノス、瓦礫の山に座っている。ただ座っているだけだ。

トニー　：やつは何をやっていたんだ？

ソー　：全く何も（してない・動かない）。

Steve : Where are the stones?

Tony : Somewhere under all this. All I know is he doesn't have 'em.

Steve : So, we keep it that way.

Thor : You know it's a trap, right?

Tony : Yeah. I don't much care.

Thor : Good. Just as long as we're all in agreement. ◂ Phrase 71

Thor's eyes glow, and thunder cracks in the distance. Storm clouds gather in the sky. Thor raises his hands to the sky and lightning strikes Thor's body. Mjolnir flies into Thor's left hand. Stormbreaker into his right. Thor's clothes transform into his godly armor.

Thor : Let's kill him properly this time.

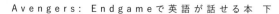

スティーブ　：ストーンはどこだ？

トニー　：この下のどこかだ。わかっているのは、やつはストーンを持ってないということだけだ。

スティーブ　：なら、その状態を保とう［やつがストーンを手に入れないようにしよう］。

ソー　：罠だってわかってるよな？

トニー　：あぁ。僕はあまり気にしてないがな。

ソー　：それでいい。俺たち全員の意見が一致している限りはな。

ソーの目が輝き、遠くに雷鳴がとどろく。空には嵐の雲が集まる。ソーは空に向かって両手を上げ、稲妻がソーの体を打つ。ムジョルニアがソーの左手に飛んでくる。右手にはストームブレイカーが。ソーの服は神の鎧（アーマー）に変わる。

ソー　：今回はやつをきっちり殺そう。

Tony, Steve, and Thor, the Big Three, walk over to Thanos slowly.

トニー、スティーブ、ソーのビッグ3は、ゆっくりとサノスのほうに歩いていく。

Thanos : You could not live with your own failure. Where did that bring you? Back to me. I thought by eliminating half of life... the other half would thrive. But you've shown me... that's impossible. And as long as there are those that remember what was... there will always be those that are unable to accept what can be. They will resist.

サノス　：お前たちは自分自身の失敗と共に生きることができなかった。そのことがお前たちをどこに導いたか？ 再び私のところにだ。生命の半分を消し去ることによって……残りの半分が繁栄するだろうと私は思っていた。しかしそれは不可能だということをお前たちは私に示した。そして、過去を覚えている者が存在する限り……可能になることを受け入れられない者が常に存在することになる。その者たちが抵抗することになる。

Tony : Yep, we're all kinds of stubborn.

Thanos : I'm thankful. Because now, I know what I must do. I will shred this universe down to its last atom.

Thanos stands up and puts on the helmet.

Thanos : And then with the stones you've collected for me, create a new one, teeming with life, that knows not what it has lost but only what it has been given. ◀ Phrase 72
A grateful universe.

トニー　：そうだ、僕たちはあらゆる意味で、頑固なんでね。

サノス　：私は感謝している。なぜなら今、やらなければならないことがわかるからだ。私はこの宇宙を最後の原子になるまで引き裂くのだ。

サノスは立ち上がり、ヘルメットをかぶる。

サノス　：それから、お前たちが私のために集めてくれたストーンを使って、生命に満ち溢れた新しい宇宙を作り出す。失ったものではなく、与えられてきたものだけを知っている宇宙だ。感謝に溢れた宇宙だ。

Thanos lifts his blade. Thor raises Mjolnir and Stormbreaker.

サノスはブレードを持ち上げる。ソーはムジョルニアとストームブレイカーを構える。

Steve : **Born out of blood.**

Thanos : **They'll never know it. Because you won't be alive to tell them.**

Thor lunges at Thanos, yelling. Iron Man forms a blade on his right hand. He attacks first, his blade meeting Thanos'. Thanos blunts the attack, causing Iron Man to hit the ground and roll to the side.

Then Thor runs right for Thanos, followed by Captain America. Thanos sends Captain America into the air. Thanos kicks Thor in the chest, and Thor hits the dirt.

Iron Man fires repulsor rays at Thanos from above. But Thanos wields his blade at just such an angle that it diffuses the blast.

Bruce is holding up huge debris with only his unhurt left arm. The water is rising. Rhodey and Rocket are gasping for air.

Rhodey : **See you on the other side, man.** ◂ Phrase 73

Ant-Man is surfing on a crown cap.

Scott : **Hang on! I'm coming!** ◂ Phrase 74

Leaping from the crown cap, he lands on a small bit of concrete, and then jumps from that onto the eraser of a pencil that floats by. He grabs the pencil and uses it like a pole vault to fly through the air. Diving over a waterfall, he lands in the water with the tiniest of splashes and is sucked under by the current.

スティーブ　：（犠牲者の）血から生まれる宇宙だがな。

サノス　：彼らはそのことを決して知ることはない。なぜならお前たちが生きて彼らに伝えることがないからだ。

ソーは叫びながらサノスに突進する。アイアンマンは右手にブレード（刃）を形成する。アイアンマンが最初に攻撃し、彼のブレードがサノスのブレードと交わる。サノスはその攻撃を鈍らせ、アイアンマンは地面に打ちつけられて横に転がる。

それからソーがまっすぐサノスに向かって走り、キャプテン・アメリカがその後に続く。サノスはキャプテン・アメリカを空中に飛ばす。サノスはソーの胸を蹴り、ソーは地面にぶつかる。

アイアンマンはサノスに向けて、上からリパルサーレイを発射する。しかしサノスはその攻撃を拡散させるような角度ちょうどにブレードを巧みに扱う。

ブルースはけがをしていない左腕だけで巨大な瓦礫を持ち上げている。水が上昇してくる。ローディとロケットは息苦しそうにあえぐ。

ローディ　：あの世で会おう。

アントマンが（瓶の）王冠の蓋に乗ってサーフィンしている。

スコット　：頑張れ！ 今、行く！

アントマンは王冠の蓋から跳んで、コンクリートの小さな破片に着地し、そこからそばに浮いている鉛筆の消しゴムの上にジャンプする。彼は鉛筆を掴み、それを棒高跳びの棒のように使って、空中を飛ぶ。アントマンは滝の上をダイブし、非常に小さな水しぶきをあげて着水し、水の流れによって下へと吸い込まれる。

Hawkeye races down the darkened maintenance tunnel, holding the gauntlet. Many Outriders chase him. Running away, he shoves an arrow into a pipe. The arrow is beeping. Then the arrow explodes, blowing the Outriders away. Hawkeye is thrown to the ground by a huge fireball.

He sees some Outriders start to attack him, and fires a grappling hook over his head. The hook clamps onto the ceiling above the tunnel. He connects the end of the line to his belt. The mechanism at the top of the grappling hook pulls him upward.

ホークアイはガントレットを抱えながら、暗いメンテナンス・トンネルを走る。たくさんのアウトライダーが彼を追いかける。彼は逃げながら、一本の矢をパイプに突き刺す。その矢がピーピーと音を立てる。それからその矢が爆発し、アウトライダーを吹き飛ばす。ホークアイは巨大な火の玉によって地面に投げ出される。

彼は何匹かのアウトライダーが自分を攻撃しようとしているのを見て、頭上に引っ掛け鉤を放つ。鉤はトンネルの上の天井に固定される。ホークアイは綱の端を自分のベルトに繋ぐ。引っ掛け鉤の上についている仕掛けが彼を上に引っ張り上げる。

Hawkeye is nearly through a hole in the ceiling when an Outrider leaps right for him. Drawing his sword, Hawkeye slices the Outrider in half.

He collapses to the floor and rolls onto his back. He lets go of his sword, but keeps his hands closed around the gauntlet. Looking up, he sees Nebula enter.

Clint : **Oh, hey. I know you.**

一匹のアウトライダーがまさに彼に跳びかかろうとした時、ホークアイはかろうじて天井の穴を抜ける。刀を抜いて、ホークアイはそのアウトライダーを真っ二つに切り裂く。

彼は床に倒れ、あおむけに転がる。刀から手を放すが、手はガントレットを抱えたままである。視線を上げると、ネビュラが入ってくるのが見える。

クリント　：おぉ、やあ。あんたなら知ってる［あんたか］。

Nebula reaches down and takes the gauntlet from his hands. She speaks over the comms.

ネビュラは下に手を伸ばし、彼の手からガントレットを受け取る。ネビュラは通信機を通して話す。

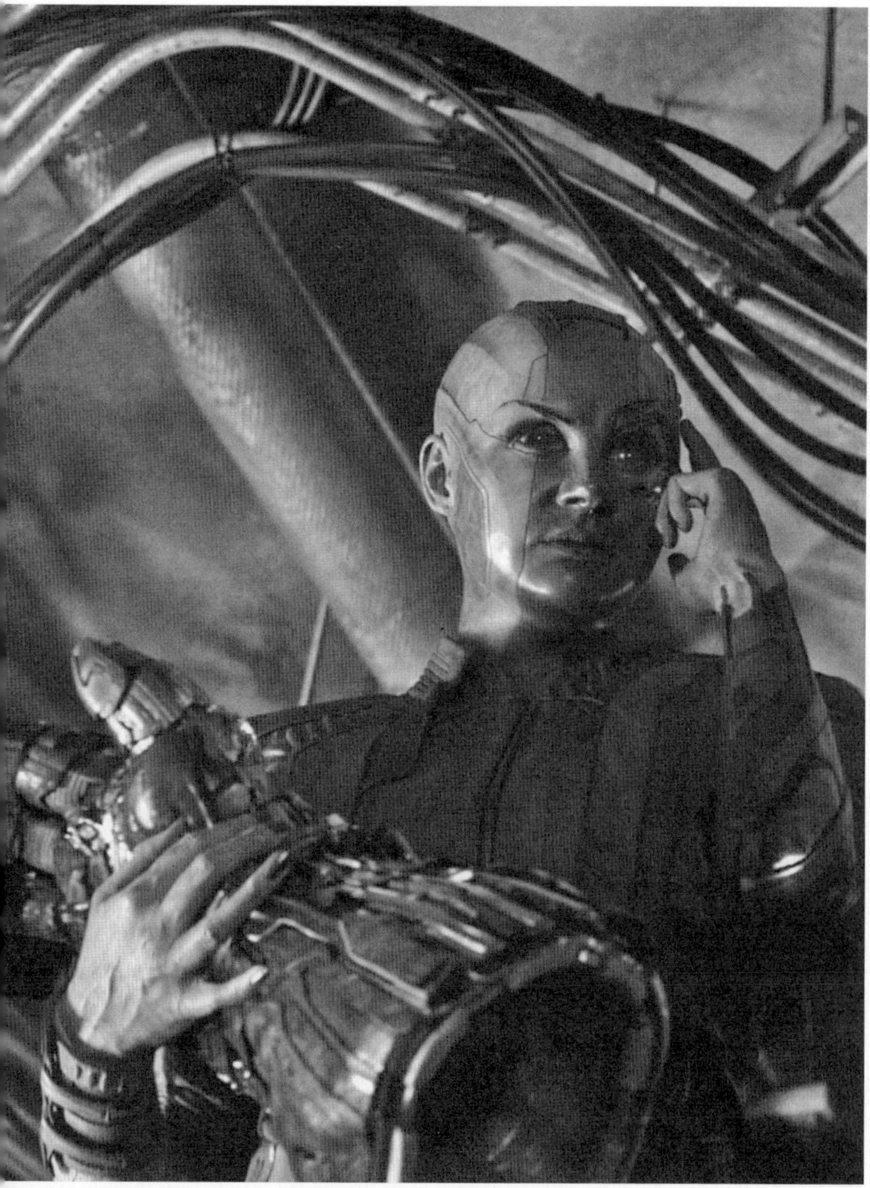

2014 Nebula : Father... I have the stones.

Clint : What?

Clint tries to sit up, but 2014 Nebula steps on his chest, pointing her gun at him.

Gamora : Stop.

Gamora comes in, pointing her gun at 2014 Nebula.

2014 Nebula : You're betraying us?

With her hands up, present Nebula comes in. 2014 Nebula points her gun at present Nebula. Clint gets up immediately.

Nebula : You don't have to do this.

2014 Nebula : I am this.

Gamora : No, you're not.

Nebula : You've seen what we become.

Gamora : Nebula, listen to her.

Nebula : You can change.

Gamora lowers her weapon.

2014 Nebula : He won't let me.

2014年のネビュラ：お父様……ストーンを手に入れました。

クリント：何だって？

クリントは起き上がろうとするが、2014年のネビュラがクリントの胸を踏みつけ、彼に銃を向ける。

ガモーラ：やめて。

2014年のネビュラに銃を向けながら、ガモーラが入ってくる。

2014年のネビュラ：私たちを裏切るの？

両手を上げながら、現在のネビュラが入ってくる。2014年のネビュラは現在のネビュラに銃を向ける。クリントは即座に立ち上がる。

ネビュラ：こんなことをする必要はない。

2014年のネビュラ：これが私よ。

ガモーラ：いいえ、違うわ。

ネビュラ：私たちがどうなるかあんたも見たでしょう。

ガモーラ：ネビュラ、あの人の言うことを聞いて。

ネビュラ：あんたは変われる。

ガモーラは構えていた武器を下げる。

2014年のネビュラ：お父様が許さない。

2014 Nebula swings her arm, aiming the blaster at Gamora.

Gamora : **No!**

Present Nebula shoots 2014 Nebula, who staggers back, dropping the gauntlet. Slumping against a fence, 2014 Nebula draws her last breath. A tear runs down from her left eye. Present Nebula stares at her past self. Clint picks up the gauntlet.

Iron Man hovers above the battlefield. And then he lands on the ground and opens panels of the nano lightning refocuser on the back of his armor.

Tony : **Okay, Thor. Hit me.**

The lightning hits Thor. He slams Stormbreaker and Mjolnir together, unleashing a blast of electricity aimed right at Iron Man.

2014年のネビュラは腕を動かし、ブラスターをガモーラに向ける。

ガモーラ　：だめ！

現在のネビュラが2014年のネビュラを撃ち、2014年のネビュラはガントレットを落として、後ろによろめく。フェンスにもたれかかって、2014年のネビュラは息を引き取る。彼女の左目から一粒涙がこぼれ落ちる。現在のネビュラは過去の自分を見つめる。クリントがガントレットを拾い上げる。

アイアンマンは戦場の上を飛ぶ。それから着地し、アーマーの背中のナノ・ライトニング・リフォーカサーのパネルを展開する。

トニー　：よし、ソー。僕に当ててくれ。

稲妻がソーに落ちる。ソーはストームブレイカーとムジョルニアを互いに強く叩きつけ、まっすぐアイアンマンに向けて電気の一撃を解き放つ。

The surge of electricity hits the nano lightning refocuser on Iron Man's back. Iron Man fires supercharged repulsor rays from both hands and several panels at Thanos. Thanos twirls his double-bladed weapon in his hands like a massive fan so fast. The repulsor rays hit the spinning blade and disperse in the air around him.

急増した電気がアイアンマンの背中のナノ・ライトニング・リフォーカサーに当たる。アイアンマンは両手と複数のパネルから、過充電されたリパルサーレイをサノスに向けて発射する。サノスは手に持つ二つのブレードを持つ武器を、巨大な扇風機のように非常に速く、くるくると回転させる。リパルサーレイは回転するブレードに当たり、サノスの周りの空中に分散する。

Thor tosses Mjolnir into the air, hitting it with Stormbreaker, like a baseball. Thanos tosses his weapon aside and picks Iron Man up by his head and leg, lifting him into the air to use him as a shield. Mjolnir strikes Iron Man, sending him flying in the air.

Mjolnir falls to the ground. Iron Man rolls along the rubble until a pile pf debris halts his momentum. The electricity from Mjolnir arcs across his armor. Inside the armor, Tony's eyes are closed.

Friday : **Boss, wake up!**

Captain America kicks Thanos in the head, turning a somersault. Captain America lowers his Vibranium shield just as Thanos throws a punch at him. It lands squarely in the middle of the disc, the Vibranium absorbing the brunt of the blow. But it is strong enough to send Captain America flying through the air, crashing into a pile of rubble. He rolls onto his stomach.

Thanos hurls his double-bladed weapon toward Thor, who quickly drops to the ground and slides beneath the reach of the spinning blades. Thanos' weapon continues to twirl through the air, eventually turning in the other direction like a boomerang, until it is once more in Thanos' possession.

ソーは、野球（のノック）のように、ムジョルニアを空中に投げ、それをストームブレイカーで打つ。サノスは自分の武器を横に放り投げ、アイアンマンの頭と脚を掴んで空中に持ち上げ、彼を盾として使う。ムジョルニアはアイアンマンに当たり、彼は空中に飛ばされる。

ムジョルニアが地面に落ちる。アイアンマンは瓦礫に沿って転がり、瓦礫の山に当たって止まる。ムジョルニアから受けた電気が彼のアーマーの至るところで弧を描く。アーマーの中で、トニーの目は閉じている。

フライデー　：ボス、起きてください！

キャプテン・アメリカは宙返りしながらサノスの頭を蹴る。サノスがキャプテン・アメリカをパンチする時ちょうど、キャプテン・アメリカはヴィブラニウムの盾を（防御のため）下ろす。サノスのパンチは（盾の）円盤のど真ん中に当たり、ヴィブラニウムはパンチの衝撃を吸収する。しかし（力を吸収されても）そのパンチは強く、キャプテン・アメリカは空中に飛ばされ、瓦礫の山に激突する。キャプテン・アメリカは転がってうつぶせになる。

サノスは二つのブレードのある武器をソーに向かって投げる。ソーは素早く地面に体を下げ、回転するブレードが届く範囲の下をスライディングする。サノスの武器は空中で回転し続け、最後にはブーメランのように反対に向きを変え、再びサノスの手の中に戻る。

Thor swings Stormbreaker as Thanos blocks the axe with his blade.

ソーはストームブレイカーを振り下ろし、サノスはブレードでその斧を防ぐ。

Thor manages to yank the blade from Thanos' grip. Thanos knocks Stormbreaker from Thor's hand. Then he grabs Thor by the neck, lifts him off the ground, and flings him into the rubble. Thanos punches Thor in the face repeatedly. Thanos throws Thor again, and Thor lands on his back against rubble. Thanos stomps on Thor's chest, and then punches him in the face.

Thor lifts his hand. In the distance, Stormbreaker rises and flies toward Thor. But Thanos catches Stormbreaker before the axe reaches Thor's hand.

ソーはなんとかサノスの手からブレードを引きはがす。サノスはソーの手からストームブレイカーを叩き落とす。それからサノスはソーの首を掴んで、地面から持ち上げ、彼を瓦礫に投げ飛ばす。サノスはソーの顔を何回も殴る。サノスはまたソーを投げ、ソーは瓦礫にあおむけに落ちる。サノスはソーの胸を踏みつけてから、顔を殴る。

ソーが手を上げる。離れた場所で、ストームブレイカーが持ち上がり、ソーに向かって飛んでくる。しかしその斧がソーの手に届く前に、サノスがストームブレイカーをキャッチする。

Then Thanos lifts the axe to Thor's head. Thor grabs its handle, struggling to move the axe away from his face.

それからサノスはソーの頭に向けて斧を上げる。ソーは斧の柄を持って、必死に顔からその斧を離そうとする。

Stormbreaker is now barely an inch above Thor's chest. Thanos continues to push the axe downward.

Mjolnir floats off the ground and flies into Thanos, knocking him away from Thor. Mjolnir continues to fly through the air until it is caught by Captain America.

ストームブレイカーは今はソーの胸の上から1インチというところまで来ている。サノスは斧を下に向かって押し続ける。

ムジョルニアが地面から浮かび上がり、サノスに向かって飛んできて、サノスに当たり、ソーから引き離す。ムジョルニアは空中を飛び続け、最後にキャプテン・アメリカがそれを掴む。

Thor : I knew it! ◂ Phrase 75

ソー　　：わかってた！

Thanos kicks Thor in the head. Swinging Mjolnir at his side, Captain America charges Thanos. Then Thanos brings his blade down, but Captain America comes in just under him and hits Thanos right on the jaw with Mjolnir.

サノスはソーの頭を蹴る。ムジョルニアを体の横で振り回しながら、キャプテン・アメリカはサノスに突進する。それからサノスはブレードを振り下ろすが、キャプテン・アメリカはリノスのちょうど下に入り込み、ムジョルニアでサノスの顎を殴る。

Thanos flies through the air, hits the ground, and then gets back to his feet. Captain America jumps into the air, and throws his shield at Thanos, who bats the shield away with his blade.

Captain America throws Mjolnir toward the shield. Mjolnir hits the shield, creating a wave of sonic energy. The shock wave knocks Thanos down to his knees. Captain America knees Thanos in the chest. Captain America swings Mjolnir, striking Thanos in the knee, and then hits Thanos in the chin with an uppercut from the edge of his shield.

With another swing of the hammer, Captain America hits Thanos in the head and then in the jaw. He throws his shield, hitting Thanos in the neck. When the shield is nearly back in his hands, he hits it with Mjolnir, sending the shield back at Thanos, hitting him at the exact same spot on his neck.

Then electricity begins to surge around Mjolnir as Captain America swings the hammer. He unleashes the charge on the ground. Tendrils of electricity worm their way into Thanos, striking his chest.

サノスは空中に飛び、地面に打ちつけられ、それからまた立ち上がる。キャプテン・アメリカは空中にジャンプし、盾をサノスに向かって投げるが、サノスはブレードで盾を打ち払う。

キャプテン・アメリカは盾に向かってムジョルニアを投げる。ムジョルニアは盾に当たり、ソニック・エネルギーの波を作り出す。その衝撃波がサノスを倒し、膝をつかせる。キャプテン・アメリカはサノスの胸を膝蹴りする。ムジョルニアを振ってサノスの膝を叩き、それから盾の端でサノスの顎にアッパーカットを食らわせる。

ハンマーをもう一振りして、キャプテン・アメリカはサノスの頭そして顎を殴る。彼は盾を投げて、サノスの首を攻撃する。盾がほとんど手の中に戻った時に、それをムジョルニアで叩き、盾をサノスのほうに戻し、首の全く同じ場所に攻撃を加える。

それから、キャプテン・アメリカがハンマーを振ると、ムジョルニアの周りに電気が急激に集まり始める。彼は地面に向かって放電する。電気のつるがサノスに向かってじりじりと進み、彼の胸を攻撃する。

Thanos falls onto his back, crackling with electricity. Captain America raises Mjolnir above his head and lightning from the sky strikes the hammer.

サノスは電気のパチパチという音を立てながら、あおむけに倒れる。キャプテン・アメリカが頭上にムジョルニアを掲げると空からの稲妻がハンマーに落ちる。

And then Captain America swings the hammer downward, and another blast hits Thanos.

Captain America swings the hammer downward, missing Thanos as Thanos rolls out of the way. Thanos stands up and grabs Captain America by the neck, throwing him to the ground. Thanos picks up his weapon. Captain America gets to one knee. Thanos removes his helmet. After some missing, Thanos stabs Captain America in the leg. He grabs Captain America's hand and swings it. Mjolnir flies out of Captain America's hand.

Captain America falls to the ground. Thanos kicks his blade up into the air, catching it over his head. Then he swings the blade down at Captain America.

それからキャプテン・アメリカがハンマーを下に振り下ろすと、別の稲妻の一撃がサノスに当たる。

キャプテン・アメリカはハンマーを振り下ろすが、サノスが転がってよけるので、狙いが外れる。サノスは立ち上がり、キャプテン・アメリカの首を摑み、地面に投げる。サノスは自分の武器を拾い上げる。キャプテン・アメリカは片膝をついて起き上がる。サノスがヘルメットを取る。何回か刺し損じた後、サノスはキャプテン・アメリカの脚を刺す。サノスはキャプテン・アメリカの手を摑み、振り回す。ムジョルニアがキャプテン・アメリカの手から飛んでいってしまう。

キャプテン・アメリカは地面に倒れる。サノスはブレードを空中に蹴り上げ、頭上でキャッチする。それからそれをキャプテン・アメリカに振り下ろす。

Thanos' blade meets Captain America's shield, and then his shield gets chipped.

サノスのブレードがキャプテン・アメリカの盾とぶつかり、盾が欠ける。

A look of surprise flashes across Captain America's face. Thanos hits the shield with his blade again. The Vibranium shield, known as the strongest metal, gradually shatters. Piece after piece is shed as Thanos continues his merciless attack.

Soon, Captain America is holding only a fragment of the shield in his hands, using it to protect himself from Thanos' attack. Another blow knocks him to his knees. A final blow hits the shield and sends him right into the air, flying above the battlefield and crashing through a fallen tree. Tumbling along the ground, Captain America comes to a rest on his back. He rolls onto his stomach, and tries to push himself up.

Thanos : **In all my years of conquest... violence... slaughter... it was never personal. But I'll tell you now... what I'm about to do to your stubborn, annoying little planet... I'm gonna enjoy it... very, very much.** ◂ Phrase 76

キャプテン・アメリカの顔に一瞬、驚きの表情が走る。サノスは再びブレードで盾を叩く。最強の金属として知られるヴィブラニウム製の盾が徐々に粉々になっていく。サノスが容赦のない攻撃を続けるたびに、一部また一部と剝がれ落ちる。

ほどなく、キャプテン・アメリカは手に盾の残った断片だけを持っている状態になり、それをサノスの攻撃から守るために使う。さらなる一撃で彼は膝をつく。最後の一撃が盾に当たり、彼は空中に飛ばされ、戦場を越えて、倒木に激突し突き抜ける。地面を転がり、キャプテン・アメリカはあおむけに止まる。彼はうつ伏せになり、体を起こそうとする。

サノス　：征服……暴力……大虐殺を長年行っていた間ずっと、それは決して個人的なものではなかった。しかし今私は言おう……お前たちの頑固で厄介なちっぽけな惑星に対して私がやろうとしていること……私はそれを楽しむとしよう……思う存分な。

CHAPT

Avengers, Assemble

2:15:05

ER 19

アベンジャーズ、アッセンブル

From Sanctuary II, beams of energy flicker to the ground. The Children of Thanos —Cull Obsidian, Corvus Glaive, Proxima Midnight, and Ebony Maw—appear on the ground.

サンクチュアリII から、エネルギービームが地上に向けて揺らめく。サノスの子ら、すなわち、カル・オブシディアン、コーヴァス・グレイヴ、プロキシマ・ミッドナイト、エボニー・マウが地上に現れる。

They are followed by the Chitauri. There are tanks and ships everywhere. Massive Chitauri Gorillas are unchained.

彼らの後にはチタウリが続く。戦車や船があちこちにある。巨大なチタウリ・ゴリラが鎖から放たれる。

Many Outriders run in the battlefield.

たくさんのアウトライダーが戦場を駆ける。

Captain America gets back to his feet with clenched teeth. He pulls the strap, tightening his broken shield to his arm.

Many Leviathans soar above.

キャプテン・アメリカは歯を食いしばって立ち上がる。彼はストラップ［革ひも］を引っ張り、壊れた盾を腕にしっかり固定する。

たくさんのリヴァイアサンが頭上に飛んでいる。

Captain America slowly walks forward across the battlefield.

キャプテン・アメリカは戦場をゆっくりと前進する。

Captain America stands against Thanos' army alone as if he is a one-man army against a literal army.

キャプテン・アメリカはたった一人でサノスの軍に向かって立つ、それはさながら、文字通りの軍隊に対抗するたった一人の軍隊のようである。

Captain America hears a burst of static over the comms in his helmet.

Sam : Hey, Cap, you read me? ◂ Phrase 77

Captain America stops and looks around.

Sam : Cap, it's Sam. Can you hear me? ◂ Phrase 77

Captain America touches his comm. A portal starts to open behind him.

Sam : On your left. ◂ Phrase 78

キャプテン・アメリカのヘルメットの通信機から、突然、電波の雑音が聞こえてくる。

サム　：おい、キャップ、聞こえるか？

キャプテン・アメリカは立ち止まり、あたりを見回す。

サム　：キャップ、サムだ。俺の声が聞こえるか？

キャプテン・アメリカが通信機に手を触れる。ポータルが彼の後ろに開き始める。

サム　：君の左に。

Captain America looks behind to see the portal on his left. T'Challa, Okoye, and Shuri walk out of the portal.

キャプテン・アメリカは振り返り、彼の左にあるポータルを見る。ティ・チャラ、オコエ、シュリがポータルから歩いて出てくる。

Captain America stares at T'Challa, who nods back slightly.

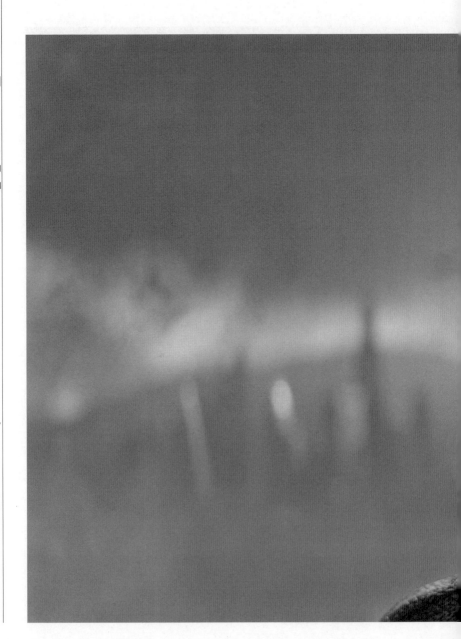

CHAPTER
01
02
03
04
05
06
07
08
09
10
11
12
13
14
15
16
17
18
19
20
21
22
23

キャプテン・アメリカはティ・チャラを見つめる。ティ・チャラはかすかにうなずき返す。

Sam Wilson, the Falcon, flies out of the portal, circling over Captain America.

サム・ウィルソン、ファルコンがポータルから飛んで出てきて、キャプテン・アメリカの頭上を旋回する。

More portals open all around the battlefield. One portal opens, revealing the surface of the planet Titan, through which Doctor Strange appears. He is wearing the Cloak of Levitation and hovers in the air above the battlefield. He is joined by Drax and Mantis.

戦場のいたるところに、さらにポータルが開く。一つのポータルが開き、惑星タイタンの地表が見える。ドクター・ストレンジがそのポータルを通って現れる。彼は浮遊マントを着て、戦場の上空に浮かぶ。ドラックスとマンティスも加わっている。

Peter Quill, Star-Lord, flies in, landing on the ground. He unmasks himself.

ピーター・クイル、スター・ロードが飛んできて着地する。彼はマスクを取る。

And then Spider-Man swings via webline and lands on the ground.

その後、スパイダーマンがクモの糸でスイングしながら着地する。

Spider-Man unmasks himself, smiling.

スパイダーマンはマスクを取り、微笑む。

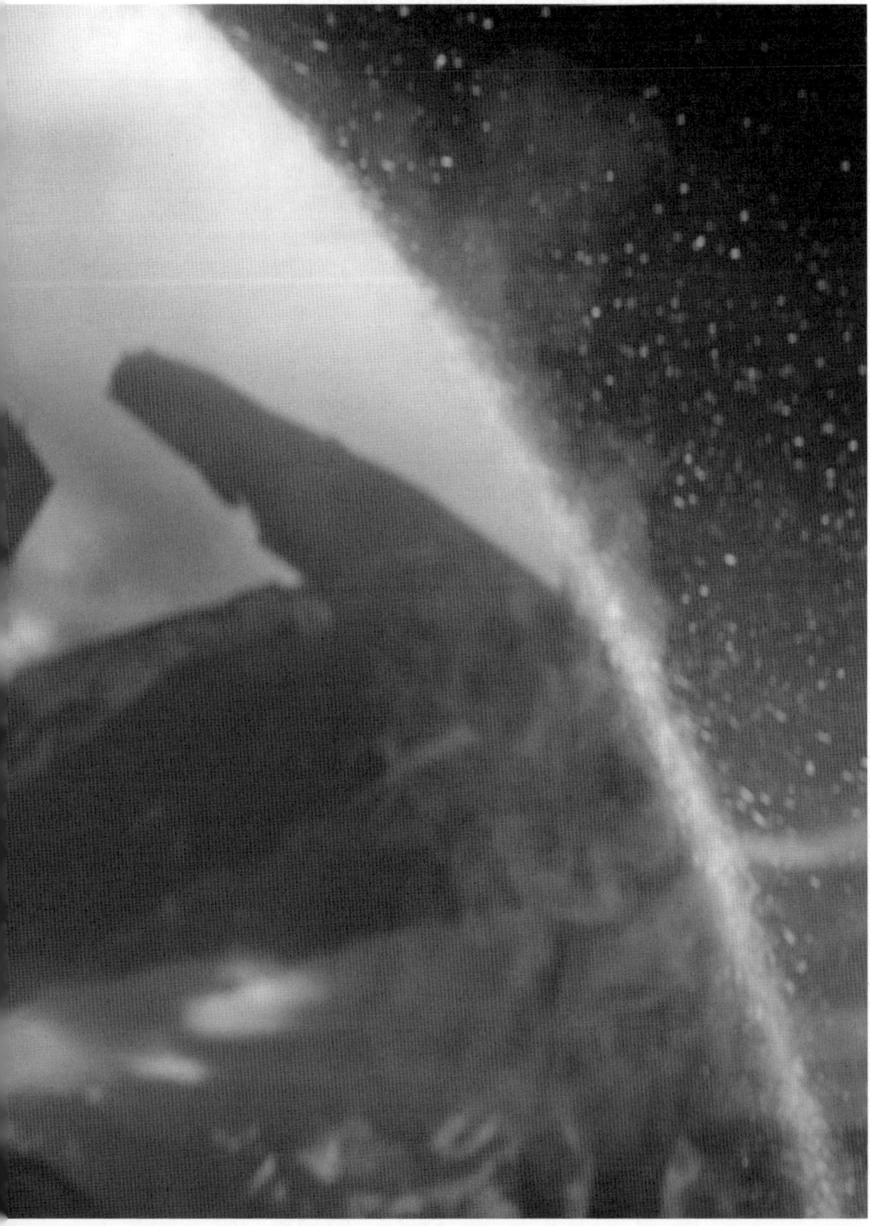

Captain America smiles with a satisfied look.

T'Challa : **Yibambe! Yibambe! Yibambe! Yibambe!**

キャプテン・アメリカが満足げな表情で微笑む。

ティ・チャラ　：イバンベ！ イバンベ！ イバンベ！ イバンベ！

The Dora Milaje and Wakandan army walk out of the portal from the fields of Wakanda onto the battlefield. They cry "Yibambe!" in unison. Above them, Wakandan ships emerge from portals.

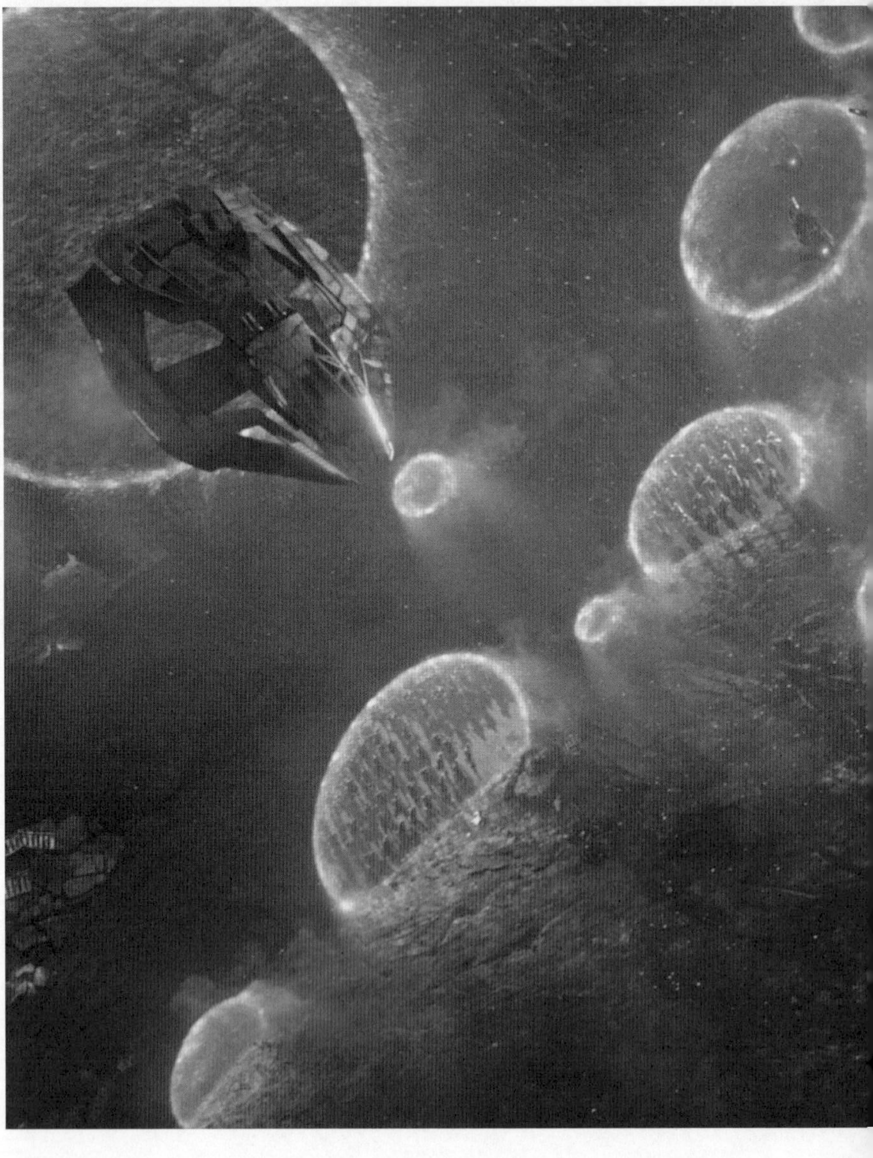

ドーラ・ミラージュとワカンダ軍が、ワカンダの地からのポータルを通って、戦場に出てくる。彼らは声を合わせて「イバンベ！」と叫ぶ。彼らの頭上では、ポータルからワカンダの船が現れる。

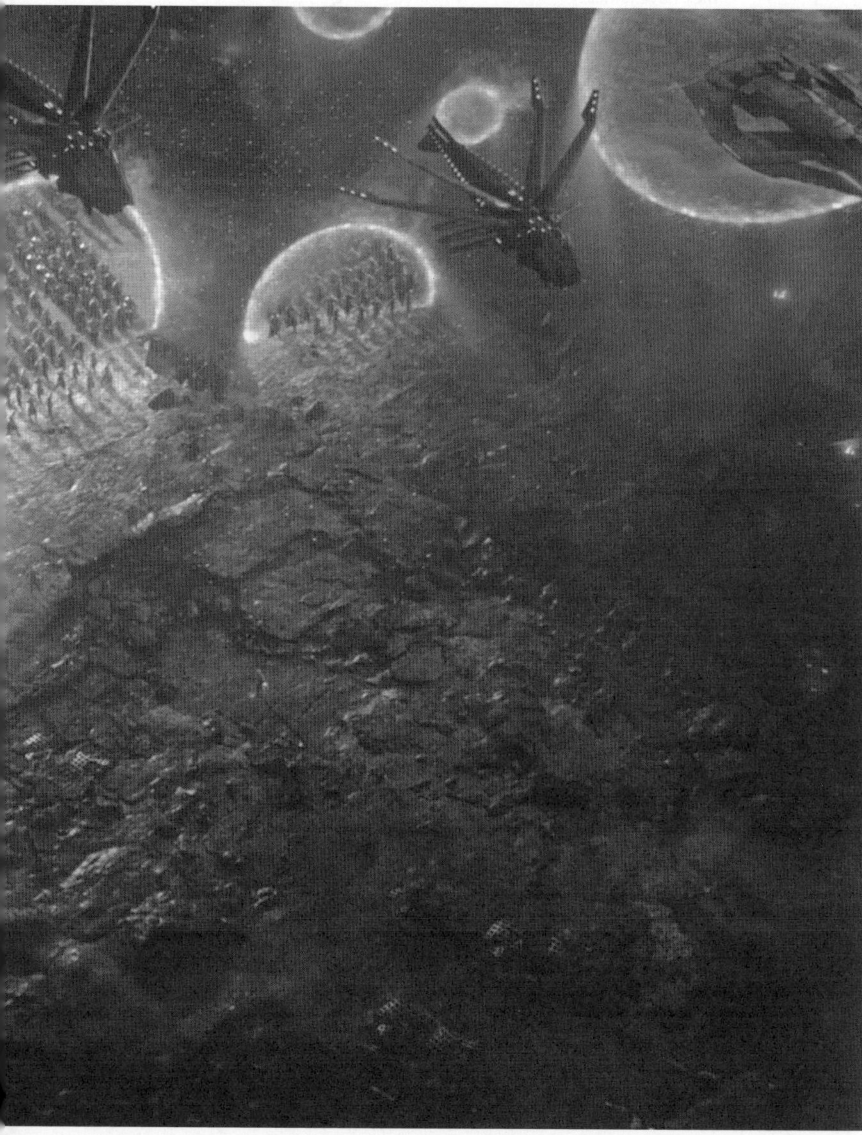

Bucky and Groot are walking with Wakandans.

A portal from New Asgard opens, revealing the form of Valkyrie riding on her winged horse. There are other Asgardian warriors as well, and Korg and even Miek have joined.

Wanda Maximoff, Scarlet Witch, descends from the sky and lands on the ground, with her hands glowing with energy. More sorcerers, the Masters of the Mystic Arts, emerge from portals, led by Wong. They raise their hands and magical shields form around them.

Hope van Dyne, the Wasp, suddenly appears, enlarging from wasp size. Ravagers emerge from a portal. Howard the Duck is walking with them, holding a machine gun.

バッキーとグルートがワカンダ人と共に歩いている。

ニュー・アスガルドからのポータルが開き、翼のある馬（ペガサス）に乗ったヴァルキリーの姿が現れる。他のアスガルド人の戦士もおり、コーグとミークまでもが加わっている。

ワンダ・マキシモフ、スカーレット・ウィッチが、手をエネルギーで輝かせながら、空から舞い降り着地する。ウォンに率いられて、さらに多くの魔術師たち、マスター・オブ・ミスティック・アーツがポータルから現れる。彼らが手を上げると、魔法のシールドが手の周りに形成される。

ホープ・ヴァン・ダイン、ワスプが、ワスプ［スズメバチ］サイズから大きくなり、突然現れる。ラヴェジャーズがポータルから出てくる。ハワード・ザ・ダックがマシンガンを抱え、彼らと一緒に歩いている。

Thor holds out his hand, and Stormbreaker returns to his hand.

ソーが手を伸ばすと、ストームブレイカーが彼の手に戻ってくる。

He smiles.

Tony becomes conscious and sits up with a surprised expression. A figure in another blue version suit of Iron Man armor, Rescue, lands on the ground. The face mask retracts, revealing the face of Pepper Potts.

ソーは微笑む。

トニーは意識を取り戻し、驚きの表情を浮かべ上半身を起こす。アイアンマン・アーマーの別の青バージョンのスーツ、レスキューを着た人物が着地する。フェイスマスクが収納されると、ペッパー・ポッツの顔が現れる。

Strange : Is that everyone?

ストレンジ　：それで全員か？

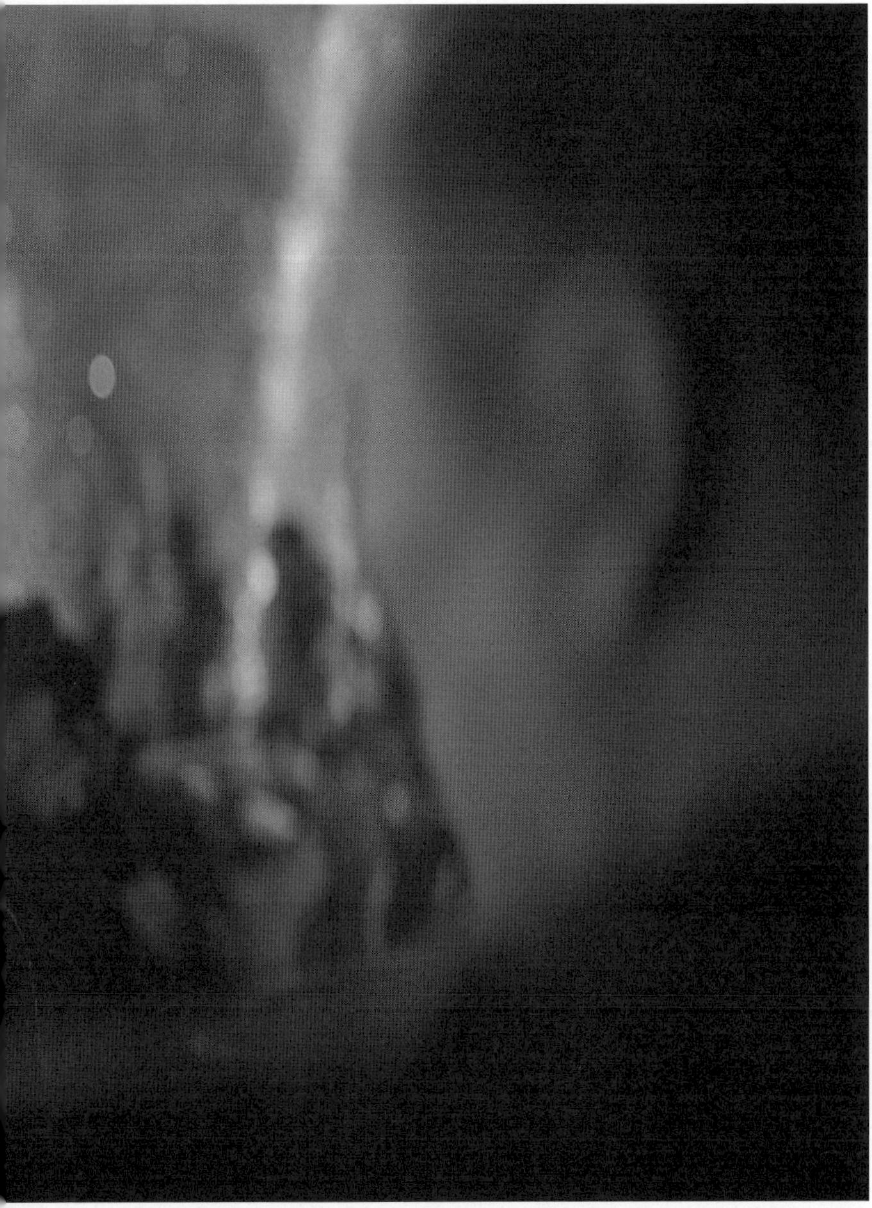

Wong : **What? You wanted more?**

Giant Ant-Man, i.e., Giant-Man emerges from the rubble of the building. He lowers his hand, and Bruce and War Machine jump off. Bruce smiles. War Machine hovers above the ground with jets. Rocket jumps out of the hand and lands on War Machine's shoulder.

ウォン　：何？ もっと欲しかったのか？

巨大なアントマン、すなわち、ジャイアントマンがビルの瓦礫の中から現れる。手を下げると、ブルースとウォーマシンがそこから飛び降りる。ブルースは微笑む。ウォーマシンはジェットで地面から浮かんでいる。ロケットはジャイアントマンの手からジャンプして、ウォーマシンの肩に乗る。

He cocks his gun with a click.

ロケットはカチッという音を立てて銃の撃鉄を起こす。

They all shout in unison. Many crafts hover above them.

彼らは全員そろっておたけびを上げる。たくさんの船が彼らの頭上に浮かんでいる。

The army is now in place. All of them get ready to fight. A look of surprise spreads across Thanos' face.

軍隊は今、整っている。全員が戦闘態勢を取る。驚きの表情がサノスの顔に浮かぶ。

Steve : Avengers... ◀ Phrase 79

Thor descends from the sky and lands next to Cap. Captain America holds out his hand. Mjolnir flies toward his hand, and he catches it.

Steve : assemble. ◀ Phrase 79

スティーブ　：アベンジャーズ……

ソーが空から舞い降りて、キャップの隣に着地する。キャプテン・アメリカは手を伸ばす。ムジョルニアが彼の手に向かって飛んできて、キャプテン・アメリカはそれをキャッチする。

スティーブ　：アッセンブル。

Thor makes a battle cry, followed by Black Panther. King T'Challa, Black Panther, leads his fellow Wakandans into battle, with Okoye and Shuri, commanding the Black Panther's forces. Valkyrie, riding her flying steed, takes the Asgardians into the fray.

ソーが鬨(とき)の声を上げ、ブラックパンサーがそれに続く。ティ・チャラ王、ブラックパンサーは、オコエ、シュリと共に仲間のワカンダ人を戦闘へと導き、ブラックパンサー軍を指揮する。空飛ぶ馬に乗りながら、ヴァルキリーはアスガルド人を戦いへと導く。

The armored Pepper, a.k.a. Rescue, and War Machine, with Rocket on his back, soar through the sky next to Falcon.

アーマーを着たペッパー、別名レスキューと、背中にロケットを乗せたウォーマシンが、ファルコンの横で空を飛んでいく。

The absolutely ginormous Scott Lang, Giant-Man, runs past the ruin of the Avengers Headquarters. Many ships fly in the skies.

Pointing his sword toward the Avengers, Thanos gives the signal for his army to attack.

全くとてつもなく大きいスコット・ラング、ジャイアントマンは、アベンジャーズ本部の残骸の横を走り抜けていく。たくさんの船が空を飛んでいく。

ソードをアベンジャーズのほうに向け、サノスは自軍に攻撃の合図をする。

Avengers, Assemble

The opposing sides meet on the battlefield.

敵対する両軍が戦場でぶつかる。

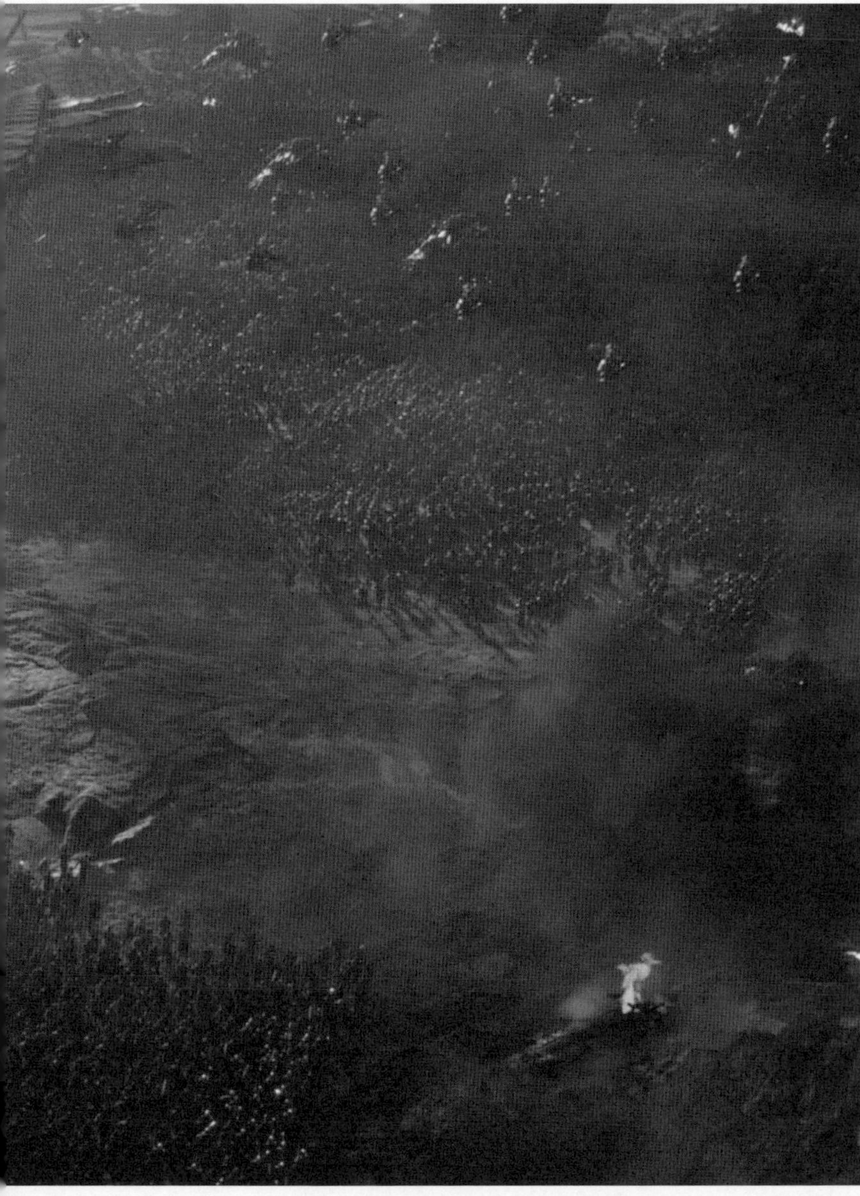

Captain America hurls Mjolnir at Cull Obsidian, knocking him in the head. Thor swings Stormbreaker, striking it against the ground to generate lightning. The blasts take out several Chitauri fighters, hurling them aloft. Spider-Man swings with his webs above the combatants.

The Wasp swoops through the air, and quickly enlarges, kicking a Chitauri fighter in the skull, knocking it down. Valkyrie strikes a Chitauri Gorilla with her staff. Bruce throws a craft down to the ground and throws an enemy soldier away into the air.

M'Baku : Die!

キャプテン・アメリカはカル・オブシディアンにムジョルニアを投げて彼の頭にぶつける。ソーはストームブレイカーを振って地面を打ち、稲妻を発生させる。その衝撃が何人ものチタウリの兵士を攻撃し、彼らを空中へと飛ばす。スパイダーマンは敵の上をウェブを使ってスイングする。

ワスプは空中からさっと舞い降りて、急に大きくなり、チタウリの兵士の頭を蹴って倒す。ヴァルキリーは槍でチタウリ・ゴリラを攻撃する。ブルースは飛行艇を地面に投げ落とし、敵兵の一人を空中に投げ飛ばす。

エムバク　：死ね！

Giant-Man punches a Leviathan, knocking it to the ground.

ジャイアントマンはリヴァイアサンを殴り、地面に倒す。

Black Panther kicks an Outrider and Okoye stabs a Chitauri fighter with her spear. Shuri fires panther-head-shaped weapons, Vibranium Strike Gauntlets, at Outriders.

Drax jumps onto the back of Cull Obsidian, who is attacking Korg, and stabs Cull in the back several times with two daggers. Korg turns around and hits Cull with his club.

Flying through the air, Rescue amplifies autonomous energy displacers from her backpack and fires high-power energy blasts from them at the Sakaaran vessel, Necrocraft. Iron Man joins her, and the two fire repulsor rays at the enemies, back to back with each other, spinning in the air.

Captain America and Thor are fighting right next to each other. In the background, Mantis sleeps a Chitauri Gorilla with her empathic power.

Thor hurls Stormbreaker, which clips several Chitauri. He extends his arm, and Mjolnir returns to his hand. Captain America extends his arm and catches Stormbreaker. Thor hits the enemy with Mjolnir. Thor notices that he has Mjolnir in his hand and Captain America holds Stormbreaker.

Thor : **No, no, give me that. You have the little one.**

Captain America tosses Stormbreaker over to Thor, who flips Mjolnir to Captain America. Thor flies up into the sky with Stormbreaker.

Rocket fights with two guns. Bucky, Winter Soldier, shoots the enemy accurately one by one.

ブラックパンサーはアウトライダーを蹴り、オコエはチタウリの兵士を槍で刺す。シュリはパンサーの頭の形をした武器である、ヴィブラニウム・ストライク・ガントレットをアウトライダーに向かって発射する。

ドラックスは、コーグに襲い掛かっているカル・オブシディアンの背中に飛びついて、その背中を2本の短剣で何度も刺す。コーグは振り向いてカルを棍棒で殴る。

空を飛びながら、レスキューはバックパックから自立エネルギーディスプレーサーを展開し、そこから強力なエネルギー・ブラストをサカール人の船ネクロクラフトに向けて発射する。アイアンマンがレスキューに合流し、二人は背中合わせで空中で回転しながら、敵にリパルサーレイを発射する。

キャプテン・アメリカとソーはお互いのすぐ隣で戦っている。その後ろでは、マンティスがエンパスの能力を使って、チタウリ・ゴリラを眠らせている。

ソーはストームブレイカーを強く投げ、ストームブレイカーは何人ものチタウリを倒す。ソーが腕を伸ばすと、ムジョルニアが手に戻ってくる。キャプテン・アメリカは腕を伸ばし、ストームブレイカーをキャッチする。ソーはムジョルニアで敵を殴る。自分の手にはムジョルニアがあり、キャプテン・アメリカがストームブレイカーを持っていることにソーは気づく。

ソー　：いやいや、それを俺にくれ。お前はその小さいのを持て。

キャプテン・アメリカはソーにストームブレイカーをぽいと投げる。ソーはキャプテン・アメリカにムジョルニアをひょいと投げる。ソーはストームブレイカーを持ち、空に舞い上がる。

ロケットは二丁拳銃で戦っている。バッキー、ウィンター・ソルジャーは敵を一人ずつ正確に狙撃する。

Iron Man fires his repulsors at several Outriders. Cull Obsidian hits him from behind, knocking him down to the ground. Cull is about to stab him when his arm is yanked backward by a strand of webbing. Cull goes flying, then the Giant-Man steps on Cull, crushing him.

The Iron Man mask retracts. Spider-Man jumps toward Tony. The Spider-Man mask retracts, too, and Peter Parker helps Tony stand.

アイアンマンは何匹ものアウトライダーにリパルサーを発射する。カル・オブシディアンが後ろからアイアンマンを攻撃し、アイアンマンを地面に倒す。カルがアイアンマンを刺そうとした時、彼の腕はウェブの糸によって後ろに引っ張られる。カルは飛び、その後、ジャイアントマンがカルを踏み潰す。

アイアンマンのマスクが消える。スパイダーマンはトニーに向かってジャンプする。スパイダーマンのマスクも消え、ピーター・パーカーがトニーを助け起こす。

Parker : Hey! Holy cow! You will not believe what's been going on. Do you remember when we were in space? And I got all dusty? And I must've passed out, because I woke up and you were gone. But Doctor Strange was there, right? And he was like, "It's been five years. Come on, they need us." ◀ Phrase 80 And then he started doing the yellow sparkly thing that he does all the time.

パーカー　：ねえ！ びっくりだよ！ 何が起こってたか、信じられないだろうね。僕たちが宇宙にいた時のこと覚えてる？ それで僕がすっかり塵（ちり）みたいになっちゃったよね？ それから僕は気絶したはずなんだ、っていうのは僕が起きたらあなたはいなかったから。でもドクター・ストレンジがそこにいたんだよね。それで彼はこう言ったんだ、「5年経った。行くぞ、彼らは我々を必要としている」って。それで、彼が、いつもやってる黄色いキラキラ光るやつをやり始めたんだよ。

Tony : **He did? Oh, no.**

Tony takes a step forward. Tony gives Parker a bear hug.

Parker : **What are you doing? Oh.**

Tony hugs Parker tight and wouldn't let go. Parker seems to be a bit surprised, but he hugs Tony back.

Parker : **Oh, this is nice.**

This hug is in contrast to the scene where Tony once said to Parker, "It's not a hug. I'm just grabbing the door for you. We're not there yet."

Star-Lord blasts at the enemy, flying in the air. Landing near a building, Star-Lord kicks and shoots Sakaaran soldiers. A Sakaaran punches him in the face. Star-Lord falls to the ground. The Sakaaran raises a sword when a blast strikes the Sakaaran, who falls down right on top of Star-Lord.

Pushing the Sakaaran away from his body, Star-Lord sits up and sees the person standing in front of him. He is astonished to know it is Gamora. Tapping the side of his mask, Star-Lord retracts the helmet.

Quill : **Gamora?**

トニー　：やつはそうしたんだな？ あぁ、もう。

トニーは一歩前に踏み出す。トニーはパーカーをぎゅっと抱きしめる。

パーカー　：何してるの？ あぁ。

トニーはパーカーをぎゅっと抱きしめ、離そうとしない。パーカーは少し驚いた様子だが、彼からもトニーを抱きしめる。

パーカー　：あぁ、これっていいね。

この抱擁は、「ハグじゃない。ただ君のためにドアを開けようとしてるだけだ。僕たちはまだそんな仲じゃない」とトニーが以前パーカーに言ったシーンと対照的である。

スター・ロードは空を飛びながら敵を攻撃する。建物の近くに着地し、スター・ロードはサカール人の兵士を蹴り、銃で撃つ。一人のサカール人がスター・ロードの顔を殴る。スター・ロードは地面に倒れる。そのサカール人が剣を振り上げた時、一発の銃撃がサカール人に命中し、スター・ロードの真上に倒れる。

そのサカール人を体から押しのけて、スター・ロードは上体を起こし、目の前に立っている人物を見る。それがガモーラだと知り、彼は驚愕する。マスクの横をタップして、スター・ロードはヘルメットを消す。

クイル　：ガモーラ？

Quill walks over to Gamora, who is staring at him, tilting her head slightly.

クイルはガモーラのほうに歩いていく。ガモーラは少し首をかしげながら、彼を見つめている。

Quill : **I thought I lost you.**

Quill reaches out to touch Gamora's cheek. Gamora grabs his wrist, and twists it.

Quill : **Ow.**

Holding his wrist, she knees him in the crotch.

Gamora : **Don't... touch... me!**

She knees him in the crotch again, this time harder. Quill falls to the ground, writhing in pain.

Quill : **You missed the first time. Then you got 'em both the second time.**

Nebula walks over to Gamora, looking down at Quill.

Gamora : **This is the one? Seriously?**

Nebula : **Your choices were him or a <u>tree</u>.**

Quill points at Gamora, and turns to Nebula, mouthing "Who is she?"

クイル　：君を失ったと思ってたのに。

クイルはガモーラの頬に触れようと手を伸ばす。ガモーラは彼の手首を掴み、それをひねる。

クイル　：痛っ。

彼の手首を握りながら、ガモーラはクイルの股間を膝蹴りする。

ガモーラ　：私に……触ら……ないで！

ガモーラはまたクイルの股間に膝蹴りを食らわす。今度はより強く。クイルは地面に倒れ、痛みにもがく。

クイル　：最初は（的を）外した。それで2度目は両方に当てたよ。

ネビュラがガモーラのところに来て、クイルを見下ろす。

ガモーラ　：これがその人なの？ 本当に？

ネビュラ　：あんたの選択肢はそいつか木かだった。

クイルはガモーラを指さし、それからネビュラのほうを向いて、「彼女は誰？」と声には出さずに口だけ動かして言う。

Hawkeye runs through the battlefield, holding the gauntlet. A Chitauri Gorilla runs after Hawkeye.

ホークアイはガントレットを抱えながら、戦場を駆け抜ける。チタウリ・ゴリラがホークアイを追いかける。

Falcon flies right into the Gorilla, hitting the creature in the chest with the tips of his wings. The Gorilla falls onto its back. Then Falcon pierces the beast's chest with his wings' tips. Running with the gauntlet, Hawkeye speaks over his comms.

Clint : **Cap! What do you want me to do with this damn thing?**

Captain America is in the middle of a pack of Outriders, taking them out one by one with the help of Mjolnir and Bruce.

Steve : **Get those stones as far away as possible!**

Bruce : **No! We need to get 'em back where they came from.**

Tony : **No way to get 'em back. Thanos destroyed the quantum tunnel.**

Scott : **Hold on!**

Giant-Man suddenly shrinks back to his normal size. He pulls out a remote with a tiny, toy-car-size van on it.

ファルコンがゴリラに向かってまっすぐに飛んできて、ファルコンの羽の先でその生物の胸を叩く。ゴリラはあおむけに倒れる。それからファルコンは羽の先でその獣の胸を貫く。ガントレットを持って走りながら、ホークアイは通信機を通して話す。

クリント　：キャップ！ 俺にこいつをどうしてほしい？［俺はこれをどうしたらいい？］

キャプテン・アメリカはアウトライダーの群れの中にいて、ムジョルニアとブルースの助けを借りながら、アウトライダーを一匹ずつ倒している。

スティーブ　：そのストーンをできるだけ遠くに運ぶんだ！

ブルース　：だめだ！ 元々あった場所にストーンを戻さないといけない。

トニー　：ストーンを戻すなんて無理だ。サノスが量子トンネルを破壊した。

スコット　：待って！

ジャイアントマンは突然、普通のサイズに縮む。彼は小さな、おもちゃの車サイズのバンがついたリモコンを取り出す。

Scott : That wasn't our only time machine.

スコット　：あれ（壊された量子トンネル）は俺たちの唯一のタイムマシンじゃなかった［タイムマシンは他にもある］。

Ant-Man presses the button of the remote. The song "La Cucaracha," the familiar honk of the van, fills the battlefield. Captain America races up a pile of debris.

Steve : Anyone see an ugly brown van out there? ◂ Phrase 81

Valkyrie : Yes! But you're not gonna like where it's parked!

アントマンがリモコンのボタンを押す。例のバンの聞き覚えのあるクラクション、「ラ・クカラーチャ」という曲が戦場に響き渡る。キャプテン・アメリカは瓦礫の山に急いで登る。

スティーブ　：誰か向こうで醜い茶色のバンを見たか？

ヴァルキリー　：ええ！ でも駐車してる場所が気に入らないでしょうね！

From her heightened vantage point, Valkyrie radios. The van is right smack in the middle of territory occupied by Thanos' army.

Tony : **Scott, how long you need to get that thing working?**

Hope enlarges right next to Scott.

Scott : **Uh, maybe 10 minutes.**

Steve : **Get it started. We'll get the stones to you.**

Hope : **We're on it, Cap.** ◂ Phrase 82

高く見晴らしのきく地点から、ヴァルキリーは無線で連絡する。そのバンは、サノスの軍に占領された領域のど真ん中にある。

トニー ：スコット、あの機械を動かすのにどれくらい必要だ？

ホープがスコットのすぐ隣で、大きくなる。

スコット ：あー、多分10分かな。

スティーブ ：始めろ。我々が君にストーンを持っていく。

ホープ ：私たち（二人）でやります、キャップ。

Scott and Hope look at each other, smiling.

スコットとホープはお互いを見て、微笑む。

Activating their helmets, they shrink. The Wasp grabs Ant-Man's hand, flying both of them toward the van.

Hovering via his Cloak of Levitation, Doctor Strange encircles the Outriders with glowing tendrils, and lifts them into the air. Then with a gesture, he causes the tendrils to push downward, enveloping the Outriders in earth as he touches down on the ground.

Iron Man lands next to Doctor Strange, retracting his helmet.

Tony : **Hey. You said one out of 14 million, we win, yeah? Tell me this is it.** ◀ Phrase 83

Strange : **If I tell you what happens... it won't happen.**

Tony : **You better be right.**

The Wasp and Ant-Man get to the van and fly through the hole in the rear windshield and into the front seat, where they enlarge to normal size and retract their helmets.

Hope : **It's a mess back here.**

Scott : **It's dead.**

Hope : **What?**

Scott : **It's dead. I have to hot-wire it.**

Scott yanks some cables from behind the visor above his seat.

ヘルメットを起動して、二人は小さくなる。ワスプがアントマンの手を掴み、二人でバンへと向かう。

浮遊マントで浮かびながら、ドクター・ストレンジは輝くつるでアウトライダーを包み、それらを空中に持ち上げる。それからジェスチャーで、つるを下に押し下げさせて、彼が着地すると同時に、アウトライダーを地中に封じ込める。

アイアンマンがドクター・ストレンジの隣に着地し、ヘルメットを消す。

トニー　：おい。僕たちが勝つのは1400万のうちの1つだと君は言ったよな？ これがそうだと言ってくれ。

ストレンジ　：もし何が起きるかを私が君に話せば……それは起こらない。

トニー　：君の言うことが正しいといいが［正しくなければとんでもないことになるな］。

ワスプとアントマンはバンに到着し、後ろの窓の穴を通り、フロントシートまで飛ぶ。そこで二人は普通のサイズまで大きくなり、ヘルメットを収納する。

ホープ　：こっちの後ろはめちゃくちゃになってる。

スコット　：死んでる。

ホープ　：何？

スコット　：（エンジン［システム］が）死んでるんだ。電線を直結させてエンジンをかけないと。

スコットはシートの上のバイザーの後ろから、何本かのケーブルを引っ張り出す。

Thanos knocks a man away with his blade.

Thanos : **Where's Nebula?**

Corvus : **She's not responding.**

Maw : **Sire...**

Maw points at the battlefield. Hawkeye is running, holding on to a gauntlet. Thanos sees the gauntlet contain the six Infinity Stones. Hawkeye rushes through the enemies. And he sees many Chitauri Gorillas and Outriders rush toward him. Suddenly, a dark figure lands between Hawkeye and them, and an energy blast clears a radius around Hawkeye. Black Panther retracts his helmet.

T'Challa : **Clint! Give it to me.** ◂ Phrase 84

Hawkeye gives the gauntlet to T'Challa. Holding the gauntlet, T'Challa, Black Panther, runs through a circuit of Chitauri, who blast him. But his suit just absorbs the kinetic energy from the blasts. Kicking them, he takes more blasts from the Chitauri.

Running through the battlefield, he hurdles over several Outriders and lands on the ground surrounded by the enemy. That's when Black Panther punches the ground, releasing all the kinetic energy his suit has absorbed. All around him, the enemy go down.

サノスはブレードで、一人を叩き飛ばす。

サノス ：ネビュラはどこだ？

コーヴァス ：彼女は応答していません。

マウ ：父上……

マウが戦場を指さす。ホークアイはガントレットをしっかり抱えながら走っている。サノスは、そのガントレットに6個のインフィニティ・ストーンがはまっているのを見る。ホークアイは敵の中を走る。そしてホークアイは、多数のチタウリ・ゴリラやアウトライダーが自分に向かってくるのを見る。突然、黒い姿の人物がホークアイと敵の間に着地し、エネルギーの爆発がホークアイの周囲を一掃する。ブラックパンサーはヘルメットを消す。

ティ・チャラ ：クリント！ それを私に渡せ。

ホークアイはガントレットをティ・チャラに渡す。ガントレットを抱えながら、ティ・チャラ、ブラックパンサーは、チタウリのいる場所を走り抜け、チタウリが彼を銃撃する。しかし彼のスーツは銃撃による運動エネルギーを吸収するだけだ。彼らを蹴りながら、ブラックパンサーはチタウリからより多くの銃撃を受ける。

戦場を走り抜けながら、何匹ものアウトライダーを跳び越え、敵に囲まれて地面に着地する。その時、ブラックパンサーは地面をパンチし、彼のスーツが吸収してきた運動エネルギーのすべてを解放する。彼の周りで、敵が倒れる。

Black Panther starts to run again. Suddenly, a blade hits him hard. He loses his grip on the gauntlet and is thrown to the ground. The blade boomerangs back to Thanos.

ブラックパンサーは再び走り出す。突然、ブレードが彼に強く当たる。彼はガントレットから手を放してしまい、地面に飛ばされる。そのブレードはブーメランのようにサノスのところに戻る。

Thanos lunges at Black Panther, but Scarlet Witch descends from the sky, dropping down right between Black Panther and Thanos. Her hands and eyes are glowing with red energy. She looks at Thanos, filled with fury.

サノスはブラックパンサーに突進するが、スカーレット・ウィッチが空から舞い降りてきて、ブラックパンサーとサノスのちょうど間に着地する。彼女の手と目が赤いエネルギーで輝いている。彼女は激しい怒りをみなぎらせてサノスを見る。

Wanda : You took everything from me.

Thanos : I don't even know who you are.

Wanda : You will.

Hovering above the ground, she lifts the debris up in the air with her telekinesis.

ワンダ ：あんたは私からすべてを奪った。

サノス ：お前が誰かすら知らない。

ワンダ ：知ることになるわ。

地面から浮かび上がりながら、彼女はテレキネシスで瓦礫を空中に持ち上げる。

Scarlet Witch hurls two mounds of debris at Thanos. And then she launches bursts of red energy at Thanos several times.

Black Panther tries to grab the gauntlet once more when he sees it rise into the air. Hovering in the air, Ebony Maw moves his hands to control the movement of the gauntlet.

スカーレット・ウィッチは瓦礫の山二つをサノスに向かって投げつける。それからサノスに向けて赤いエネルギーの衝撃波を何度も放つ。

ブラックパンサーはもう一度ガントレットを掴もうとするが、その時、ガントレットが空中に持ち上がるのを見る。空中に浮かびながら、エボニー・マウがガントレットの動きを制御するよう手を動かす。

Black Panther leaps into the air and snatches the gauntlet. Then debris starts to wrap itself around Black Panther. Maw closes his fist, tightening the wreckage around Black Panther's body.

Parker : I got it!

Spider-Man swoops in via webbing. Black Panther tosses the gauntlet into the air, and Spider-Man spins a web, snagging it. Yanking on the strand of webbing, Spider-Man pulls the gauntlet into his hands. He lands on the back of an Outrider.

ブラックパンサーは空中に跳び上がり、ガントレットをさっと掴む。その後、瓦礫がブラックパンサーを包み始める。マウは拳を握り、ブラックパンサーの体の周りの瓦礫を締めつける。

パーカー　：任せて！

スパイダーマンがウェブを使いながら、さっと舞い降りる。ブラックパンサーは空中にガントレットを投げ、スパイダーマンがウェブを紡ぎ、ガントレットを素早く掴む。ウェブの糸を強く引っ張り、スパイダーマンは自分の手にガントレットを引き寄せる。彼は一匹のアウトライダーの背の上に着地する。

Parker : Activate Instant Kill.

The glow from the eyes of Spider-Man's mask turns red, and mechanical legs extend from the back of his Iron-Spider suit. The Outriders and Chitauri rush at him, but he stabs them one bye one with his mechanical legs.

Thanos swings his double blade at Scarlet Witch, but she holds the blade back with red energy from her hands.

パーカー　：瞬殺モード起動。

スパイダーマンのマスクの目の輝きが赤に変わり、アイアン・スパイダーのスーツの背中から機械の脚が伸びる。アウトライダーとチタウリが彼に向かって突進するが、スパイダーマンは機械の脚で、彼らを一人ずつ刺していく。

サノスはスカーレット・ウィッチにダブルブレードを振り下ろすが、彼女は手から出る赤いエネルギーでそれを押しとどめる。

Scarlet Witch pushes the blade away using her powers. Then she holds out her hand, and red energy swirls around Thanos' body. He levitates above the ground, held in place by her powers. She flicks her right hand to the side, and Thanos' armor peels from his body.

Thanos : Rain fire! ◀ Phrase 85

Corvus : But, sire, our troops!

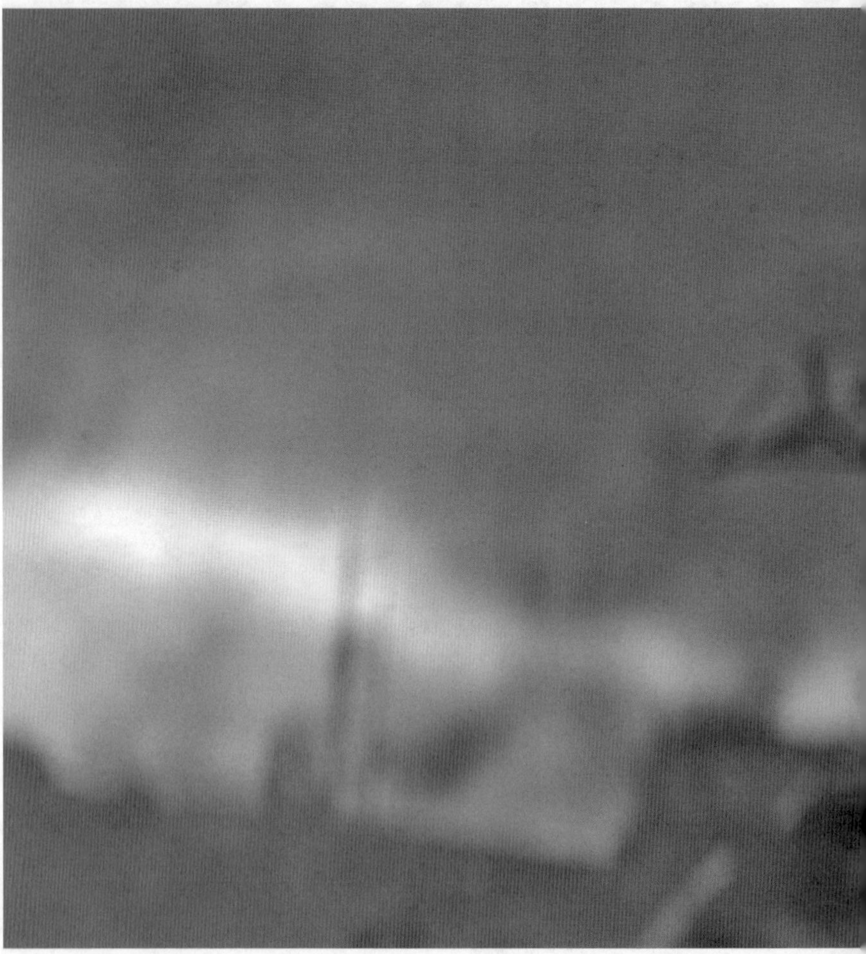

スカーレット・ウィッチは自らのパワーを使い、そのブレードを押し飛ばす。それから彼女が手を伸ばすと、赤いエネルギーがサノスの体の周りに渦巻く。彼は地面から上に浮かび上がり、彼女のパワーによってその場に固定される。スカーレット・ウィッチが右手を横にさっと動かすと、サノスのアーマーが体からはがれる。

サノス　：集中砲火を浴びせろ！

コーヴァス　：ですが、父上、我々の軍隊が！

Thanos : Just do it!

The missile launchers appear on the underbelly of the Sanctuary II. In concert, dozens of missiles are launched toward the ground, haphazardly, indiscriminately. The missiles hit everything and everyone, not distinguishing friend from foe.

Scarlet Witch raises her hands, creating a force field of red energy to protect herself, but she is blown away by a missile. The missiles even strike some of the Chitauri Leviathans that float in the sky, and they scream in pain.

Hitting his wrists together, Wong forms a magical shield above his head, and the other sorcerers with him follow his lead. Soon, force fields appear across the battlefield, protecting the assembled Avengers team from Sanctuary II's lethal assault.

Rescue hovers above the lake as she watches a missile strike the dam. Water rushes toward the battlefield.

サノス　：（つべこべ言わずに）やれ！

サンクチュアリIIの下部にミサイルランチャーが現れる。一斉に、何十ものミサイルが地表に向かって、でたらめに無差別に発射される。ミサイルは敵味方の区別なく、あらゆるものや人に当たる。

スカーレット・ウィッチは手を上げ、自身を守るために赤いエネルギーでフォースフィールドを作るが、ミサイルによって吹き飛ばされる。ミサイルは空に浮かぶチタウリのリヴァイアサンまでも攻撃し、それらは痛みで叫ぶ。

手首を合わせて叩き、ウォンは頭上に魔法のシールドを形成し、彼と共にいる他の魔術師も彼の先導に従う。まもなく、戦場のあちこちにフォースフィールドが現れ、サンクチュアリIIの破壊的な強襲から、集結したアベンジャーズ・チームを守る。

レスキューは湖の上で空中停止し、ミサイルがダムに当たるのを見る。水が戦場に押し寄せる。

Pepper : Uh, is anyone else seeing this?

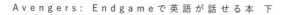

ペッパー　：あー、誰か（私の）他に、これ見てる人いる？

Nearby, Doctor Strange sees the flow of water and raises his hands. Bands of magical energy form around his wrists, and he directs the energy toward the oncoming wall of water. With a gesture, he forms a huge waterspout in the air.

Spider-Man is battling many Chitauri and Outriders. There are just too many of them.

Parker : **I got this! I got this. Okay, I don't got this. Help, somebody help!**

Steve : **Hey, Queens, heads up!** ◀ Phrase 86

CHAPTER
01
02
03
04
05
06
07
08
09
10
11
12
13
14
15
16
17
18
19
20
21
22
23

近くで、ドクター・ストレンジは流れる水を見て、両手を上げる。手首の周りに魔法のエネルギーのバンドが作られ、彼はそのエネルギーを迫ってくる水の壁に向ける。手の動きで、彼は空中に巨大な水上竜巻を形成する。

スパイダーマンが多数のチタウリやアウトライダーと戦っている。彼らはただただ数が多すぎる。

パーカー　：いける！ いける。あぁ、だめだ。助けて、誰か、助けて！

スティーブ　：おい、クイーンズ（の坊や）、気をつけろ！

Captain America hurls Mjolnir, and it flies across the battlefield toward Spider-Man. Seeing the hammer on its way, Spider-Man raises a hand and snags it with a strand of webbing. The hammer pulls Spider-Man right out of his predicament with the enemy and into the air.

キャプテン・アメリカはムジョルニアを投げ、ムジョルニアは戦場を通り、スパイダーマンまで飛ぶ。ハンマーが飛んでくるのを見て、スパイダーマンは手を上げ、ウェブの糸でそれを掴む。ハンマーはスパイダーマンを敵との窮地から空中へと引っ張り上げる。

A missile slices right through Spider-Man's webbing. He falls to the ground and drops the gauntlet. Then a mechanical leg lashes out, catching the gauntlet. Rescue flies over and grabs Spider-Man's arm.

Pepper : **Hang on. I got you, kid.**

ミサイルがスパイダーマンのウェブを切り裂く。スパイダーマンは地面に落ちていき、ガントレットを落とす。その時、機械の脚がさっと出て、ガントレットを掴む。レスキューが飛んできて、スパイダーマンの腕を掴む。

ペッパー　：頑張って。つかまえたわ、坊や。

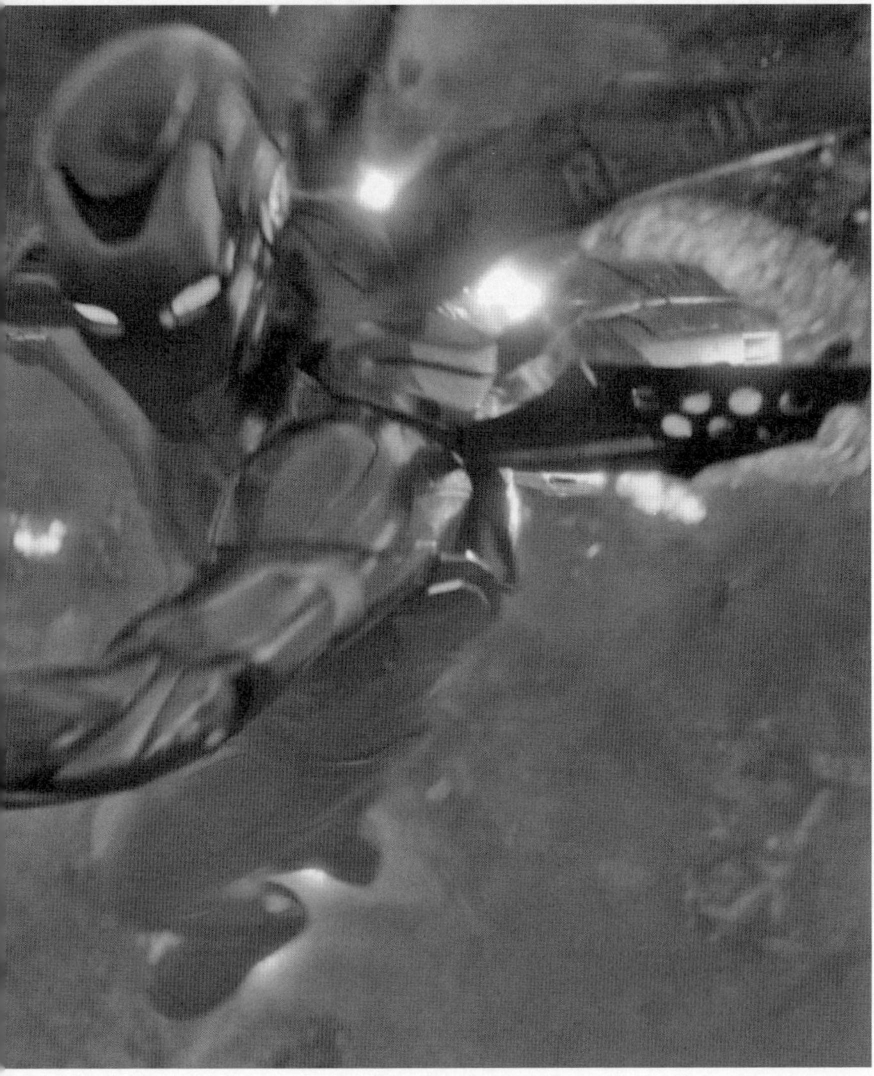

Rescue flings him toward Valkyrie riding astride her winged steed. Valkyrie catches his hand and pulls him to her horse.

レスキューは、ペガサスにまたがっているヴァルキリーに向かってスパイダーマンを放り投げる。ヴァルキリーは彼の手を掴み、彼をペガサスのほうに引っ張る。

Parker **: Hey! Nice to meet you... Oh, my God!**

More missiles rain down on the battlefield, and a nearby explosion creates a shock wave. Spider-Man and Valkyrie are thrown from the flying horse, and he drops the gauntlet. He catches it before he lands on the ground, and starts to run. Another explosion throws him away, and he rolls on the ground. His mask retracts.

Missile attack continues. Bucky, Korg and Miek are thrown to the ground. Bruce and War Machine are thrown as well. Groot is thrown to the ground, and Rocket races to his side, holding Groot to shield him from the blasts.

パーカー　：やあ！ はじめまして……うわぁ！

さらに多くのミサイルが戦場に降ってきて、近くの爆発が衝撃波を生む。スパイダーマンとヴァルキリーはペガサスから投げ出され、スパイダーマンはガントレットを落とす。彼は着地する前にガントレットを摑んで走り出す。別の爆発が彼を吹き飛ばし、彼は地面に転がる。スパイダーマンのマスクが消える。

ミサイル攻撃は続く。バッキー、コーグとミークが地面に投げ出される。ブルースとウォーマシンも同様に飛ばされる。グルートが地面に投げ出され、ロケットは彼のそばに走り、爆風から彼を守ろうとグルートを抱える。

That's when the missiles suddenly stop. The Avengers team gaze upward at Sanctuary II.

その時、ミサイルが突然止まる。アベンジャーズ・チームは頭上のサンクチュアリIIを見上げる。

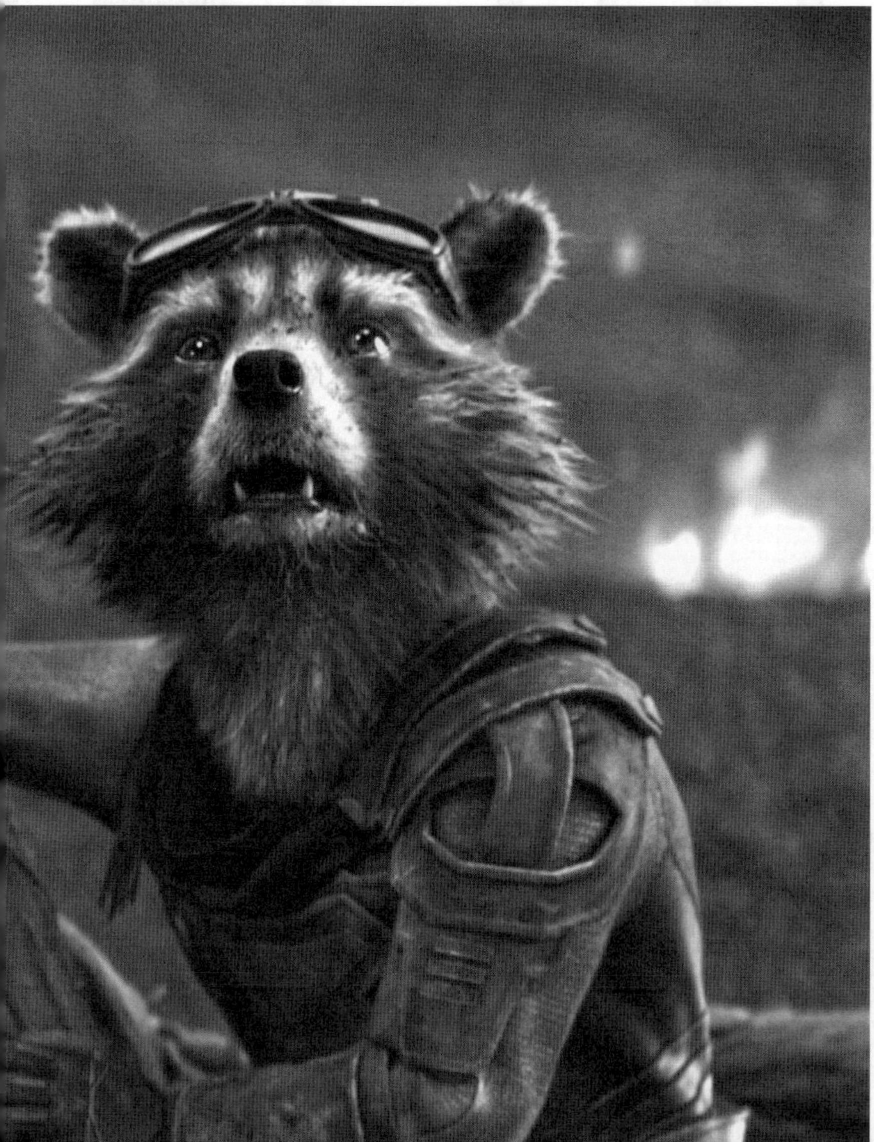

CHAPT

And I Am Iron Man

2:25:52

ER 20

なら、私はアイアンマンだ

Sanctuary II's missile launchers are no longer pointing at the ground. They are now swiveling around, aiming upward. They commence the launching of missiles again, but this time, missiles fly into the upper atmosphere.

Sam : What the hell is this?

Tony : Friday, what are they firing at?

サンクチュアリII のミサイルランチャーはもはや地上を狙っていない。ランチャーは今、旋回し、上のほうを狙っている。ランチャーは再びミサイルの発射を開始するが、今回は、ミサイルは大気圏上層部に向かって飛んでいく。

サム　：これは一体何だ？

トニー　：フライデー、やつらは何に向かって砲撃してるんだ？

Friday : **Something just entered the upper atmosphere.**

A bright light like photon energy cuts through the clouds, descending from outer space. Some missiles hit it, but they do nothing. It flies across the sky, heading straight for Sanctuary II. It plunges directly into the side of the Sanctuary II, and emerges from the other side of the ship.

フライデー　：大気圏上層部にたった今、何かが突入しました。

光子エネルギーのような明るい光が雲を切り裂き、宇宙から降下してくる。何発ものミサイルがそれに命中するも、効果はない。その光は空を飛び、まっすぐサンクチュアリII に向かっていく。サンクチュアリII の片側にまっすぐに突っ込み、船の反対側から出てくる。

Inside, a series of explosions follow its flight path. The missile launchers on the ship power down. Flying through the air is Carol Danvers, Captain Marvel.

Rocket : **Oh, yeah!**

CHAPTER
01
02
03
04
05
06
07
08
09
10
11
12
13
14
15
16
17
18
19
20
21
22
23

船の内部では、光が通過した後に続いて次々と爆発が起こる。船のミサイルランチャーが停止する。空中を飛んでいるのは、キャロル・ダンヴァース、キャプテン・マーベルだ。

ロケット　：おぉー、いいぞ！

Coming around, this time she plunges into the underbelly of the ship, and exits the top of it. Sanctuary II crashes toward the lake behind the headquarters.

Steve : **Danvers, we need an assist here.**

Scott activates the Quantum Tunnel.

向きを変え、今度は船の下部に突っ込み、船の上から出てくる。サンクチュアリII は本部の後ろの湖に墜落する。

スティーブ　：ダンヴァース、手伝ってくれ。

スコットが量子トンネルを起動する。

Captain Marvel lands in front of Peter Parker, who is lying on his back on the ground, cradling the gauntlet.

Parker : **Hi, I'm Peter Parker.**

Carol : **Hey, Peter Parker. You got something for me?** ◂ Phrase 87

キャプテン・マーベルはピーター・パーカーの前に着地する。彼は地面にあおむけに横たわり、ガントレットを抱きかかえている。

パーカー　：こんにちは、僕、ピーター・パーカー。

キャロル　：こんにちは、ピーター・パーカー。私に渡す物、持ってるの？

A horde of Chitauri Gorillas, Outriders, and Leviathans are heading their way, led by Corvus Glaive and Proxima Midnight.

コーヴァス・グレイヴとプロキシマ・ミッドナイトに率いられ、チタウリ・ゴリラ、アウトライダー、リヴァイアサンの大群がこちらに向かって来る。

Parker : I don't know how you're gonna get it through all of that.

Carol takes the gauntlet from his hands. Behind her, Wanda lands on the ground. She is joined by Valkyrie and her winged horse.

Wanda : Don't worry.

Okoye : She's got help.

パーカー　：ああいうの全部をどうやってあなたが突破できるかわからないんだけど。

キャロルはパーカーの手からガントレットを受け取る。キャロルの後ろにワンダが着地する。そこにヴァルキリーとペガサスが加わる。

ワンダ　：心配しないで。

オコエ　：彼女には助けがある。

Okoye stands tall in front of them. Rescue lands in front of her, retracting her helmet. They are joined by Mantis and Shuri as Hope enlarges from wasp size. Nebula and Gamora also join the assemblage of female Avengers.

オコエは彼らの前に堂々と立っている。オコエの前にレスキューが着地し、ヘルメットを収納する。マンティスとシュリが加わり、ホープがスズメバチサイズから大きくなる。ネビュラとガモーラも女性アベンジャーズの集結に加わる。

Corvus Glaive and Proxima Midnight race at the Avengers with Thanos' army. Scarlet Witch blasts the army with her red energies, causing them to scatter. The Wasp, Rescue and Shuri fire their weapons at the enemy in concert. Nebula shoots her guns. Gamora cuts a Chitauri Gorilla in the arm with her sword. Okoye stabs Corvus with her spear. She lifts him onto the spear, and then slams him on the ground.

コーヴァス・グレイヴとプロキシマ・ミッドナイトはサノスの軍と共にアベンジャーズに向かって走る。スカーレット・ウィッチは赤いエネルギーで敵軍を攻撃し、散り散りにさせる。ワスプ、レスキュー、シュリは敵に向かって武器を一斉に発射する。ネビュラは銃を撃つ。ガモーラは刀でチタウリ・ゴリラの腕を切る。オコエはコーヴァスに槍を突き刺す。突き刺した槍で彼を持ち上げ、それから地面に叩きつける。

Valkyrie moves toward a pair of Leviathans astride her flying horse with her long spear. Scarlet Witch uses her powers to create energy swirls circling the mouth of one Leviathan as Valkyrie attacks the other. Spear in hand, Valkyrie slices through the side of the Leviathan.

Captain Marvel flies toward the van with the gauntlet, going through enemy tanks on her way. As she approaches the van with the Quantum Tunnel, Thanos starts to run toward her, holding his damaged blade. Rescue, Shuri, and the Wasp emerge from a cloud of billowing smoke, firing repulsors, sonic blasts, and energy blasts.

ヴァルキリーは長い槍を持ち、ペガサスにまたがって、2匹のリヴァイアサンに向かっていく。スカーレット・ウィッチはパワーを使い、1匹のリヴァイアサンの口を囲むエネルギーの渦を作り出し、ヴァルキリーはもう一匹を攻撃する。手に槍を持って、ヴァルキリーはリヴァイアサンの横腹を切り裂く。

キャプテン・マーベルはガントレットを持ち、途中にある敵の戦車を貫きながら、バンに向かって飛ぶ。彼女が量子トンネルのバンに近づくと、壊れたブレードを持って、サノスが彼女に向かって走り出す。レスキュー、シュリ、ワスプが、大きくうねる煙の雲から現れ、リパルサー、ソニック・ブラスト、エネルギー・ブラストを発射する。

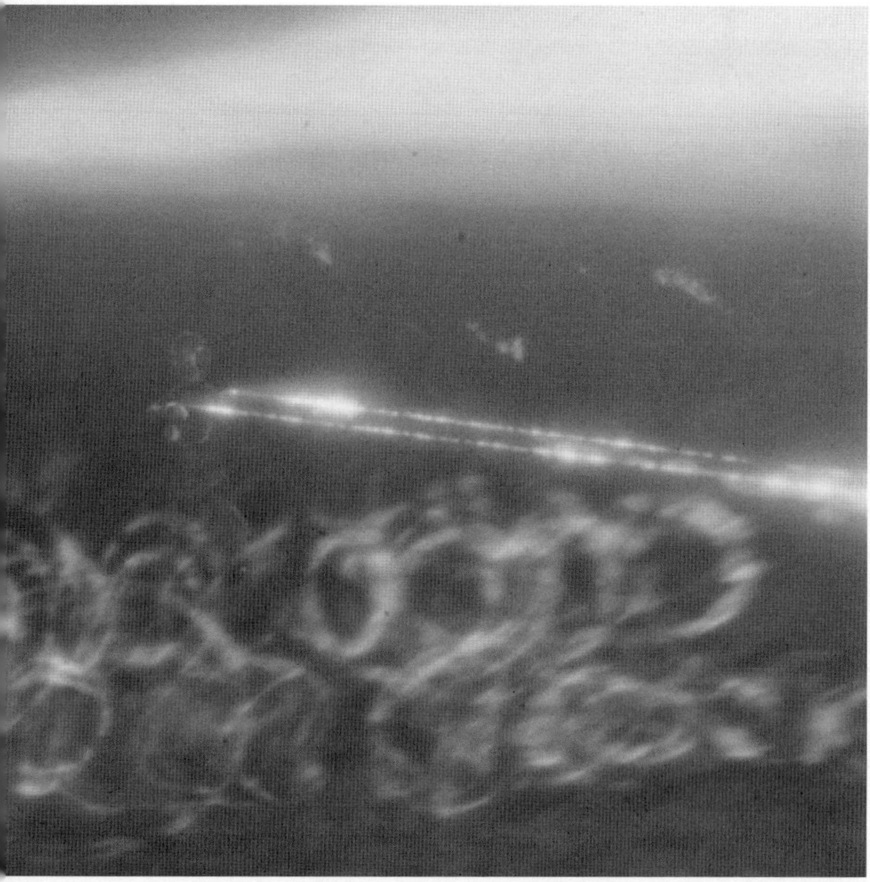

They stagger Thanos, throwing him to the ground. But he doesn't release his hold on his blade. He rises to his knees. He hurls his blade toward the van and it hits the van before Captain Marvel reaches the van. The Quantum Tunnel explodes. The resulting shock wave knocks both armies down. The explosion throws Captain Marvel, who slams into a carcass of a Leviathan. She loses her grip on the gauntlet, which slides across the ground.

The shock wave reaches the dam. Doctor Strange tries to steady the water.

Tony pushes the corpse of an Outrider off of his armor. He sees the gauntlet in front of him.

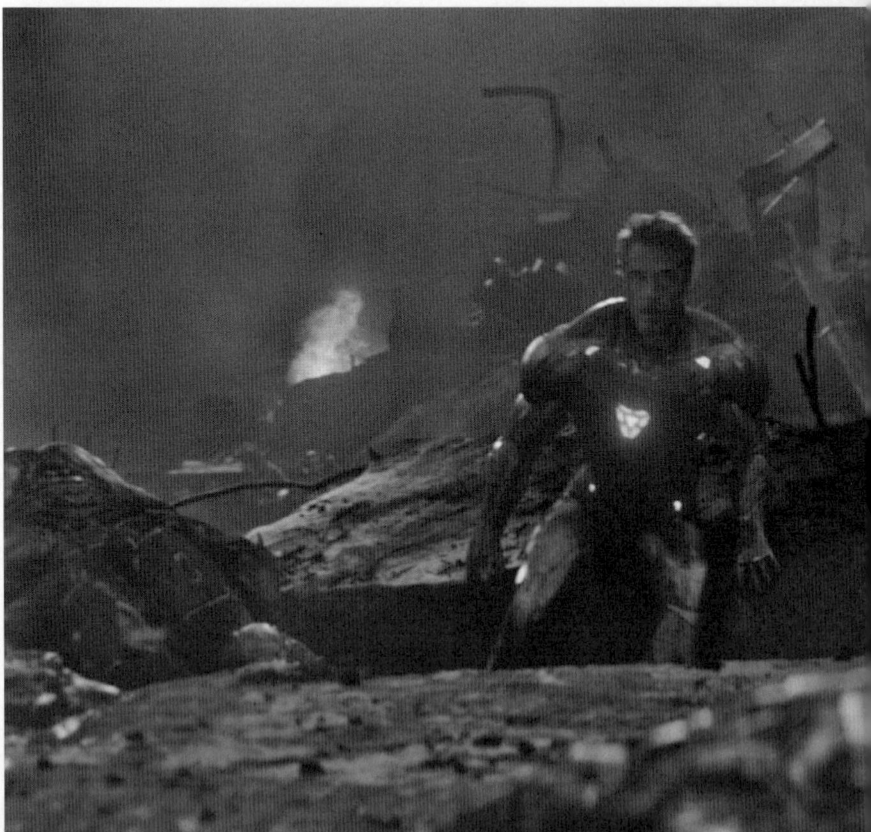

その攻撃でサノスはよろめき、地面に飛ばされる。しかし彼はブレードを手放してはいない。サノスは膝をついて起き上がる。彼はバンに向けブレードを投げ、キャプテン・マーベルがバンに到達する前に、ブレードがバンに当たる。量子トンネルが爆発する。その結果起こった衝撃波で、両軍は倒れる。爆発でキャプテン・マーベルは飛ばされ、リヴァイアサンの死骸に激突する。キャロルはガントレットから手を離してしまい、ガントレットは地面を滑っていく。

衝撃波がダムに到達する。ドクター・ストレンジは水を安定させようとする。

トニーはアーマーからアウトライダーの死体を押しのける。目の前にガントレットがあるのを見る。

Tony starts to move toward the gauntlet. Thanos moves toward it as well. Tony runs for Thanos, tackling him. Thanos smashes Tony in the head, throwing him in the opposite direction. He hits the ground on his back.

When Thanos reaches out to take the gauntlet, Thor swings both Stormbreaker and Mjolnir.

トニーはガントレットのほうに動き出す。サノスも同様に動く。トニーはサノスに向かって走り、彼にタックルする。サノスはトニーの頭を殴り、トニーは反対側に飛ばされる。トニーは背中から地面に落ちる。

サノスがガントレットを取ろうと手を伸ばすと、ソーはストームブレイカーとムジョルニアの両方を振り回す。

Thor hurls the hammer away from himself, and reaches for the gauntlet. Thanos grabs him from behind. Thor swings the axe over his head, toward Thanos. Thanos catches Stormbreaker's handle.

Then Thor lifts his hand, catching Mjolnir. Quickly spinning the hammer, he touches Mjolnir against Stormbreaker's handle. There is a mighty power surge as Thor's eyes crackle with lightning.

From behind, Captain America leaps onto Thanos' back, reaching around his neck, and grabs Stormbreaker's handle. He pushes the blade toward Thanos' neck, and Thor joins in. Thanos swings a fist at Stormbreaker and knocking the blade from his throat. He head-butts Thor, knocking him back.

Thanos reaches around and catches Captain America by the head, tossing him away. Thanos rolls with him, and then punches him.

Thanos picks up the gauntlet. But before he can put it on, Captain Marvel kicks him on the back of his knee. She punches Thanos. He swings a fist at her, but she moves quickly, easily evading the punch. He tries again, but she blocks the attack.

She punches Thanos twice, and reaches for the gauntlet. Thanos reaches out for her arm, pulling her close. He throws her into the air and she hits the ground.

ソーはハンマーを投げ、ガントレットに手を伸ばす。サノスは後ろからソーを摑む。ソーは頭上に斧を振り上げ、サノスに向ける。サノスはストームブレイカーの柄を摑む。

それからソーは手を上げ、ムジョルニアを摑む。素早くハンマーを回転させ、ソーはムジョルニアをストームブレイカーの柄に当てる。強力なパワーサージが起こり、ソーの目が稲妻でパリパリと音を立てる。

背後から、キャプテン・アメリカがサノスの背中に飛び乗り、首に手を回し、ストームブレイカーの柄を摑む。サノスの首にブレードを押しつけ、ソーがそれに加わる。サノスはストームブレイカーに向かって拳を振り、喉からブレードをはじき飛ばす。サノスはソーに頭突きをして、彼を後ろに倒す。

サノスは手を回してキャプテン・アメリカの頭を摑み、彼を放り投げる。サノスはキャプテン・アメリカと一緒に転がり、それから彼を殴る。

サノスはガントレットを拾い上げる。しかしそれをつける前に、キャプテン・マーベルがサノスの膝の裏側を蹴る。キャプテン・マーベルはサノスを殴る。サノスは彼女に向けて拳を振るうが、彼女は素早く動き、やすやすとパンチをかわす。サノスは再度殴ろうとするも、彼女は攻撃を防ぐ。

キャプテン・マーベルはサノスを2回殴り、ガントレットを取ろうと手を伸ばす。サノスは彼女の腕に向けて手を伸ばし、彼女を近くに引き寄せる。サノスはキャプテン・マーベルを空中に投げ飛ばし、彼女は地面に激突する。

Thanos puts the gauntlet on his right hand. He shudders as the energy of the six Infinity Stones courses through his body. He grunts, enduring the pain.

サノスは右手にガントレットをはめる。6個のインフィニティ・ストーンのエネルギーが彼の体を駆け巡り、サノスは体を震わせる。彼は痛みに耐えつつ、うなる。

Then Thanos holds up the gauntlet.

Just as he is about to bring the thumb and middle finger together, Captain Marvel grabs Thanos' hand, pulling it down. She holds Thanos' finger and thumb apart, preventing him from snapping them. He head-butts Captain Marvel, but it does nothing. She doesn't even flinch.

Captain Marvel pushes Thanos' hand and rises into the air, floating while shoving him downward. She has Thanos on his knees and is now holding the gauntlet with one hand. She draws back the other hand as it glows, ready to punch.

それからサノスはガントレットを上に掲げる。

親指を中指につけようとしたちょうどその時、キャプテン・マーベルがサノスの手を掴み、その手を引っ張り下ろす。彼女はサノスがスナップするのを防ぐために、サノスの中指と親指を離す。サノスはキャプテン・マーベルに頭突きをするが効果はない。彼女はひるむことすらない。

キャプテン・マーベルはサノスの手を押して空中に上昇し、浮かびながら、サノスを力をこめて下方向に押しつける。サノスに膝をつかせ、キャプテン・マーベルは今、片手でガントレットを握っている。もう一方の手を後ろに引くと、それは輝き、パンチの準備は整っている。

Thanos reaches up to the gauntlet and removes the Power Stone from its setting. Holding it in his bare hand, the stone glows brightly, burning his skin. Closing a fist around it, he swings his hand at Captain Marvel. The force of the Power-Stone-aided punch throws her far away from him.

Tony catches the eye of Doctor Strange, who is still holding back the water from the dam with his right hand. The two exchange looks. Staring at Tony, Doctor Strange slowly holds up his left hand and extends an index finger. "One."

Thanos returns the Power Stone to its setting in the gauntlet. Once again, the surge of energy flows through Thanos, and his body shudders.

Tony grabs Thanos' hand, yanking on the gauntlet, trying to get it off his hand. Tony looks down at the gauntlet and looks up at Thanos' face. Thanos knees Tony in the stomach, but Tony refuses to let go of the gauntlet. Raising his left hand, Thanos punches Tony. And Thanos swings his arm, throwing Tony to the ground.

Thanos pulls the gauntlet down on his right hand snugly.

サノスはガントレットに手を伸ばし、はめ込みからパワー・ストーンを取り出す。サノスがパワー・ストーンを素手で持つと、ストーンは明るく輝き、彼の皮膚を焼く。ストーンを手の中に握りながら、サノスはキャプテン・マーベルに向かって手を振り上げる。パワー・ストーンに補強されたパンチの力で、彼女をずっと遠くにまで飛ばす。

トニーはドクター・ストレンジと目が合う。ストレンジは右手で今もダムからの水をとどめている。二人は視線を交わす。トニーを見つめながら、ドクター・ストレンジはゆっくりと左手を上げ、人差し指を伸ばす。「1」。

サノスはパワー・ストーンをガントレットの石のはめ込みに戻す。もう一度、高まったエネルギーがサノスの体中に流れ、彼の体が震える。

トニーはサノスの手を摑み、手から外そうと、ガントレットを強く引っ張る。トニーはガントレットを見下ろし、それからサノスの顔を見上げる。サノスはトニーの腹を膝蹴りするが、トニーはガントレットから手を放そうとしない。左手を上げて、サノスはトニーを殴る。そして腕を振り、トニーを地面に投げ飛ばす。

サノスは右手にしっかりはまるようにガントレットを下に引っ張る。

Thanos : I am inevitable. ◀ Phrase 88

サノス　：私は必然［絶対］なのだ。

Looking at Tony, Thanos triumphantly snaps his fingers. The snap makes a metallic sound, a clang. But nothing else.

Thanos looks at the gauntlet and turns it over. The stones are no longer there.

トニーのほうを見て、サノスは勝ち誇ったように指をスナップする。スナップでカチンという金属音がする。しかし、他には何も起こらない。

サノスはガントレットを見て、ひっくり返す。そこにはもうストーンはない。

Thanos looks at Tony.

Raising his right hand, Tony shows Thanos his gauntlet. The six Infinity Stones drift across his armor, moving into the settings on his newly formed Iron Man Nano Gauntlet. When the stones find their place, energy surges through Tony's body, and the stones begin to glow.

Tony : And I... am... Iron Man. ◂ Phrase 89

サノスはトニーを見る。

右手を上げて、トニーはサノスに自分のガントレットを見せる。6個のインフィニティ・ストーンはトニーのアーマーを漂い、新しく作られたアイアンマン・ナノ・ガントレットのはめ込みに移動する。ストーンが自らの居場所を見つけた時、トニーの体中にエネルギーが湧き上がり、ストーンが輝き始める。

トニー　：なら、私……は……アイアンマンだ。

Tony snaps his own fingers, looking Thanos in the eye. Everything goes white.

A Leviathan heads right for Rocket, who fires his guns at it. But as it tries to bite Rocket, it turns to dust. T'Challa watches the Chitauri, their Gorillas, and the Outriders crumble. Quill looks at the sight in surprise next to T'Challa.

Even ships turn to ash. Steve sees Thanos, who is stunned at the sight.

サノスの目を見ながら、トニーは自分の指をスナップする。すべてが白くなる。

1匹のリヴァイアサンがロケットにまっすぐ向かってきて、ロケットはそれに向けて銃を撃つ。しかし、リヴァイアサンがロケットに噛みつこうとした時、それは塵と化す。ティ・チャラは、チタウリ、チタウリ・ゴリラ、アウトライダーが崩れていくのを見る。クイルはティ・チャラの隣で驚いてその光景を見ている。

船までもが灰に変わる。スティーブはサノスを見る。サノスはその光景を見て茫然としている。

Thanos watches Ebony Maw, his faithful servant, reach out for Thanos and disappear. Thanos sees Proxima Midnight holding Corvus Glaive in her arms in the distance. They turn to dust as well.

Steve looks at Thanos, who turns, walks a few steps, and then sits down. He sighs heavily. And then Thanos slowly turns to ashes.

Steadying himself against the wreckage, Tony gasps for air. He collapses to the ground. His Iron Man armor is charred. The right side of his face has been badly burned.

War Machine lands on the ground in front of Tony. His helmet retracts, and Rhodey crouches down, touching Tony's head. Parker flies in and sees Tony.

Parker : **Mr. Stark? Hey! Mr. Stark. Can you hear me? It's Peter.**

Parker touches Tony.

Parker : **Hey. We won, Mr. Stark. We won, Mr. Stark. We won! You did it, sir, you did it.**

Pepper moves behind Parker, and touches his shoulder.

Parker : **I'm sorry. Tony.**

Pepper helps Parker to his feet. She crouches in front of Tony.

Pepper : **Hey.**

She touches his shoulder, and puts her hand over the Arc Reactor on his chest.

サノスは、彼の忠実な僕（しもべ）であるエボニー・マウがサノスに手を伸ばしてから消えていくのを見る。サノスは遠くにプロキシマ・ミッドナイトが腕にコーヴァス・グレイヴを抱えているのを見る。二人も塵に変わる。

スティーブはサノスを見る。サノスは向きを変え、数歩歩き、それから座る。サノスは深いため息をつく。それからサノスはゆっくりと灰に変わる。

瓦礫によりかかって体を支え、トニーは苦しそうにあえぐ。彼は地面に崩れ落ちる。彼のアイアンマン・アーマーは焼け焦げている。彼の顔の右側はひどいやけどをしている。

ウォーマシンがトニーの目の前に着地する。ヘルメットが消え、ローディはしゃがみ、トニーの頭に触れる。パーカーが空から着地して、トニーを見る。

パーカー　：スタークさん？ ねえ！ スタークさん。僕の声聞こえる？ ピーターだよ。

パーカーはトニーに触れる。

パーカー　：ねえ、僕たち勝ったよ、スタークさん。僕たち勝ったんだよ、スタークさん。勝ったんだ！ あなたがやったんです、あなたがやったんだ。

ペッパーがパーカーの後ろに来て、彼の肩に触れる。

パーカー　：ごめん。トニー。

ペッパーはパーカーが立ち上がるのに手を貸す。ペッパーはトニーの前にしゃがむ。

ペッパー　：ねえ。

ペッパーはトニーの肩に触れ、トニーの胸のアーク・リアクターの上に手を置く。

Tony : Hey, Pep.

Tony puts his hand on hers.

トニー　：やあ、ペップ（ペッパー）。

トニーはペッパーの手の上に自分の手を重ねる。

Pepper : Friday?

Friday : Life functions critical.

Tony smiles at Pepper with tears in his eyes.

Pepper : Tony? Look at me.

Tony gazes at Pepper.

Pepper : We're gonna be okay. You can rest now.

ペッパー　：フライデー？

フライデー　：生命機能、重篤な状態。

トニーは目に涙を浮かべて、ペッパーに微笑む。

ペッパー　：トニー？ 私を見て。

トニーはペッパーを見つめる。

ペッパー　：私たちは大丈夫よ。もうゆっくり休んでいいわ。

The light from the Arc Reactor goes out. Tony's hand slides to his side. Steve and Thor stare at Tony in tears.

Pepper kisses Tony on the cheek and rests her forehead against his shoulder, crying.

アーク・リアクターのライトが消える。トニーの手が横に滑り落ちる。スティーブとソーは涙を浮かべてトニーを見つめる。

ペッパーはトニーの頬にキスをして、彼の肩に額を預けて、泣く。

I Love You 3,000

CHAPT

2:34:40

ER 21

3,000回愛してる

The Quinjet lands near Clint's farmhouse. Lila and Cooper rush over to Clint, and he hugs them.

Parker is standing in a hallway of the Midtown School of Science and Technology. Among many students, he catches sight of Ned Leeds. They share a handshake and hug.

In San Francisco, Scott sits on the front porch of his house with Cassie and Hope, watching fireworks overhead.

Tony (voice) : **Everybody wants a happy ending, right? But it doesn't always roll that way. Maybe this time.**

Inside the Wakandan Royal Palace, Shuri, T'Challa, and their mother, Ramonda, stand on the balcony overlooking the Golden City. T'Challa wraps his arms around his mother and sister. They watch the Golden City teemed with life below.

Tony (voice) : **I'm hoping if you play this back... it's in celebration. I hope families are reunited. I hope we get it back. And something like a normal version of the planet has been restored. If there ever was such a thing.**

Scott hugs Hope and Cassie.

Tony (voice) : **God, what a world. Universe, now. If you told me 10 years ago that we weren't alone, let alone to this extent, I mean, I wouldn't have been surprised, but come on, who knew? The epic forces of darkness and light that have come into play.**

クインジェットがクリントの農場の家のそばに着陸する。ライラとクーパーがクリントに駆け寄ってきて、クリントは二人をハグする。

パーカーはミッドタウン科学技術高校の廊下に立っている。たくさんの生徒の中に、ネッド・リーズの姿を見つける。二人はハンドシェイク（手を使った挨拶）をして、ハグする。

サンフランシスコでは、スコットがキャシーやホープと共に自宅のフロントポーチに座り、頭上の花火を見ている。

トニーの声　：みんな、幸せな結末が欲しいよな。でもいつもそんな風に進むわけじゃない。多分今回も（そうだ）。

ワカンダの王宮の中では、シュリ、ティ・チャラ、二人の母ラモンダが、ゴールデン・シティを見下ろすバルコニーに立っている。ティ・チャラは母と妹に腕を回す。彼らは眼下に広がる、生命に溢れるゴールデン・シティを見ている。

トニーの声　：もしこれを再生するのなら……お祝いの時がいいなって願ってる。家族が再会すること、僕たちが元通りにすることを願う。そしてこの星の当たり前の形のようなものが回復されていることを願う。もしそんな（当たり前の形という）ものがあれば、だけどね。

スコットはホープとキャシーをハグする。

トニーの声　：あぁ、なんて世界だ。今では（世界は）宇宙だ。（宇宙にいるのは）我々だけじゃないと10年前に言われたら、ましてこれ程まで（宇宙にいる）なんて、まぁ僕は驚かなかっただろうが、でも、誰が知ってた？からみ合う闇と光の壮大な力（の存在）なんて。

Clint hugs Nathaniel. Then Laura walks over to Clint, and they kiss.

Tony (voice) : **And for better or worse... that's the reality Morgan's gonna have to find a way to grow up in.**

Inside Tony's lake house. Pepper and Happy sit on the sofa with Morgan. Tony's Iron Man helmet is on the coffee table in front of them, projecting a hologram of Tony from its eyes.

Tony : **So, I thought I'd probably better record a little greeting... in the case of an untimely death. On my part. Not that death at any time isn't untimely.** ◀ Phrase 90

Steve and Thor are standing behind Pepper. All the people there are dressed in black. Tears roll down Rhodey's cheeks. Pepper stares at the hologram of her husband.

Tony : **This time travel thing that we're gonna try and pull off tomorrow... it's got me scratching my head about the survivability of it all. That's the thing. Then again, that's the hero gig, right? Part of the journey is the end.**

Morgan leans on Pepper.

Tony : **What am I even tripping for? Everything is gonna work out exactly the way it's supposed to.** ◀ Phrase 91

The hologram of Tony stands up, walks, and leans down, looking straight at Morgan.

クリントはナサニエルをハグする。それからローラがクリントのほうに歩いてきて、二人はキスする。

トニーの声　：良かれ悪(あ)しかれ……それが、モーガンがその中で成長する道を見つけなければならない現実なんだ。

湖畔のトニーのキャビンの中では、ペッパーとハッピーがモーガンと一緒にソファに座っている。トニーのアイアンマン・ヘルメットが彼らの前のコーヒーテーブルの上にあり、ヘルメットの目からトニーのホログラムが投影されている。

トニー　：だから、ちょっとした挨拶を録画しておいたほうがいいかなと思ったんだ……突然の死の場合に備えて。僕の場合はね。どんな時の死も時期尚早ではないわけじゃないけど［どんな死も思いがけずやってくるものだけど］。

スティーブとソーはペッパーの後ろに立っている。そこにいる全員が黒い服を着ている。ローディの頬を涙が流れ落ちる。ペッパーは夫のホログラムをじっと見つめている。

トニー　：僕たちが明日見事にやってのけようとしている今回のタイムトラベルってやつ……それのおかげで、僕は生存可能性について悩まされてる。それが問題なんだ。とは言っても、それがヒーローの仕事でもある、そうだろ？ その旅の一部は終わりだ。

モーガンはペッパーにもたれる。

トニー　：僕は何を騒いでるんだろうな？ すべてはまさにそうあるべき通りにうまくいくさ。

トニーのホログラムは立ち上がり、歩き、かがんで、まっすぐモーガンを見る。

Tony : I love you 3,000. ◀ Phrase 91

トニー　：3,000回愛してる。

Tony smiles, and the hologram disappears.

Pepper walks down the dock behind the lake house, followed by Happy, Rhodey, and Steve. She leads Morgan by the hand, carrying a wreath in other hand. Pepper smiles at the people who have gathered on the dock.

Pepper places the wreath on the lake, with Tony's very first Arc Reactor in the center. The sign reads "PROOF THAT TONY STARK HAS A HEART."

◂ Phrase 92

トニーは微笑み、そしてホログラムは消える。

ペッパーはレイクハウスの裏の桟橋を降りる。ハッピー、ローディ、スティーブがその後に続く。ペッパーはモーガンの手を引き、反対の手にはリース（花輪）を持っている。ペッパーは桟橋に集まってくれた人に微笑む。

ペッパーは湖にリースを浮かべる。リースの中央にはトニーのまさに最初のアーク・リアクターがある。そこには「トニー・スタークにはハートがあるという証拠」と書かれている。

The Avengers are all there, silently watching the wreath float away. Pepper crouches down, holding Morgan in her arms. Happy Hogan puts his hand around Rhodey's shoulder. Steve Rogers are standing with his hand in his pocket. Aunt May puts her hands on Peter Parker's shoulder. Thor is looking straight at the lake. Bruce Banner has his damaged arm in a sling. Doctor Strange and Wong are in attendance as well.

アベンジャーズは全員そこにいて、リースが流れていくのを黙って見つめている。ペッパーはしゃがんで、腕にモーガンを抱いている。ハッピー・ホーガンはローディの肩に手を回す。スティーブ・ロジャースはポケットに手を入れて立っている。メイおばさんがピーター・パーカーの肩に手を置く。ソーはまっすぐ湖を見つめている。ブルース・バナーは傷ついた腕をスリング（吊り包帯）で吊っている。ドクター・ストレンジとウォンも出席している。

Scott Lang and Hope van Dyne are there, along with her parents, Hank Pym and Janet van Dyne.

スコット・ラングとホープ・ヴァン・ダインは、ホープの両親ハンク・ピムとジャネット・ヴァン・ダインと一緒にいる。

The Guardians of the Galaxy, Nebula, Peter Quill, Rocket, Drax, Groot and Mantis are there.

ガーディアンズ・オブ・ギャラクシーのネビュラ、ピーター・クイル、ロケット、ドラックス、グルート、マンティスもそこにいる。

T'Challa is standing with Okoye and Shuri. Clint is present with his wife and kids. Wanda Maximoff, Bucky Barnes, Sam Wilson are there. Sam puts his hand on Bucky's shoulder.

Harley Keener are also standing there, blinking his eyes. Secretary Ross and Maria Hill exchange glances. Carol Danvers is standing on the steps. Nick Fury is on the porch.

ティ・チャラはオコエとシュリと共に立っている。クリントは妻や子供たちと一緒にいる。ワンダ・マキシモフ、バッキー・バーンズ、サム・ウィルソンもいる。サムはバッキーの肩に手を置く。

目をしばたたかせながら、ハーレー・キーナーもそこに立っている。ロス長官とマリア・ヒルは互いをちらっと見る。キャロル・ダンヴァースは階段の上に立っている。ニック・フューリーはポーチにいる。

Clint and Wanda are standing together, looking at the lake.

Clint : You know, I wish there was a way that I could let her know. That we won. We did it.

Wanda : She knows. They both do.

Clint puts his arm around her, and Wanda does the same.

Happy Hogan sits with Morgan on the front porch.

Happy : How you doing, squirt?

Morgan : Good.

Happy : You good?

Morgan : Mm-hmm.

Happy : Good. You hungry?

Morgan : Mm-hmm.

Happy : What do you want?

Morgan : Cheeseburgers.

Happy is near tears when he hears the word.

Happy : You know, your dad liked cheeseburgers. ◀ Phrase 93

クリントとワンダが並んで立ち、湖を見ている。

クリント　：なぁ、彼女（ナターシャ）に知らせることができる方法があればいいのに、と思うよ。俺たちは勝った、って。俺たちはやった、って。

ワンダ　：彼女は知ってる。二人とも（ヴィジョンも）知ってるわ。

クリントはワンダの体に腕を回し、ワンダも同じようにする。

ハッピー・ホーガンはモーガンと一緒に、フロントポーチに座っている。

ハッピー　：元気かい、おチビちゃん？

モーガン　：元気。

ハッピー　：元気なんだね？

モーガン　：うん。

ハッピー　：良かった。お腹すいた？

モーガン　：うん。

ハッピー　：何食べたい？

モーガン　：チーズバーガー。

その言葉を聞いて、ハッピーは泣きそうになる。

ハッピー　：ねえ、君のパパもチーズバーガーが好きだったよ。

Morgan : Okay.

Happy : I'm gonna get you all the cheeseburgers you want.

Morgan : Okay.

モーガン　：そうなんだ。

ハッピー　：チーズバーガーを食べたいだけあげるよ。

モーガン　：わかった。

Asgardians of the Galaxy

CHAPT

2:40:17

ER 22

アスガーディアンズ・オブ・ギャラクシー

Thor is looking at New Asgard through his sunglasses. Valkyrie walks over to him.

Valkyrie : **So... when can we expect you back?**

Thor : **Um, about that...**

Valkyrie : **Thor, your people need a king.**

Thor takes off his sunglasses and looks at her.

Thor : **No, they already have one.**

Valkyrie : **That's funny.**

She laughs. And she turns to Thor, who looks serious.

Valkyrie : **Are you being serious?**

Thor nods his head.

Thor : **It's time for me to be who I am rather than who I'm supposed to be. But you, you're a leader. That's who you are.**

Valkyrie : **You know, I'd make a lot of changes around here.**

Thor : **I'm counting on it... Your Majesty.**

Thor holds out his hand. Valkyrie takes it in hers, and they shake.

Valkyrie : **What will you do?**

ソーはサングラス越しに、ニュー・アスガルドを見ている。ヴァルキリーがソーのところに歩いてくる。

ヴァルキリー　：それで……あなたはいつ戻ってくると思えばいいの？

ソー　：あぁ、その件だが……

ヴァルキリー　：ソー、あなたの国民は王を必要としているわ。

ソーはサングラスを外し、ヴァルキリーを見る。

ソー　：いや、彼らにはすでに王がいる。

ヴァルキリー　：それって面白い。

ヴァルキリーは笑う。そしてソーのほうを向くと、ソーは真剣な顔をしている。

ヴァルキリー　：本気で言ってるの？

ソーはうなずく。

ソー　：俺が、あるべき自分より、ありのままの自分になるべき時なんだ。でも君は、君はリーダーだ。それが（ありのままの）君だよ。

ヴァルキリー　：ほら、私ならここで、たくさんのことを変えちゃうよ。

ソー　：当てにしてるよ……国王陛下。

ソーは手を差し出す。ヴァルキリーは彼の手を取り、二人は握手する。

ヴァルキリー　：あなたはこれからどうするの？

Thor : **I'm not sure. For the first time in a thousand years, I have no path. I do have a ride though.**

Rocket is standing in front of the Benatar parked in the field.

Rocket : **Move it or lose it, hairbag.** ◀ Phrase 94

Inside the lower flight deck of the Benatar, Peter Quill is looking at the image of Gamora on the screen, which says, "SEARCHING."

Thor : **Oh, here we are! Tree, good to see you.**

Quill pushes the screen away. Thor slams his bag down on a table, on top of a game, scattering the pieces on the table. He takes off his sunglasses and walks over to Quill, patting him on the shoulder amiably. Quill grimaces, looking at a star chart on the hologram display.

Thor : **The Asgardians of the Galaxy back together again. Where to first?**

Thor swipes at the chart, bringing up a different sector of space. Annoyed, Quill swipes the star chart back to the area he was looking at before.

Quill : **Hey. Just so you know, this is my ship still. I'm in charge.**

Thor : **I know. I know. Of course you are. Of course.**

Thor moves the star chart again.

ソー ：まだわからない。1,000年間で初めて、道がない状態だ。乗り物はあるがな。

野原に停められているベネター号の前に、ロケットが立っている。

ロケット ：さっさとしないと置いてくぞ、このボサボサ野郎。

ベネター号内の下のフライトデッキで、ピーター・クイルはスクリーンの上のガモーラの画像を見ている。スクリーンには「捜索中」と書いてある。

ソー ：あぁ、やってきたぞ！ 木、会えて嬉しいよ。

クイルはスクリーンを手で押しのける。ソーはテーブルの上のゲームの上にバッグをドサッと置き、ゲームのピースをテーブルにまき散らす。彼はサングラスを取り、クイルのところに歩いてきて、愛想よくクイルの肩を叩く。クイルはホログラム・ディスプレイの星図を見ながら、顔をしかめる。

ソー ：アスガーディアンズ・オブ・ギャラクシーの再結成だ。まずはどこに行く？

ソーは星図をスワイプして、宇宙の別の区域を呼び出す。クイルはイライラして、自分が前に見ていたエリアに星図をスワイプして戻す。

クイル ：おい。ひとこと言っとくが、これは以前と同様、俺の船だ。俺が責任者だ。

ソー ：わかってる。わかってるよ。もちろんお前だよ。もちろんだ。

ソーはまた星図を動かす。

Quill : See, you say, "Of course," but then you touch the map. It makes you think that maybe you didn't realize I was in charge.

Thor : Quail, that's your own insecurities in there. ◀Phrase 95

Quill : Quail?

Thor : Okay? I'm merely trying to be of service and assisting.

Quill : Quill.

Thor : That's what I said.

Drax is crunching something.

Drax : You should fight one another for the honor of leadership.

Nebula : Sounds fair.

Quill looks around and notices all members are watching the quarrel. Thor notices that as well.

Quill : It's not necessary, okay?

Thor : It's not.

Rocket : I got some blasters, unless you guys wanna use knives.

Mantis : Oh, yes! Please, use knives.

Drax : Yeah. Knives.

クイル　：ほら、お前は「もちろん」と言って、地図を触ってる。それが、俺が責任者だってことを多分お前はわかってないって思わせてるんだ。

ソー　：クエイル、それはお前自身の不安感の表れだろ。

クイル　：クエイルだって？

ソー　：いいか？ 俺はただ役に立とうと、援助しようとしてるだけだ。

クイル　：クイルだ。

ソー　：俺はそう言ったぞ。

ドラックスは何かをポリポリと音を立てながら食べている。

ドラックス　：リーダーの地位の名誉をかけて、お互い戦うべきだ。

ネビュラ　：公平に思える。

クイルは周りを見回して、メンバー全員がその口喧嘩を見ていることに気づく。ソーもそれに気づく。

クイル　：必要ないって。

ソー　：ない。

ロケット　：ブラスターがあるぞ、お前らがナイフを使いたければ話は別だけど。

マンティス　：あぁ、そうね！ お願い、ナイフを使って。

ドラックス　：あぁ、ナイフだ。

Groot : I am Groot.

Both Thor and Quill start to laugh.

Quill : Not necessary.

Thor : There shall be no knifing one another. Everybody knows who's in charge.

Quill : Me. Right?

Thor : Yes, you. Of course! Of course. Of course.

Thor laughs, but he says the last sentence in a low whisper with a serious look.

グルート　：俺はグルート。

ソーとクイルの両方が笑い出す。

クイル　：必要ない。

ソー　：お互いをナイフで刺し合うなんてことはないだろう。誰が責任者かなんてみんなわかってる。

クイル　：俺。だよな？

ソー　：そうだ、お前だ。もちろん！ もちろん。もちろん。

ソーは笑うが、最後の一文は低いささやき声で真顔で言う。

CHAPT

2:43:02

ER 23

人生を手に入れる

Bruce, Steve and Sam are in the woods. Bruce opens a briefcase, showing all six Infinity Stones inside. His severely-burned arm is in a sling.

Bruce : Remember... you have to return the stones to the exact moment you got 'em, or you're gonna open up a bunch of nasty alternative realities.

Steve : Don't worry, Bruce. Clip all the branches. ◀ Phrase 96

Steve closes the briefcase and latches it.

Bruce : You know, I tried. When I had the gauntlet, the stones, I really tried to bring her back. I miss her, man.

Steve : Me too.

Sam : You know, if you want, I could come with you.

Steve : You're a good man, Sam. This one's on me, though.

Steve walks over to Bucky.

Steve : Don't do anything stupid till I get back. ◀ Phrase 97

Bucky laughs.

Bucky : How can I? You're taking all the stupid with you. ◀ Phrase 97

ブルース、スティーブ、サムが森の中にいる。ブルースはブリーフケースを開けて、中に入っている6個のインフィニティ・ストーンすべてを見せる。ブルースのひどくやけどした腕はスリングに吊られている。

ブルース　：忘れるなよ……ストーンを手に入れた正確な瞬間にストーンを戻さなきゃならないってことを。さもないと、たくさんのやっかいな（今の代わりとなる）別の現実を開いてしまうことになる。

スティーブ　：心配するな、ブルース。枝はすべて切るよ［枝分かれさせないよ］。

スティーブはブリーフケースを閉め、掛け金をかける。

ブルース　：ねえ、僕はやってみたんだよ。ガントレットを、ストーンを身につけていた時、彼女（ナターシャ）を取り戻そうと一生懸命やってみたんだ。彼女がいなくて寂しいよ。

スティーブ　：僕もだ。

サム　：なぁ、もしお望みなら、俺も君と一緒に行ってもいいぞ。

スティーブ　：君はいいやつだな、サム。でもこの任務は僕に任されたものだから。

スティーブはバッキーのところに歩いていく。

スティーブ　：僕が帰ってくるまで、バカなことはするなよ。

バッキーは笑う。

バッキー　：どうやってできると？ バカなこと全部をお前が持っていくのに。

They hug each other.

Bucky : **Gonna miss you, buddy.**

Steve : **It's gonna be okay, Buck.**

Steve goes up the stairs to the new, more portable Quantum Tunnel. He stands on the platform. He taps the controls of his time-travel band, and the time-travel suit forms over his Captain America uniform.

二人はハグする。

バッキー　：寂しくなるよ、バディ。

スティーブ　：大丈夫だよ、バック（バッキー）。

スティーブは、新しく、よりポータブルな量子トンネルへの階段を上る。彼はプラットフォームに立つ。タイムトラベル・バンドの制御装置をタップすると、キャプテン・アメリカのユニフォームの上にタイムトラベル・スーツが形成される。

Sam : How long is this gonna take?

Bruce : For him, as long as he needs. For us, five seconds.

Mjolnir is resting on the platform. Steve picks up Mjolnir.

Bruce : You ready, Cap? All right, we'll meet you back here, okay?

Steve : You bet.

サム　：これはどのくらいの時間がかかるんだ？

ブルース　：スティーブにとっては、彼に必要な限りの時間。我々にとっては、5秒だ。

ムジョルニアがプラットフォームに置いてある。スティーブはムジョルニアを持ち上げる。

ブルース　：準備はいいか、キャップ？ よし、またここで会おう、いいか？

スティーブ　：もちろん。

The time-travel helmet forms around Steve's head.

スティーブの頭にタイムトラベル・ヘルメットが形成される。

Bruce : **Going quantum. Three, two, one.**

Steve disappears into the Quantum Tunnel.

Bruce : **And returning in five, four, three, two, one.**

At that precise moment, Steve doesn't appear on the platform. Looking at the controls, Bruce flips some switches.

Sam : **Where is he?**

Bruce : **I don't know. He blew right by his time stamp. He should be here.**

Bucky turns around from the platform. Something in the distance catches his eye.

Sam : **Get him back.**

Bruce : **I'm trying.**

Sam : **Get him the hell back.**

Bruce : **Hey, I said I'm trying.**

Bucky : **Sam.**

ブルース　：量子の世界に入る。3、2、1。

スティーブは量子トンネルに消える。

ブルース　：そして5秒で戻ってくる、4、3、2、1。

ちょうどその瞬間に、スティーブはプラットフォームに現れない。制御盤を見て、ブルースはいくつかのスイッチを動かす。

サム　：彼はどこだ？

ブルース　：わからない。彼はタイムスタンプをさっと通り過ぎた（ことになってる）。ここにいるはずだ。

バッキーはプラットフォームから向きを変える。遠くにある何かが彼の目を引く。

サム　：彼を連れ戻せ。

ブルース　：今やってる。

サム　：彼を連れ戻せって。

ブルース　：おい、言っただろ、今やってるって。

バッキー　：サム。

Sam walks toward Bucky. Sam and Bruce see what Bucky is looking at. In the distance,

サムはバッキーのところに歩いていく。サムとブルースはバッキーが見ているものを見る。

sitting on a bench by the lake is an old man. Sam and Bucky head toward where the man sits.

遠くで、湖のそばのベンチに座っているのは、年老いた男性である。サムとバッキーはその男性が座っている場所に行く。

Bucky : Go ahead.

Bucky smiles. Sam walks toward the old man. Sam recognizes that he is actually Steve. Only he is older. Much, much older.

Sam : Cap?

Old Steve : Hi, Sam.

Old Steve looks at Sam. Steve's voice is hoarse, but still strong.

Sam : So, did something go wrong or did something go right?

バッキー　：（君が）どうぞ。

バッキーは微笑む。サムはその老人のところに歩いていく。サムはその男性が本当にスティーブであるとわかる。ただ彼は前より年老いている。ずっとずっと老いている。

サム　：キャップ？

老人のスティーブ：やあ、サム。

年老いたスティーブが、サムを見る。スティーブの声はしわがれているが、まだ強さがある。

サム　：それで、失敗したのか、それともうまくいったのか？

Old Steve : Well, after I put the stones back, I thought... maybe, I'll try some of that life Tony was telling me to get. ◂ Phrase 98

老人のスティーブ：そうだな、ストーンを元に戻した後、僕は考えたんだよ……トニーが僕に手に入れろと言っていた、その人生をやってみようかな、と。

Sam : How'd that work out for ya?

Old Steve : It was beautiful.

Sam : Good. I'm happy for you. Truly.

Old Steve : Thank you.

Sam : Only thing bumming me out is the fact I have to live in a world without Captain America.

Old Steve : Oh. That reminds me.

Steve moves a flat case toward Sam. Inside the case is Captain America's shield.

Old Steve : Try it on.

The smile passes away from Sam's face. He looks at the shield and Steve. And then Sam looks at Bucky, who nods. Sam slowly holds Captain America's shield.

Old Steve : How does it feel?

サム　：それは君にとって、どういう結果になったんだ？

老人のスティーブ：素晴らしかったよ。

サム　：良かった。君のこと、俺も嬉しく思うよ。心から。

老人のスティーブ：ありがとう。

サム　：俺をがっかりさせる唯一のことは、キャプテン・アメリカのいない世界で俺は生きなくちゃいけない、って事実だな。

老人のスティーブ：あぁ。それで思い出した。

スティーブは平らなケースをサムのほうに動かす。ケースの中にはキャプテン・アメリカの盾が入っている。

老人のスティーブ：それをつけてみろ。

サムの顔から微笑みが消える。サムは盾とスティーブを見る。それからバッキーを見ると、バッキーはうなずく。サムはゆっくりとキャプテン・アメリカの盾を持つ。

老人のスティーブ：どんな感じだ？

Sam : Like it's someone else's. ◂ Phrase 99

サム　：他の誰かの物［借り物］みたいだ。

Old Steve : It isn't. ◂ Phrase 99

Sam : Thank you. I'll do my best. ◂ Phrase 100

Steve shakes hands with Sam. Then Steve puts his other hand on top of Sam's. He wears a ring on his left ring finger.

老人のスティーブ：そんなことはない［他の誰かの物じゃない、君の物だ］。

サム：ありがとう。ベストを尽くすよ。

スティーブはサムと握手する。それからスティーブはサムの手の上にもう片方の手を重ねる。スティーブは左手の薬指に指輪をしている。

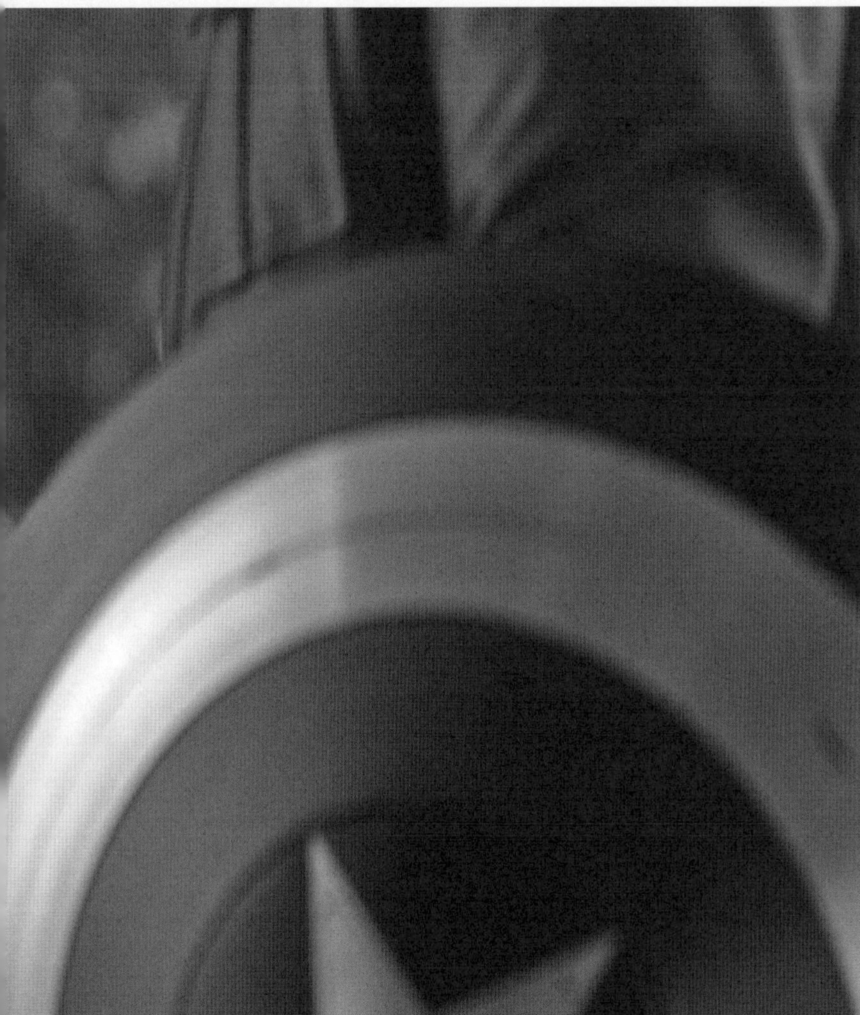

Old Steve : <u>That's why it's yours.</u> ◂ Phrase 100

Sam : You wanna tell me about her?

Old Steve : No. No, I don't think I will.

In 1940s. Steve Rogers and Peggy Carter are dancing to the song "<u>It's Been a Long, Long Time</u>" in their house. He rests his cheek against her forehead. Then they look at each other and kiss.

老人のスティーブ：（君がそういう人間）だから、その盾は君の物なんだ。

サム：彼女のこと、俺に語って聞かせたい？

老人のスティーブ：いや。いや、僕は話さないと思うよ［それはやめておこう］。

1940年代。スティーブ・ロジャースとペギー・カーターが家の中で、「イッツ・ビーン・ア・ロング・ロング・タイム」の曲に合わせて踊っている。スティーブはペギーの額に頬を寄せている。それから二人は見つめ合い、キスをする。

During the end credits, the Original Avengers actors' autographs appear on screen.

At the end of the closing credits, the sound of a hammer hitting metal is heard.

エンドクレジットで、初代アベンジャーズを演じた俳優のサインがスクリーンに表示される。

クロージングクレジットの最後に、ハンマーが金属を叩く音が聞こえる。

英文翻訳＆解説
南谷三世（みなみたに・みつよ）
1969年、大阪府生まれ。京都大学農学部卒。英検１級、TOEIC990点満点。一男一女の母。「フレンズ」の英語のセリフとジョークを解説するブログ『シットコムで笑え！ 海外ドラマ「フレンズ」英語攻略ガイド』管理人。ハンドルネームはRach（レイチ）。著書に『海外ドラマDVD英語学習法』（CCCメディアハウス）、『リアルな英語の9割は海外ドラマで学べる！』『リアルな英語の9割はアカデミー賞映画で学べる！』（池田書店）、『海外ドラマ英和辞典』（KADOKAWA）、英文翻訳&解説書に『Avengers: Infinity Warで英語が話せる本』『Avengers: Endgameで英語が話せる本　上』（KADOKAWA）などがある。

デザイン　桑山慧人
ＤＴＰ　山口良二
校　正　鷗来堂

Special thanks　草野友

Avengers: Endgameで英語が話せる本　下
（アベンジャーズ エンドゲーム で えいご が はな せる ほん げ）

2021年2月26日　初版発行

英文翻訳&解説／南谷三世（みなみたに みつよ）

発行者／青柳昌行

発行／株式会社KADOKAWA
〒102-8177　東京都千代田区富士見2-13-3
電話　0570-002-301（ナビダイヤル）

印刷所／株式会社加藤文明社印刷所

ISBN 978-4-04-605129-5　C0082

Phrase 1 Stay low. Keep an eye on the clock.

目立たないようにしろ。時計から目を離すな。

Steve Rogers
スティーブ・ロジャース

1:07:39 p.028

stay low「目立たないようにする」

low は「低い」ですが、「低い状態を保つ」ということから「目立たない」という意味で使われています。**lie low** だと「体を低くして身をひそめる」。**low-profile** だと形容詞で「目立たない、控えめな、低姿勢の」という意味になり、**keep a low profile** だと「目立たないようにする」となります。

日常会話でこう使う

I won't make a speech at the party tomorrow. I'm trying to keep a low profile.
明日のパーティでスピーチはしないよ。目立たないようにしてるんだ。

keep an eye on ... を直訳すると「…に目をキープする」ということから、「…から目を離さない、…を見張る」という意味になります。

日常会話でこう使う

He's up to something. Keep your eye on him.
彼は何かをたくらんでる。やつから目を離すなよ。

このように **keep one's eye on ...** という所有格の形もあります。この **eye** は「監視・警戒の目」を表し、監視する場合は通常、両目で見ることになるわけですが、このフレーズについては慣用的に単数形の **eye** が使われます。
「時計から目を離すな」というのは「時間に注意しろ」ということです。

Phrase 2

Maybe smash a few things along the way.

多分、道中で、2、3回、
スマッシュしといたほうがいいな。

Steve Rogers
スティーブ・ロジャース

1:07:57 p.028

ハルクの代名詞「スマッシュ」は今回も登場

smash は「粉砕する、粉々に打ち砕く、強打する、ぶん殴る、ぶっ飛ばす」という意味。
ハルクの代名詞としてよく使われる単語で、『アベンジャーズ』[1:53:05] にも、
スティーブ : **And Hulk... Smash.** というセリフが登場していました。

ハルクにとって『アベンジャーズ／インフィニティ・ウォー』の前日譚に当たる『マイティ・ソー バトルロイヤル』でも **smash** という単語が頻出しています。
惑星サカールにいたハルクは、2年ぶりにブルース・バナーの姿に戻ります。チームを組んで一緒にヘラを倒そうとソーが言うと、ブルースは「今度ハルクになったら二度と元の姿に戻れないかもしれないのに、君はハルクが必要なだけで僕のことなんかどうでもいいんだな」と返します [1:21:27]。

ソー : **No! I don't even like the Hulk. He's all like... "Smash, smash, smash." I prefer you.**
違う！ 俺はハルクのことは好きですらない。あいつはいつも……「スマッシュ、スマッシュ、スマッシュ」だろ。俺はお前のほうが好きだ。

炎の巨人スルトに一人向かっていくも投げ飛ばされてしまったハルクに [1:56:36]。

ソー : **Hulk, stop. Just for once in your life, don't smash.**
ハルク、やめるんだ。人生で一度だけでいいから、スマッシュするな。

ハルクと言えばスマッシュばかり、今回だけはスマッシュするな、という表現で、ハルクの代名詞が **smash** であることがよくわかります。

Phrase 3 I'd be careful going that way.

そこを行くのに私なら注意しますよ。 Ancient One エンシェント・ワン

1:08:30 p.032

I'd be careful doing「私なら～するのに注意する」

be careful doing は「～するのに［～する際に］気をつける」。
be careful in doing ということですが、通常 **in** が省略された形で使われます。
「～しないように気をつける」なら **be careful not to do** の形になります。

日常会話でこう使う

Be careful not to drop those glasses.
そのグラスを落とさないように気をつけて。

I'd は **I would** で「私なら～する」。
If I were you, I would「もし私があなたなら［あなたの立場なら］、私は～する」ということですが、**if I were you** というフレーズなしの **I would** だけでそのような仮定の意味を含んでいます。他人の建物に黙って入ろうとしているブルースに「そこに入るなら気をつけたほうがいいですよ」と声を掛けることで、その建物の人間がそこにいることを示し、ダイレクトに「やめなさい」とは言わずに、断りもなく入ろうとするのを止めていることになります。
エンシェント・ワンは『ドクター・ストレンジ』に登場したキャラクターで、ストレンジの魔術の師匠です。

Phrase 4 Sorry, but I wasn't asking.

申し訳ないが、僕は（それをくださいと）お願いしたわけじゃなかったんですが。 Bruce Banner ブルース・バナー

1:08:58 p.036

I wasn't asking「お願いして頼んだわけじゃない」

ask は「尋ねる、頼む」なので、**I wasn't asking.** は「僕は尋ねてはいなかった・頼んではいなかった」ということ。「それを借りてもいいですか？」と尋ねたわけでも、「どうかそれをください」とお願いしたわけでもなく、あなた

の意向は関係ない、ダメだと言われても力ずくで奪い取ります、という意思表示になります。

この後、ブルースがエンシェント・ワンが持つタイム・ストーンを奪い取ろうとする際、エンシェント・ワンは、ブルースの肉体から幽体（アストラル体）を押し出すようにして分離していますが、映画『ドクター・ストレンジ』でも、ストレンジが同じようにされるシーンがあります［0:28:18］。

Phrase 5 Here's the deal, tubby.

いいかよく聞けよ、太っちょ。 Rocket ロケット

1:09:40 p.046

Here's the deal.「いいかい、よく聞いて」

deal は名詞で「取引、取り決め、契約」という意味。Here's the deal. は「ここからこういう取り決めでいこう」というニュアンスから、大事な話や計画などをこれから語る際に、「いいかい、よく聞いて」という意味で使います。

tubby は名詞で「太っちょ」、形容詞で「太った、ずんぐりした」。tub は「おけ」（バスタブのタブ）で、「おけのような形をした」ということからこの意味になります。

Phrase 6 You're gonna charm her, and I'm gonna poke her with this thing, and extract the Reality Stone, and get gone lickety-split.

お前が彼女の気を引きつける、そして俺がこいつで彼女をつつき、リアリティ・ストーンを抽出して、全速力でずらかる。 Rocket ロケット

1:09:42 p.046

lickety-split「全速力で」

charm は動詞で「うっとりさせる、機嫌を取る、取り入る」。名詞の charm は「魅力、人を引きつける力、魔法」。形容詞 charming だと「素敵な、かわいらしい、魅力的な」という意味で、日本語でも「チャーミング」として浸透していますが、これも「人をうっとりさせるほど魅力的な」ということから来て

います。
poke は「突く、つつく」。**extract** は「抜き出す、抽出する」。
lickety-split は「全速力で、大急ぎで」という意味の副詞。アメリカ英語のやや古い表現で、**very quickly**、**as fast as possible** という意味です。

Phrase 7 I'll see if the scullery has a couple of to-go cups.

食器洗い場に、持ち帰り［持ち出し］用のカップが2個あるかどうか見てくる。　Thor ソー

1:09:55 p.046

to-go「持ち帰り用の」

scullery は「（大邸宅の調理室に隣接する）食器洗い場、食器部屋」。
to-go は「持ち帰り用の」。樽から出した飲み物を入れるための入れ物（カップ、杯）を先に探してくる、ということ。

このセリフの **to-go** は名詞（**cups**）の前につけるためにハイフンのついた形が使われていますが、店でテイクアウトを注文する時には、ハイフンのない以下の形がよく使われます。

日常会話でこう使う

Two coffees to go, please.
コーヒー二つをテイクアウトで（お願いします）。

Phrase

8

I lost the only family I ever had. Quill, Groot, Drax, the chick with the antenna, all gone.

俺がかつて持っていた唯一の家族を俺は失ったんだ。クイル、グルート、ドラックス、触角付き娘、みんな逝（い）っちまった。

Rocket ロケット

1:10:50 p.052

the chick with the antenna「触角の付いた娘」

the chick with the antenna の **chick** は「若い娘」という意味。**chick** は **chicken** の短縮形。**chicken** は「鶏」ですが、「ひよこ」も英語では **chicken** となります。「ひよこ」の場合は、**chicken** の短縮形である **chick** もよく使われ、**chick** は「ひよこ」に限らず、ひな鳥（**baby bird**）を指すことができます。そこから、鳥ではない人間の「若い娘」という意味にもなりました。

antenna は「アンテナ、（昆虫などの）触角」。ですからロケットはガーディアンズのメンバーのマンティスのことを「触角付き娘」と言ったことになります。ソーに対し真剣な口調で語りつつ、「俺の大切な家族」のように言っておきながら、名前を知らなかったのか……という面白さです。**Mantis** なら一語で済むのに、**the chick with the antenna** と「そっちのほうが名前が長い！」と言いたくなる長さなのも笑えるポイントでしょう。マンティスはメンバーに加わったのが遅く（『ガーディアンズ・オブ・ギャラクシー：リミックス』から）、また、ロケットとの直接的なかかわりも少なめなので、納得できる節もあります。
なお、彼女の名前は「マンティス（**Mantis**）」ですが、英語で **mantis** は「（昆虫の）カマキリ」を意味します。カマキリは **praying mantis** とも呼ばれます。**pray** は動詞「祈る」で、名詞形が **prayer**「祈り」。**praying**「祈っている」が付いているのは、カマキリが大きな前肢を振り上げているその姿が、祈っている姿に似ていることから来ています。

gone は **go** の過去分詞形で「行ってしまった、去った」というニュアンス。また「行ってしまった」ということから「死んだ」の婉曲語として「亡くなった」という意味で使われます。「死」というダイレクトな言葉を使わないという意味では、日本語の「逝（い）く」に通じる部分があるでしょう。

Phrase 9

I get you miss your mom, but she's gone. Really gone. And there are plenty of people who are only kind of gone, and you can help them.

お前がママがいなくなって寂しいと思ってるのは俺にもわかる、だけど、彼女はもういないんだ。本当にいないんだ。いなくなったかのようになっているだけのたくさんの人がいて、お前はそいつらを救うことができるんだ。

Rocket
ロケット

1:10:57 p.052

really「本当に」に対して only kind of「ただそんな感じになっているだけ」と表現する

ロケットは「お前のママは really gone で、それに対して only kind of gone の人たちが大勢いる」と言っています。

kind of はラフな言い方だと kinda（発音は「カインダ」）とも表記されますが、「ちょっと、いくらか、～という感じ」を表す「断定を避ける表現」です。ソーの母が本当に亡くなってしまっていることに対して、サノスのスナップにより消えてしまった人たちは今回の計画により取り戻すことができるかもしれない、という意味で「いなくなったかのようになっているだけ」と表現したことになります。本当に亡くなった人は取り戻せないが、亡くなったような状態になっているだけの人は取り戻すことができるんだと、ソーを説得しているわけです。

Phrase 10

So, is it too much to ask that you brush the crumbs out of your beard, make schmoopy talk to Pretty Pants, and when she's not looking, suck out the Infinity Stone, and help me get my family back?

だから、こんなことをお前に頼むのは言いすぎか？［言いすぎじゃないだろ？］ひげについたくずを払い落して、かわいいパンツちゃんに甘い言葉をかけて、彼女が見てない時にインフィニティ・ストーンを吸い出して、俺の家族を取り戻すのを手伝え、って（頼むのは）。

Rocket ロケット

1:11:07 p.052

Is it too much to ask that ...?「…と頼むのは言いすぎじゃないだろ？」

このセリフは、最後の疑問符「？」で文が終わるまでが非常に長いですが、シンプルな構造にすると、**So, is it too much to ask that you V**（動詞）**?** となります。**ask that you V** は「お前が～するようにと頼む」、つまりは「お前に～しろと言う」ということで、その動詞に当たる部分は **brush**、**make**、**suck**、**help** になります。

Is it too much to ask that you V? は「お前に～しろと言うのは多すぎるか？」なので、「そういうことをしろとお前に言うのは言いすぎか？ そんな頼みは頼みすぎ（無理・無茶なお願い）ってことになるか？」ということ。このような長いセリフは文が終わるまで聞いてから意味を取ろうとすると、セリフのスピードについていけません。**So, is it too much to ask that you** (**do**) とまで聞こえたところで、「だから、お前に～しろって頼むのは無茶なお願いになるか？」という意味であると理解した上で、その後に「ロケットがソーにやってほしいと思っていること」が続くという流れであることを理解しましょう。

ロケットのセリフでは「～するのは頼みすぎか？ 無理な注文か？」という疑問文になっていますが、以下のように平叙文で使うこともできます。

日常会話でこう使う

It's too much to ask of me to submit the document by noon.
その書類を正午までに提出しろなんて、無理な注文ですよ。

crumb は「パンくず、(菓子などの) くず、かけら」。**schmoopy** は「好意を示すような、甘くロマンティックな」という意味の形容詞です。

Phrase 11

You can do this. You can do this. All right?

お前はこれができる。お前はできる。いいか？ Rocket ロケット

Yes, I can. I can do this. I can do this. I can't do this.

ああ、俺はできる。俺はできる。俺はできる。
(やっぱり) 俺はこんなことはできない。 Thor ソー

1:11:29 p.052

can / can't の見分け［聞き分け］方

can do this と **can't do this** の違いについて、日本人の感覚だと「キャン」と「キャント」の違い、つまり「ト」が聞こえるかどうかで判断したくなるところですが、**can't** の **t** は日本人がはっきり認識できるほどに強く発音されることはありません。実際の聞き分けは **t** の有無ではなく、単語の強弱で判断します。

can do だと **do** のほうが音が強くなり、**can't do** だと **can't** のほうが音が強くなります。「できる」場合は **do**「"する"という行為を示す動詞」を強く読み、「できない」場合は **can't**「"できない"という不可能を示す助動詞」を強く発音するということです。

また、**can do** の場合は日本人がイメージするような「キャン」ではなく「クン」のような音になります。このような「クン」の発音は「弱形 (**weak**)」、「キャン」は「強形 (**strong**)」と呼ばれます。

まず、ロケットのセリフから見てみましょう。ロケットは **You can do this.**

「ユー・クン・**ドゥ**・ディス」のように、**do** を強く発音していますし、**can** は「クン」のように軽く発音しています。
Yes, I can. の部分は後で説明しますが、その後のソーのセリフも、**I can do this.**「アイ・クン・**ドゥ**・ディス」で **do** を強く発音し、「クン」の音は小さめ、最後の文は **I can't do this.**「アイ・**カン**・ドゥ・ディス」で「カン」の音が強めに発音されています。

なお、**can't** を「キャン」ではなく「カン」と発音するのはイギリス英語の特徴です。アベンジャーズに登場する王国アスガルドに限らず、他の映画やドラマでも、「王国」に登場する王族や貴族はイギリス英語を話すという設定が一般的です。王族が存在しないアメリカ英語では王族が話す言葉として違和感があり、イギリス王室が存在するイギリス英語のほうがしっくりくるということです。

ロケットに **All right?** と言われた後の **Yes, I can.** は、わりとはっきり「カン」と発音しています。これについてはイエスがついているので、**can't** という否定語であるはずがないと判断できますから、**can** の音の強弱を気にせずとも容易に判断できるでしょう。上に書いた区別の方法は、**can do** や **can't do** のように後ろに動詞がついた場合の聞き分け方ということになります。

Phrase 12 Guys, chop-chop. Come on. We're on the clock.

二人とも、急いで。ねえ。私たち、勤務時間中よ。

Natasha Romanoff
ナターシャ・ロマノフ

1:12:13 p.058

be on the clock「勤務時間中である」

chop-chop は「急いで、早く」という意味の間投詞。人をせかす・急がせる時に言う言葉です。
be on the clock は「勤務時間中である（**be at work**）」という意味で使われます。直訳の「時計の上にある・いる」という意味から連想される通り、時間管理されている仕事、時間によって給料が支払われる仕事に従事しているという感覚です。

日常会話でこう使う

I'm afraid I can't go out for dinner. I'm still on the clock.
残念だけど、外に夕食を食べには行けないや。まだ勤務時間中なんだよ。

Phrase 13 You guys watch each other's six.

お互いの背後に気をつけてやれよ。　James "Rhodey" Rhodes ジェームズ・"ローディ"・ローズ

1:12:29 p.060

Watch your six.「背後に気をつけろ」

ベネター号でヴォーミアに向かおうとするクリントとナターシャに、ローディがかけた言葉。six「6」は「6時の方向」を意味する軍事用語。時計の文字盤を水平にして見ると、前方方向が12時となるので、飛行機などの進行方向（前方）が12時の方向と呼ばれます。前方が12時であることに対し、右は3時、左は9時、そして手前に当たる6時は自分の後方、つまり背後を意味します。

よく使われるのは your を使った Watch your six. で、これは「背後・後方に気をつけろ」という注意喚起の言葉。何者かが背後から攻撃してくるかもしれないから注意しろ、ということで、Watch your back. と同じような意味になります。

Phrase 14 Ronan's obsession clouds his judgment.

ロナンの執着はやつの判断を曇らせる。　Thanos サノス

1:14:52 p.064

obsession「執着、強迫観念」

obsession は「執着、執念、妄想、強迫観念、取りつかれること」。
他動詞 obsess は「（妄想などが）（人に）取りついて悩ます」という意味で、be obsessed with ... の形で「（強迫観念のように）…に取りつかれている」

という意味で使われます。ずっとそのことばかり考えて、他のことは考えられないような状態を指します。良い意味で「〜に夢中である・ご執心である」という意味でも使われます。

日常会話でこう使う

He's so obsessed with that girl.
彼はあの子にえらくご執心だな。

cloud は名詞で「雲」、他動詞では「曇らせる」という意味になります。このセリフの **cloud someone's judgment**「人の判断を曇らせる」は動詞 **cloud** を使った頻出表現です。

日常会話でこう使う

His reputation was clouded by his wife's scandal.
彼の名声は、彼の妻のスキャンダルで汚されてしまったね。

Phrase 15 My head is splitting.

頭が割れるように痛い。　2014 Nebula 2014年のネビュラ

1:15:39 p.066

split「割れる、分裂する」

split は動詞で「割れる」であることから、頭を主語にして「(頭が) 割れるように痛む」という意味で使われます。「頭が死ぬほど痛い！」なら **My head is killing me!** と表現できます。

split up だと「(二人以上の者が) 別れる、仲たがいする、不和になる」、**split up into ... groups/teams** だと「…つのグループ・チームに分かれる」となります。

アベンジャーズを主語にして例文を作ってみると、以下のようになるでしょう。

The Avengers split up in *Captain America: Civil War*.
アベンジャーズは『シビル・ウォー／キャプテン・アメリカ』で分裂した。

The Avengers split up into 4 teams in *Avengers: Endgame*.
アベンジャーズは『アベンジャーズ／エンドゲーム』で４つのチームに分かれた。

ヒーロー・チームであるアベンジャーズは、『シビル・ウォー』では主義の違いからトニー側とスティーブ側に「分裂する」ことになり、『エンドゲーム』では異なる目的地にあるストーンを入手するために「チームに分かれる」ことになりましたが、そのどちらも「分裂する」という意味の **split** を使って表現できるということです。

Phrase 16 Better hustle, Cap.

急いだほうがいいぞ、キャップ（キャプテン）。 Tony Stark トニー・スターク

1:16:06 p.070

Better ＝ You had better「～したほうがいい」

hustle は、日本語の「ハッスルする」のイメージ通りの「エネルギーに満ち溢れた様子で頑張る、張り切る」という意味もありますが、ここでは「急ぐ、てきぱきやる」という意味で使われています。

Better hustle は **You had better hustle** ということで、「君は急いだほうがいい、急ぐべきだ」ということ。
〈**You had better**＋動詞の原形〉の **You had better** の部分は、**had** が短縮されて **You'd better** の形になり、さらに **'d** も省略されて **You better** になり、最終的には主語の **You** も省略された **Better** だけでも **You had better** の意味で使うことができます。

セリフのような口語では省略できる部分はどんどん省くということがよくわかる例だと言えるでしょう。

日常会話でこう使う

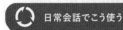

You had better call him right now.
You'd better call him right now.
You better call him right now.
Better call him right now.
君は今すぐ彼に電話すべきだ。
（上の４文は同じ意味だが、下に行くほどラフな表現となる）

なお **had better** は、**should**「～すべきである」よりも強い忠告・命令のニュアンスが出るので、よほど親しい間柄か目下の人に使います。目上の人に使う表現ではないので注意しましょう。

Phrase 17 We can all stand around posing up a storm later.

精一杯ポーズしながら、ボーッと突っ立ってるのは後でもできる。

2012 Tony Stark
2012年のトニー・スターク

1:16:25 p.070

up a storm「精一杯」

stand around は「ぼんやり立っている、突っ立っている」。
〈動詞＋**around**〉で「ぶらぶらと・あてもなく～する」というニュアンスになります。特に何をするでもなく、傍から見ていると時間を無駄に過ごしているように見えるような感覚です。
up a storm は「精一杯、がむしゃらに、全力で」。自分の全力を使って何かをすることを強調する表現。**cook up a storm** だと「（一度に）たくさんの料理を作る・用意する」という意味になります。

日常会話でこう使う

I cooked up a storm for the party!
パーティのために、たくさん料理を作ったの！

よって **stand around posing up a storm** は「精一杯ポーズしながら、ボーッと突っ立っている」というような意味になります。**around** の「ぶらぶらと、あてもなく」と **up a storm**「精一杯、全力で」という、正反対の意味となるような言葉をわざと盛り込んで、「敵のロキを取り囲み、ヒーローっぽく仁王立ちで精一杯ポーズを決めてるけど、ただそれ以上、特に何もしないで突っ立ってるだけっていうのなら、そんなことはいつでもできる。ここでボーッと立ち止まってないで、さっさと仕事に取り掛かろう」と言っていることになるでしょう。

Phrase 18 Who gets the, uh, magic wand?

その、魔法の杖は誰が持つの？

2012 Natasha Romanoff
2012年のナターシャ・ロマノフ

1:16:41 p.072

magic wand 魔法使いが持つ「魔法の杖」

ナターシャが手に持っているのは、『アベンジャーズ』でロキが持っていた「ロキの杖」。英語では **Loki's scepter** と呼ばれていますが、**scepter** は厳密には「杖」ではなく「笏（しゃく）」と呼ばれるもの。「笏」とは、王が王権を持つ証として儀式の際に手に持つ、装飾の施された棒状のものを指します。
一方、このセリフでナターシャが言っている **magic wand** は「魔法の杖」。魔法使い、または手品師（マジシャン）が手に持っている杖を指します。**wave a magic wand** だと、魔法使いが魔法をかける時の動作「魔法の杖を振る」ということですが、魔法をかけるイメージから、**wave a magic wand** は「困難や問題を即座に解決する」という意味のユーモラスな表現としても使われます。

日常会話でこう使う

I wish I could just wave a magic wand and make everything disappear!
魔法の杖を一振りして、すべてを消し去ることができたらなぁ！

Phrase 19 By all means.

ぜひよろしく。 2012 Natasha Romanoff 2012年のナターシャ・ロマノフ

1:16:57 p.074

By all means.「ぜひ、どうぞ」

シットウェルが **We can take that off your hands.**「君が持っているそれを我々が預かろう」と言った時の、ナターシャの返事。

By all means. は、誰かが言った言葉に対して、同意・承諾・許可などを示す時の表現で「ぜひ、どうぞ（どうぞ）; もちろん」という意味で使われます。

日常会話でこう使う

May I come to the party? — By all means.
そのパーティに私も行っていいですか？ — どうぞどうぞ。

Can I use your phone? — By all means.
電話を借りていいですか？ — もちろん。

Phrase 20 Yeah, unless you want your mind erased. And not in a fun way.

あぁ、心を消されたいと思うなら話は別だがな。それも、楽しくはない感じで。

2012 Clint Barton 2012年のクリント・バートン

1:17:02 p.074

unless「もし〜なら話は別だが」

ロキの杖を渡しながら、ナターシャが **Careful with that thing.**「そいつ（その杖）の扱いには注意して」と言ったことを受けてのクリントのセリフ。

unless は **if ... not** で言い換えることができ、「もし…でなければ」という否定の条件を表します。ですから二人のセリフを続けると、「その杖には気をつけて、もし心を消されたいと思わないなら［もし心を消されたくないと思うなら］」となります。

意味としてはそういうことですが、このように後から付け足しの形で **unless** が続いた場合には「その杖には気をつけて。もし心を消されたいと思うなら話は別だがな」のように、条件を追加したようなニュアンスで訳したほうが英文の流れ的にも自然になるでしょう。言っている内容としては「心を消されても構わないって言うんなら、気をつける必要はないけどな」と同じようなことになります。

杖の先端には、インフィニティ・ストーンの一つであるマインド・ストーンがついていて、**mind**「心」という名前がついている通り、このストーンは人の心を操る力があります。『アベンジャーズ』でも、ロキがクリントの胸に杖の先を当て、クリントの心を操るシーンがあります［**0:06:08**］。

Phrase 21 You're small, but you're talking loud.

君は小さいのに、大声でしゃべるんだな。

Tony Stark トニー・スターク

1:17:16 p.074

talk loud「大声でしゃべる」

loud は副詞「大声で」。**out loud** なら「声を出して」。**laugh out loud** なら「声を出して笑う、大笑いする」という意味で、その略語 **lol** はメールやSNSで「(笑)」の意味で使われます。

日常会話でこう使う

Could you speak a little louder?
もう少し大きな声で話してもらえませんか？

Phrase **22**

On my way down to coordinate search and rescue.

捜索と救助を指揮するため、
下に向かってるところだ。

2012 Steve & Loki
2012年のスティーブとロキ

1:17:17 p.074

on one's way to ...「…に行く途中で」

coordinate は動詞で「（それぞれがうまく機能するように）組織する、編成する、調整する、協調させる」。on one's way to ... は「…に行く途中で、…に向かって進んで」。

日常会話でこう使う

I dropped by the convenience store on my way home.
帰宅途中にコンビニに立ち寄ったんだ。

キャプテン・アメリカがロキの前を通過しながらこのセリフを言うと、ロキはその直後、キャップに変身し、同じセリフを言っています。ロキはこのように他人に化ける能力があり、『ダーク・ワールド』でも、ソーと一緒に歩きながら、ロキがキャプテン・アメリカの姿に変身するシーンがありました［1:00:50］。Honor? Patriotism? God bless Amer...「名誉とは？ 愛国心とは？ ゴッド・ブレス・アメ（リカ）…」と言ったところで、ソーに口を押さえられるというシーンもあり、かなりの悪ふざけぶりでした。
『エンドゲーム』での、キャップ本人と、ロキが変身したキャップのセリフを比べると、後者のほうがロキが話すイギリス英語のような発音になっています。

CHAPTER 01 02 03 04 05 06 07 08 09 10 11 12 13 14 15 16 17 18 19 20 21 22 23

Phrase 23 Flick me.

俺をはじき飛ばして。 Scott Lang スコット・ラング

1:17:31 p.076

flick「指先でぽんとはじく」

flick は「(指先などで) ぽん・ピシッとはじく、はじき飛ばす」。スマホのフリック入力もこの **flick** ですが、その場合は「素早くさっと触れる」という感覚になります。

『エンドゲーム』の冒頭、ベネター号の中でトニーとネビュラがペーパーフットボールをしていた際のト書きでも **Tony flicks a small piece of silver paper**「トニーは小さな銀紙を指ではじく」のように動詞 **flick** が使われています。トニーが狙いを定めてスコットを指ではじき飛ばす様子や、冒頭のペーパーフットボールのシーンを見れば、**flick** という動詞の表す動きがイメージしやすいでしょう。

Phrase 24 Hail Hydra.

ハイル・ヒドラ(ヒドラ万歳)。 Steve Rogers スティーブ・ロジャース

1:19:08 p.092

ヒドラの構成員が忠誠を誓う言葉

「ヒドラ」という敵組織の名前が登場したのは『キャプテン・アメリカ/ザ・ファースト・アベンジャー』。その映画の舞台であった第二次世界大戦の時代、ドイツのナチスの科学部門として始まり、後に政権から独立し、世界征服を狙う秘密結社となりました。その中でヒドラを率い、キャプテン・アメリカと戦ったのがヨハン・シュミットで、シュミットはその後、『インフィニティ・ウォー』でソウル・ストーンのストーンキーパーとして再登場することとなりました。

「ヒドラ」というのは元々、ギリシャ神話に登場するヘビ(ウミヘビ)で、ヘラクレスによって殺された怪物の名前。9つの頭を持ち、頭を1つ切るとそこから2つの頭が生えてくると言われています。敵組織ヒドラのマークは、その怪物のヒドラをモチーフにしています。
『ザ・ファースト・アベンジャー』では、ヨハン・シュミットの以下のセリフ

がありました [1:29:07]。

シュミット　: **If they cut off one head, two more shall take its place. Hail Hydra.**
もし一つの頭を斬り落としても、そこにはさらに二つの頭が生えてくる。ハイル・ヒドラ。

その後、大勢のヒドラの構成員が両腕を突き上げながら、シュミットの後に続いて **Hail Hydra!** と連呼する姿が映ります。このように、**Hail Hydra!**「ハイル・ヒドラ！」はヒドラの構成員が組織に忠誠を誓う言葉となります。

なお、**Hail Hydra** は英語読みだと「ヘイル・ハイドラ」となります。**hail** は英語では「(人を) 歓呼して迎える、歓迎する」という意味で、それを間投詞として使うと「万歳！」という意味になります。よって **Hail Hydra!** は「ヒドラ万歳！」という意味になるわけです。この「～万歳！」を意味する英単語の **hail**（読み方はヘイル）は、ドイツ語では **heil**（読み方はハイル）になります。ローマ字読みだとそれぞれ逆になってしまいそうなので注意したいところです。

『エンドゲーム』でキャップがシットウェルの耳元で **Hail Hydra.** とささやくのはエレベーターの中ですが、『キャプテン・アメリカ／ウィンター・ソルジャー』でも、キャップとストライクのメンバーがエレベーターに乗り合わせるシーンがあります [0:46:10]。『ウィンター・ソルジャー』のほうでは、キャップが先に一人でエレベーターに乗っており、扉が閉まろうとする時に、ラムロウたちのストライク・チームが乗り込んできます。二人が互いに **Cap. — Rumlow.** と声を掛け合うシーンもあります。エレベーターが各階で停止するごとにさらに人が乗り込んできて、ただならぬ空気を感じ取ったスティーブはこう言います [0:47:45]。

スティーブ　: **Before we get started, does anyone want to get out?**
始める前に、外に出たいやつはいるか？

この言葉をきっかけにして、エレベーター内の乱闘が開始されます。

なお、上のセリフの **get started** は「始める」という意味。このように **start** の代わりに **get started** という形が使われることがよくあります。

日常会話でこう使う

Guys! Let's get started!
みんな！ 始めよう！

Phrase 25 Odin can have what's left.

オーディンにはその残りがあればいいだろう。 Alexander Pierce アレクサンダー・ピアース

1:20:20 p.096

what's left「後に残されたもの」→「残り」

what's left は **what is left** ということで、「後に残されたもの・こと」ということから「残り」という意味になります。**Odin can have what's left.**「オーディンにはその残りがあればいいだろう」というのは、「我々シールドが尋問した後で、アスガルドでオーディンが尋問をすればいいだろう」ということ。

この映画前半のシーンにも **be left** を使ったセリフがありました［0:53:23］。

ソー　: **So, why don't you ask... the Asgardians down there... how much my help is worth? The ones that are left, anyway.**
なら、あそこにいるアスガルド人たちに……俺の助けがどれほど価値があるか……尋ねたらどうだ？（アスガルド人と言っても）どうせ、残された人々だけどな。

the Asgardians down there = the Asgardians that are left ということで、「あそこにいるアスガルド人＝残されたアスガルド人」となります。アスガルドの王である自分がサノスに敗れたせいで、特に、ストームブレイカーでやつの息の根を止めることもできたのに、首を取らなかったためにスナップされてしまい、その結果、大勢の人間が消えてしまった後悔の念がうかがえます。

Phrase 26 I'm gonna grab a quick slice.

僕は軽く(ピザを)1切れ食べるよ。 Tony Stark トニー・スターク

1:21:13 p.102

grab「さっと食べる」

動詞 **grab** の基本的な意味は「ひっつかむ、ひったくる」。
「素早く・さっと取る」という勢いを感じさせる動詞で、同じような動きを表す動詞には **snatch** もあります。〈**grab**＋飲食物〉だと「～を急いで食べる・飲む」。セリフの **grab a quick slice** の **slice** は「(薄切りの) 1切れ」なので、「軽く・さっとピザを食べる」ということでしょう。
また、**grab a bite** という表現もあります。**bite** は動詞で「(歯で) 噛む」。名詞は「噛むこと、ひとかじり」という意味から「軽食」という意味でも使われます。よって、**grab a bite** は「軽く食事をとる、さっと食事をすます」という意味になります。

grab という動詞はこの映画前半のシーンにも出てきました。ハルクとファンの子供たちの写真を撮影してあげた後、スコットが子供たちに言ったセリフ[0:38:05]。

スコット : **Did you want to grab one with me? I'm Ant-Man.**
俺とも写真を1枚撮っときたかったかな？ 俺はアントマンだ。

スコットのセリフの **grab one** の **one** は **a photo**「写真」のことで、内容としては「(ハルクと一緒に写真を撮ったみたいに) 俺とも一緒に写真撮りたかったかな？」ということ。**grab** は「さっと取る」というイメージの動詞なので、**grab a photo** は、「俺との写真も、さくっと1枚いっときたかったりしたかな？」のような、**get a photo** をラフに言った感じで捉えておけばよいでしょう。

Phrase 27 Come on, Stark, stay with us.

おい、スターク、しっかりしろ[死ぬな]。 Agent エージェント

1:21:30 p.104

Stay with me.「死ぬな」

倒れて痙攣を起こしているトニーに、エージェントが掛けた言葉。ここでは **stay with us** となっていますが、**Stay with me.** のほうをよく聞くので、**me**

のほうで説明します。

Stay with me. は「俺と一緒にいろ」ということですが、瀕死の相手に対して使うと「死んであの世に行ったりせず、俺と一緒にこの世にいろ」と言っていることになり、「死ぬな」という意味になります。意識を失いかけている相手に対してだと「意識を失わず、俺と一緒にいろ」ということで、「しっかりしろ、気をしっかり持て」という意味になります。
自分を残して死んでしまいそうになっている人物に対して「私を置いていくな」と言ったり、心臓マッサージをしながら「戻ってこい」と言ったりするのと通じる感覚があるでしょう。

このシーンでは、たくさんの人がトニーの様子を心配して集まっていますので、「ここにいる俺たちと同じ世界にいろ」という意味で複数形の **us** が使われていることになります。

Phrase 28 Oh, that worked a treat.

あぁ、今のはうまくいったよ。　2012 Tony Stark 2012年のトニー・スターク

1:21:34 p.106

work a treat「うまくいく」

work a treat は「うまくいく」という意味。
treat はハロウィーンの **Trick or treat.** ですっかりおなじみになりましたが、名詞で「楽しみ、とてもいいもの」という意味があり、また、**a treat** の形で「素晴らしく、申し分なく、上首尾に」（**successfully**）の意味で使われます。
ソーがムジョルニアをAED（自動体外式除細動器）のように使い、トニーが無事、意識を回復したので「上首尾にいった」と表現したことになります。

Phrase 29 I can do this all day.

これを一日中やってられるぞ［ずっと続けられるぞ］。　2012 Steve Rogers 2012年のスティーブ・ロジャース

1:22:23 p.112

キャプテン・アメリカの決めゼリフ

all day は **all day long** とも表現され、「一日中、終日」という意味。よってこ

のセリフを直訳すると「僕はこれを一日中できるぞ、やれるぞ」ということですが、つまりは「これをやめるつもりはない、ずっと続けられる」という意味になります。

このセリフは、キャプテン・アメリカの決めゼリフとして有名なもので、過去の作品で3回登場しています。

1回目『キャプテン・アメリカ／ザ・ファースト・アベンジャー』［0:10:08］
超人血清を打たれてキャプテン・アメリカになる前の、まだひ弱な体つきだった頃のスティーブ・ロジャースが、路地裏で大柄なチンピラに一方的に殴られても立ち上がり、戦うポーズを見せたので。

チンピラ　: **You just don't know when to give up, do you?**
お前はいつあきらめるべきか、わかってないだけなんだろ？

スティーブ　: **I can do this all day.**
これを一日中やってられるぞ。

2回目『キャプテン・アメリカ／ザ・ファースト・アベンジャー』［1:34:33］
敵であるヒドラの将校ヨハン・シュミット（レッドスカル）の元に連行されたキャプテン・アメリカ。超人血清の製造法を知るただ一人の人間であったアースキン博士はお前にすべてを与えた、とシュミットが言った後。

シュミット　: **So, what made you so special?**
それで、何がお前をそんなに特別（な存在）にしたのだ？

スティーブ　: **Nothing. I'm just a kid from Brooklyn. I can do this all day.**
何も。僕はただのブルックリン出身のガキだ。［シュミットはキャプテン・アメリカの顔や腹を殴る。唇から血を流しながらもキャップはシュミットを睨みつけて］これを一日中やってられるぞ。

3回目『シビル・ウォー／キャプテン・アメリカ』［2:10:10］
アイアンマン（トニー）がキャプテン・アメリカ（スティーブ）を容赦なく投げ飛ばした後。

トニー　　: **Stay down. Final warning.**
（倒れた状態の）そのままでいろ［もう抵抗するな］。最後の警告だ。

トニーの攻撃でふらふらになりながらもスティーブは立ち上がり、ファイティングポーズを取って。

スティーブ　: **I could do this all day.**
（やろうと思えば）これを一日中やってられるぞ。

DVDや動画配信サービスの字幕では、この『シビル・ウォー』のセリフのみ、**can** ではなく **could** が使われており、実際の発音も **could** と言っているように聞こえます。**could** を使うと「やろうと思えばできる」という仮定のニュアンスが入ります。**could** を使ったのは、できることならトニーとは戦いたくない、この戦いを本当は続けたくないということでしょう。

スティーブは、キャプテン・アメリカになる前のきゃしゃな体格の時から、この言葉を言っていました。自分より体の大きな人間を相手にして、やられてもやられても立ち上がるという、スティーブの負けん気の強さが表れています。フィリップス大佐から **skinny**「やせこけている、やせっぽち」と評されながらも、その強い心と正義感を買われてスーパーソルジャー計画に選ばれ、超人血清を打たれたスティーブは屈強な体格と超人的な身体能力を持つキャプテン・アメリカとなりました。そうして強い体になった後も、このセリフを繰り返し使っているところに、スキニーだった頃のスティーブの精神が彼の中にずっと生きていることが表れています。今回は、現在のキャップ本人がこのセリフを言うのではなく、過去の自分がそれを言うのを「聞く」という状況で、過去の自分の発言を聞いて **Yeah, I know. I know.**「あぁ、だろうな。わかってるよ」と答えることになります。

Phrase 30 With all due respect, all right... I'm not sure the science really supports that.

お言葉を返すようですが、いいですか……今の発言が本当に科学に裏打ちされているとは僕には思えません。

Bruce Banner
ブルース・バナー

1:23:48 p.120

with all due respect「お言葉を返すようですが」

due は The train is due in five minutes.「その電車は5分後に到着します」のように「予定、期限」の意味で使われる形容詞ですが、「しかるべき」という意味もあります。with all due respect の形だと「しかるべき敬意を払って」ということから「恐れながら、お言葉ですが、お言葉を返すようですが」という意味になります。

地位が上の人間に対し反対意見を述べたり、相手の発言に不賛成であることを示す前置きとしてよく使われます。日本語の「お言葉を返すようですが」と同様に、先に with all due respect と言っておくことで、これから反対意見を述べますよ、と先に示すことができます。

Phrase 31 I fear you might be right.

残念ながら、あなたが正しいかもしれません。

Ancient One
エンシェント・ワン

1:26:02 p.136

fear「残念ながら〜と思う」

I fear (that) SV. は「残念ながら SV（悪い事態になる）と思う」。
このような意味の場合、口語では I'm afraid がよく使われますが、fear はそれよりも堅い表現になります。

日常会話でこう使う

I fear that our team will lose.
残念ながら、我々のチームが負けるのではないかと思う。

Phrase 32 You're better off leaving the sneaking to your brother.

こそこそするのはあなたの弟（ロキ）に任せておいたほうがいいわよ。 Frigga フリッガ

1:28:52 p.150

You're better off doing「～したほうがいいよ」という助言

be better off doing は「～したほうがいいよ、～するほうが賢明だよ」という助言の表現。
off は、well や badly などの程度を表す副詞と共に使うと、「暮らし向き・状況が（良い、悪い）」という意味になります。well off や badly off は時に well-off や badly-off とハイフンで繋がった形で表記され、辞書では well off という2語をまとめて1つの形容詞のように扱っています。

well off は形容詞として「裕福である、恵まれている、豊かである」という意味になり、そこから「順境にある、うまくいっている」という意味にもなります。well off の比較級 better off は「いっそう暮らし向きが良くなる、いっそう楽になる、よりうまくいく」という意味になり、be better off doing だと「～するほうがより良くなる」、主語を you にした You're better off doing だと「君は～したほうがいいよ」というアドバイスや助言の言葉になるわけです。
「もし～したら今の状況より良くなるよ」というニュアンスの would を使ったYou'd be better off doing という形もよく使われます。

日常会話でこう使う

You'd be better off without him.
彼がいないほうが君のためだよ。

You'd be better off keeping it a secret.
それは秘密にしておいたほうがいいよ。

「～したほうがいい」という意味には had better もあり、どちらも better が使われていることから混同しがちですが、上の例文の2文目で比較すると、

You'd be better off keeping it a secret.（**be better off doing** を使った場合）
You'd better keep it a secret.（**had better** を使った場合）
となります。

文の最初がどちらも **You'd** になっていますが、上の文は **You would** で、下の文は **You had** であること、**would** は助動詞なので上の文には **better** の前に動詞が必要になること、**be better off** のほうは次が **doing** となりますが、**had better** のほうは動詞の原形が続くこと、などの違いがあります。

leave ... to someone は「…を人に任せる・委任する」。**sneak** は「（人目を忍んで）こそこそする、こそこそ動く」なので、**leave the sneaking to your brother** は「こそこそすることを、あなたの弟に任せる」ということ。

『インフィニティ・ウォー』でも、ソーがロープを持ってニダベリアのリングを動かそうとした時のセリフに以下のものがありました［1:34:54］。

ソー　**: Leave that to me.**
それは俺に任せとけ。

ロケット　**: Leave it to you?**
俺に任せとけ、だ？

悪戯の神（**god of mischief**）とも呼ばれる弟ロキは、人を騙したり、人に隠れてこそこそしたりするのが得意であることから、母フリッガは、そういうことはロキに任せておきなさいと言ったわけです。タイムトラベルでアスガルドに到着した後、ソーは幽閉中のロキの部屋の前をこそこそ通っていましたが、そのシーンは、こそこそのプロのような悪戯の神の横を、本来こそこそすることなど嫌いなソーが通っていったということにもなります。

Phrase 33

Everyone fails at who they're supposed to be, Thor. The measure of a person, of a hero... is how well they succeed at being who they are.

誰もが自分がなるべき者にはうまくなれないものよ、ソー。人の指標は、ヒーローの指標は……自分自身でいることにいかに成功するかなのです。

Frigga フリッガ

1:30:43 p.154

fail / succeed「失敗する／成功する」

長いセリフですが、**fail at** と **succeed at** がきれいな対比の形になっています。**fail** は「失敗する」で、対義語が **succeed**「成功する」となります。名詞だと **failure**「失敗」の対義語は **success**「成功」です。
measure は「メジャー」で「ものさし、尺度、指標」という意味。

この文章の構造は「みんなAに失敗する。人の、ヒーローの指標は、いかにBでいることに成功するかである」。
Aは **who they're supposed to be**「自分がそうなるはずの者、そうならなければならない者」という「あるべき理想の自分」。
Bは **who they are**「自分がそうであるもの」、すなわち「等身大の自分自身」。
悩めるソーにフリッガは、「自分を偽ってなるべき者になろうとしないで、ただありのままの自分でいることに全力を傾けなさい」と諭したことになります。

Phrase 34

Thor! I got it!

ソー！取ったぞ！

Rocket ロケット

Get that rabbit!

あのウサギをつかまえろ！

Asgardian Guard アスガルドの衛兵

1:31:06 p.158

get 一番基本的な意味の「取る、ゲットする」

get は日常会話において、実に様々な意味で使われますが、一番基本的な意味はやはり「ゲットする、得る、手に入れる、取る」になるでしょう。
I got it. は「それをゲットした・手に入れた・取った」ということ。**it** はインフィニティ・ストーンの一つであるリアリティ・ストーン（エーテル）。**it** は頭の中にイメージしているものを指しており、2013年のアスガルドにやってきた目的はそのエーテルでしたから、わざわざ「エーテル」と言わなくても **it** で「目的物であるそれ」だとわかるわけです。

なお、**get** には「得る」という感覚から「理解する」という意味もあり、**I got it.** は「理解した、わかった、了解」という意味でも使われます。主語が省略されて **Got it.** と表現されることもあります。『エンドゲーム』でも、ローラ［0:00:50］、スティーブ［1:16:08］、ブルース［1:59:49］のセリフで、**Got it.** が使われています。

ロケットを追いかけているアスガルドの衛兵のセリフ **Get that rabbit!** も「あのウサギをゲットしろ・つかまえろ！」ということ。〈**get**＋人＋物〉だと「人に物をゲットする」ということから、「人に物を取る・取ってあげる・持ってくる」という意味になります。**Get me that rabbit!** だと「私のところにあのウサギを（つかまえて）連れてこい！」というニュアンスになります。

なお、アスガルドの衛兵はアライグマの姿をしているロケットのことを **rabbit**「ウサギ」と呼んでいますが、同じくアスガルド人であるソーも『インフィニティ・ウォー』でロケットのことを **rabbit** と呼んでいました［0:34:21］。

ソー　: **The rabbit is correct and clearly the smartest among you.**
そのウサギの言うことは正しい。明らかにお前たちの中で一番賢いな。

ロケット　: **Rabbit?**
ウサギ（だって）？

『インフィニティ・ウォー』ではその後も3回、ロケットのことを **rabbit** と呼んでいました。『エンドゲーム』のこのシーンは、ソーに限らずアスガルド人は皆、アライグマをウサギと呼ぶんだ……ということがわかる面白さになっています。

Phrase 35 Oh, I wish we had more time.

あぁ、母上との時間がもっとあれば。　Thor ソー

1:31:32 p.162

I wish+仮定法 実現不可能な願望を表す

had という過去形は「仮定法過去」。〈I wish＋仮定法〉は「〜ならいいのに」という「実現不可能な願望を表す」表現となります。

I wish we had more time. という仮定法を使うことで、「もっと時間があればと願うが、実際にはもう時間がない」ということが示唆されます。

日常会話でこう使う

I wish I could help.
手伝えればいいんだけど。
（実際には事情があって手伝えないことが示唆される）

Phrase 36 I'm still worthy.

俺はまだ（ムジョルニアを持つに）ふさわしいんだ。　Thor ソー

1:32:09 p.164

worthy「ふさわしい」

2013年のアスガルドを去ろうとする直前、ソーが腕を伸ばしてしばらく待った後、手の中に飛んできたのはムジョルニア。ソーのシリーズ1作目『マイティ・ソー』から使われているソー愛用の武器。北欧神話では古ノルド語で Mjölnir という記号付きの文字で表記されますが、MCUではもっぱら記号のない Mjolnir と表記され、英語での読み方も『マイティ・ソー』では「ミョルニア」と発音されていました。虹の橋ビフレストも本来は Bifröst になりますが、こちらもMCUでは記号なしの Bifrost と表記され、英語の発音も「バイフロスト」となります。

アベンジャーズのメンバーのセリフの中では、ムジョルニアはもっぱら hammer「ハンマー」と呼ばれます。ストームブレイカーはハンマーと斧が合体したような形ですが、ムジョルニアをハンマーと呼ぶことから、ストームブ

レイカーのほうはもっぱら **axe**「斧」と呼ばれます。

worthy は形容詞で「(〜に) 値して、価値がある、(〜に) ふさわしい」。**worth** が「価値」という意味の名詞で、**worthy** はその形容詞形となります。

日常会話でこう使う

Your accomplishment is worthy of praise.
君の業績は賞賛に値するよ。

ムジョルニアを手にした後のソーのセリフの **worthy** は「ムジョルニアを持つにふさわしい」ということ。
『マイティ・ソー』で、ソーの父オーディンがソーの身勝手な行動に怒り、ソーを地球に追放した時、ムジョルニアについて以下のように言っていました［**0:29:34**］。

オーディン : **Whosoever holds this hammer, if he be worthy, shall possess the power of Thor.**
このハンマー（ムジョルニア）を手にする者が誰であれ、もしその者がふさわしい者であれば、その者はソーのパワーを持つであろう。

その後、ソーとムジョルニアは地球の別々の場所に飛ばされ、ムジョルニアを発見したソーがそれを持ち上げようとするもびくともしないというシーンがありました。父オーディンに追放された直後のソーは身勝手で未熟だったため、ムジョルニアを持つにふさわしくなかった、ということです。
このように、ソーの中で **worthy** と言えば「ムジョルニアを持つ者としてふさわしい」ということであり、この『エンドゲーム』のセリフでも、ムジョルニアを手にすることができたことについて「俺はまだムジョルニアを操る者としてふさわしい」と嬉しそうに叫んだことになります。

Phrase 37 Whoa, whoa, whoa, whoa.

ちょっと、ちょっと、ちょっと、ちょっと。

James "Rhodey" Rhodes
ジェームズ・"ローディ"・ローズ

1:33:20 p.172

whoa「ちょっと待って」と相手を止める表現

whoa の発音は「ウォウ」。
元々は馬を止める時の「どうどう」という掛け声で、その「どうどう」のニュアンスから、**Whoa, wait a minute.**「ちょっと待って」という相手を止める表現となります。
また、日本語の「うわ」のような驚きを表す表現としても使われます。
このセリフでは扉が開いた途端、すぐに中に入ろうとしたネビュラを「おい、ちょっと待て」と止めるニュアンス。

2012年のスターク・タワーのシーンで、すでに満員のエレベーターにハルクが乗り込もうとした時、ソーも以下のように言って、ハルクが入ろうとするのを止めていました［1:17:47］。

2012年のソー：Whoa, whoa, whoa!
ちょっと、ちょっと、ちょっと！

Phrase 38 But we work with what we got, right?

でも俺たちは自分が持ってるものでやっていくんだ、そうだろ？

James "Rhodey" Rhodes
ジェームズ・"ローディ"・ローズ

1:34:11 p.178

what we got「自分たちが持っているもの」

オーブを取り出すために、フォース・フィールドに手を入れたネビュラ。それを取り出した後、熱で赤く焼けた機械の腕をフーフーと吹いて、**I wasn't always like this.**「私はずっとこんな風だったわけではなかったのに」とつぶやきます。その後、ローディは **Me either.** と言っていますが、これは **I wasn't always like this, either.**「俺もずっとこんな風じゃなかったよ」ということ。ネビュラの機械の腕に対して、ローディが「俺も」と言ったのは、ローディも脚に **robotic leg braces**（ロボット工学の技術で作られた歩行を補助するための機械）をつけているからです。
『シビル・ウォー』でのソコヴィア協定を巡る戦いの最中、ローディは大怪我を負い、その後、トニーに助けられながらリハビリをするシーンもありました。
『インフィニティ・ウォー』ではローディがロス長官のホログラムに歩み寄る際、彼の脚につけられた補助器具がウィーンという機械音を立てていました［0:54:36］。

got は **get** の過去形で「ゲットした、手に入れた」と訳すことも可能ですが、アメリカ英語では **have**「持っている」の意味で **got** を使うので、**what we got** は「俺たちが持っているもの」と考えればいいでしょう。ネビュラの体の機械のパーツ、ローディの脚に装着されている器具、それらをローディは「俺たちが持っているもの」と表現し、**work with**「（それ）と共に働く・動く」→「あるものでやっていく」と言っていることになります。

Phrase 39

They're not trying to stop something I'm going to do in our time. They're trying to undo something I've already done in theirs.

やつらは我々のこの時代に私がしようとしていることを止めようとしているのではない。私がやつらの時代ですでにやってしまったことを元に戻そうとしているのだ。

Thanos
サノス

1:35:10 p.180

do / undo「する／（したことを）元に戻す」

undo は「元に戻す、（一度したことを）元通りにする、なかったことにする、取り消す」。例えば、コンピュータのメニューの「取り消す、元に戻す」は英語で **undo** になります。

動詞の前に **un-** という接頭辞をつけることで、その動詞とは逆の動作を表現することができます。
unlock なら **lock**「ロックする、鍵をかける」の逆の動作で「開錠する」。
unpack なら **pack**「荷造りをする、荷物をまとめる」の逆の動作で「荷をほどく、梱包を解く、（カバンから）荷物を出す」となります。

日常会話でこう使う

Can you unlock the door with this key?
この鍵でドアを開けてくれる？

また、上のような具体的な動きを表す動詞に **un-** をつける以外に、**undo** でも同じような意味を表すことができます。

Your shirt is undone.
シャツのボタンが外れてるよ。

「ボタンが留められている」というのがあるべき姿で、「ボタンが外れている」は **be undone** で表現できるわけです。

What's done cannot be undone. なら諺で「してしまったことは元には戻せない」。「後悔先にたたず」や「覆水盆に返らず」のような意味になります。この諺通り、本来は「やってしまったことは元には戻せない」わけですが、アベンジャーズがやろうとしているのは「やってしまったことを元に戻す」ということだとサノスは気づいたことになります。

in our time はこのセリフを言っているサノスがいる時代（2014年）で、**in theirs = in their time** はそれより先の未来、サノスがスナップして全生命の半分が消滅した時代（2018年～）を指すことになります。**stop something I'm going to do**「これからやろうとしていることを止める（未然に防ぐ）」と **undo something I've already done**「すでに実行してしまったことを元に戻す（なかったことにする）」の違いが、未来形（**I'm going to do**）と現在完了形（**I've already done**）という時制によく表れています。

Phrase **40**

Who's they? What are we doing?

彼らって誰？
俺たちはこれから何するの？

Scott Lang スコット・ラング

1:38:08 p.194

代名詞の難しさ

theyは3人称複数を指す代名詞で、「彼ら、それら」などと訳されます。トニーとスティーブが **they** について話す発端となったのは **There's another way to retake the Tesseract and acquire new particles.**「四次元キューブをもう一度取り、新しいピム粒子を手に入れる方法が別にある」というトニーのセリフでした。ですから、二人が話す **they** は **the Tesseract and new (Pym) particles**「四次元キューブと新しいピム粒子」です。

スコットがほったらかし状態になり、トニーとスティーブだけで話がどんどん進んでいきますが、**Who's they?**「彼らって誰？」というスコットの発言から、スコットは **they** が人を指しているのだと思っていること、スコットには二人の話の内容が全く見えていないことがわかります。

Phrase **41**

Thanks for the pep talk, pissant.

励ましの言葉ありがとう、
つまらんアリ野郎。

Tony Stark トニー・スターク

1:38:38 p.200

アリ繋がりの表現

pep talk は「激励演説、檄（げき）、激励するための短い話」。**pep** は **pepper** の短縮語であり、名詞で「元気、活力」、動詞で「元気づける」という意味。**pep talk** は「人を元気づけるようなトーク」となります。

pissant という単語は「つまらんやつ、くだらんやつ」という悪口として、また「つまらない、くだらない」という意味の形容詞としても使われます。アントマン（**Ant-Man**）と名前に「アリ（**ant**）」がついているだけに、**ant** という言葉の入った悪口を使っていることになります。

言葉では「励ましの言葉ありがとう」と言っていますが、ここでは皮肉として使われています。「帰ってこられないよ」とむしろ意気消沈しそうなことを言われたのに対して、「元気が出るようなありがたーい（余計な）一言、ありがとな」と返していて、「わざわざそんなこと言うな」という意味で「アリ繋がりの悪口」を呼び掛け語に使ったことになります。

Phrase 42 Clearly you weren't actually born here, right?

明らかに、君は実際にここで生まれたわけじゃないよな？

Tony Stark
トニー・スターク

1:39:15 p.204

not actually「実際に～というわけではない」

このセリフでは clearly「明らかに」と actually「実際に」という2つの副詞が使われています。

文頭の Clearly は文全体を修飾していて、「明らかに（文）」という意味になり、Clearly に続く文の内容が「明らかに・疑いなくそうである」と強調する感覚となります。

weren't の not という否定語は actually のほうにかかっていて、not actually で「実際に～というわけではない」という意味になります。否定語が副詞の前につくと「（副詞）というわけではない」という意味になるということです。少し後のエレベーターのシーンでも〈not＋副詞〉の形が使われています [1:40:06]。

女性エージェント：You new here?
ここは初めて？

スティーブ：Not exactly.
そうでもない。

副詞 exactly は「正確に、まさに」という意味ですが、その前に not をつけて否定すると「まさにその通りというわけではない」という部分否定になります。『ザ・ファースト・アベンジャー』で、このキャンプ・リーハイでスティーブは訓練を受けていたため、「ここに初めて来たのかと問われると、初めてとは言い切れない・断言できない」と答えたことになります。

Phrase 43 Gotcha.

見つけた。　Tony Stark トニー・スターク

1:40:26 p.206

I got you. が変形して Gotcha. になる

Gotcha. の発音は「ガッチャ」。
I've got you. / I got you. の主語の I が省略されて Got you. となり、それをラフに発音した通りに綴ったもの（発音綴り）が Gotcha. となります。
ラフな会話では、you を「ヤ」のように発音することがあり、文字で書くと ya となります。それと同様に、Got you. も Got ya. となるため、発音は「ガッチュ」ではなく「ガッチャ」になるということです。

Gotcha. は他にも「わかった、了解」などの意味でも使われます。

Phrase 44 Back in the game.

ゲームに戻った［ゲーム再開だ］。　Tony Stark トニー・スターク

1:40:45 p.208

Back in the game.「ゲームに戻った」

game は「ゲーム、試合」ですが、ゲームや試合に限らず、仕事など自分が行っていたものに復帰すること全般を表すことができます。

日常会話でこう使う

I took two weeks off, but now, I'm back in the game.
2 週間の休暇を取ったんだけど、今、仕事に戻ったよ。

このように「不在・休みだったけれど戻ってきた」という意味で使われることも多いですが、実際に休んだりなどはしていない状況で使うと「不利な状況から復活した、負けていたけれど勝つチャンスが得られた」という意味になります。
この時のトニーも、「一度はストーンを逃してしまってもうダメかと思ってい

たが、こうしてストーンを手に入れたことでまた復活できた、勝つチャンスが生まれた」という意味で **Back in the game.** と表現したことになります。

Phrase 45 No, I haven't, haven't, haven't seen a soul.

いいえ、僕、僕、僕は、人っ子一人、見ていません。　Tony Stark トニー・スターク

1:41:07 p.210

haven't seen a soul「人っ子一人、見ていない」

soul は「魂、ソウル」ですが、「人、人間」という意味もあり、**not a soul** と否定文で使うと「人っ子一人いない・〜しない」という意味になります。

日常会話でこう使う

I won't tell a soul.
[人から秘密などを聞いた後に] 誰にも言わないよ。

トニーに声をかけてきたこの人物は、トニーの父であるハワード・スターク。トニーが湖畔の家の台所で洗い物をした後、パーカーとの写真を手に取り見つめていましたが、その写真の隣に飾られていたのが父ハワードの写真でした[0:39:20]。若かりし自分の父に会ってしまったトニーは、非常に驚いた顔をして、ぎこちない動作で反対方向に行こうとしたり、どもった感じで返事したりすることになります。

Phrase 46 Shake that, don't pull it.

手は揺(ゆ)する[握る]んだ、引っ張るな。　Howard Stark ハワード・スターク

1:41:34 p.212

shake 握手は手を「握る」ではなく「揺する」

shake は「振り動かす、揺すぶる、揺する」。
shake hands は日本語で「握手する」という意味ですが、日本語の場合は手を「握る」と表現するのに対し、英語では「(握った手を) 上下に揺する」と

いう意味で **shake** を使っていることに注意しましょう。

pull は「引く、引っ張る、引き抜く」を意味する基本的な動詞。
この映画の中でも [0:31:35] のスコットのセリフ **She was supposed to pull me out.**「ホープが俺を（量子世界から）引っ張り出してくれるはずだった」、[1:20:45] のトニーのセリフ **Pull my pin.**「僕の（リアクターの）ピンを抜け」で「引く、抜く」という意味で使われています。
また、**Pull my finger.**「俺の指を引っ張って」と相手が言い、言われた通りに指を引っ張ると引っ張られたほうがおならをする、という定番のいたずら・お遊びもあります。
前作『インフィニティ・ウォー』で、サノスが差し出した大きな手の指の一つを、ガモーラの小さな手が包むシーンがありました [0:43:29]。父ハワードが差し出した手の人差し指だけをトニーが摑んでしまったという無意識のしぐさは、親子を象徴しているとも捉えられるでしょう。

Phrase 47 You look a little green around the gills, there, Potts.

ちょっと顔色が悪いぞ、ポッツ。 Howard Stark ハワード・スターク

1:41:37 p.212

green around the gills「顔色が悪い」

gill は「（魚の）えら」。
green around the gills を直訳すると「えらの周りが緑」ということですが、「（恐怖・病気などで）顔が青ざめた、顔色が悪い」という意味になります。
トニーは若かりし頃の父に出会って動揺しているのですが、父のほうは、ただ気分でも悪いのかと思っている様子がこのセリフからわかります。

Phrase 48 That'd be swell.

それはいいですね。 Tony Stark トニー・スターク

1:41:48 p.214

swell「素晴らしい」

swell は動詞だと「ふくれる、膨張する」という意味ですが、形容詞で「素敵

な、素晴らしい」という **very good** の意味があります。

That'd be swell. は **That would be swell.** ということで **would** には「もしそうするなら」という仮定のニュアンスが入っています。トニーの気分が悪いのかと思ったハワードが「ちょっと風にあたるか？」と言った後のセリフなので、「(風にあたるのなら) それはいいですね」という仮定の意味を込めて返したことになります。

Phrase 49 You're not one of those beatniks, are you, Potts?

君はよくいるああいうビート族の一人ではないんだよな、ポッツ？

Howard Stark
ハワード・スターク

1:41:57 p.214

one of those「ああいう (よくある) ものの一つ」

第二次世界大戦後に文学界で起こったムーブメントをきっかけにして、1950年代後半から1960年代に、これまでの社会の価値観や道徳規範を否定し、独自の服装や生活スタイルを選ぶ若者たちが現れました。その若者たちは **the Beat Generation**「ビート・ジェネレーション、ビート族」と呼ばれ、「ビート族の人・若者」という意味で **beatnik** という言葉も生まれました。1955年から1975年のベトナム戦争の時期とも重なり、この後の反戦運動やヒッピー文化に続くこととなります。[1:39:05] で、ヒッピー姿のスタン・リーが **Hey, man! Make love, not war.** と言っていたのと同様に、**beatnik**「ビート族」という言葉もこの時代の世相を反映したものと言えるでしょう。

-nik は「～を行う人」を意味するスラブ語由来の接尾辞ですが、1957年にソ連が世界初の人工衛星スプートニク (**Sputnik**) を打ち上げて以降、この語尾がさらに広く使われるようになったと言われています。
computernik だと「コンピュータ狂」で、**jazznik** だと「ジャズ狂」という意味になります。これらの **-nik** は、ただ「それを行っている人」という以上に、「特定の事柄に夢中になりすぎている」というニュアンスが入ります。

one of those は「ああいう (よくある・例の) ものの一つ」という感覚。
one of those ... を直訳すると「あれらの…の一つ」ということで、**those**「あれらの」が指している対象は、「会話している両者が“あれら”と頭にイメージできるもの」になります。つまり、「君もよく知っている、その手の・例のやつの一つ」という意味になるわけです。

Phrase 50 How far along is she?

奥さんは妊娠何か月ですか？　Tony Stark トニー・スターク

1:43:16 p.220

How far along are you? 妊娠何か月かを尋ねる定番表現

How far along is she? を直訳すると「彼女（あなたの奥さん）はどのくらい進んでいるのですか？」ということですが、これで「あなたの奥さんは妊娠何か月ですか？」という意味になります。「あなたは今、妊娠何か月ですか？」と尋ねる状況のほうが多いと思われるので「あなた」のほうを使って説明しましょう。

妊娠が話題となっている会話の場合、またはお腹が大きくて明らかに妊娠しているとわかる場合には、**How far along are you?** で「あなたは妊娠何か月ですか？」を尋ねる表現となります。**pregnant**「妊娠している」のようなダイレクトな言葉を使って尋ねるよりもマイルドな表現で、日本語で言うと「今どのくらいですか？」と尋ねる感覚です。

How far along are you? という表現そのものは「今あなたはどのくらい進んでいるのですか？ 進捗（状況）はどれくらいですか？」という意味なので、妊娠以外の進捗状況を尋ねる質問としても使えます。

日常会話でこう使う

How far along are you on the project?
プロジェクトはどこまで進んでいますか？

Phrase 51 Let's just say that the greater good has rarely outweighed my own self-interest.

大義が私自身の自己利益に勝ることはめったになかった、とだけ言っておこうか。

Howard Stark ハワード・スターク

1:43:34 p.222

rarely「めったに〜ない」

形容詞 rare は「珍しい、まれな、希少な」で、「レア」という日本語にもなっていますが、rarely はその副詞形で「めったに〜ない」という準否定語。not などの否定語なしで、否定の意味を表す単語です。

日常会話でこう使う

He rarely laughs.
彼が笑うことはめったにないんだよ。

Let's just say that ... は「とりあえず…とだけ言っておこう、…ということにしておこう」。

greater good は「より大きな善」ということから、「個人の利益ではなく、より多くの人や社会全体の利益」。**self-interest** は「自己の利益」で、**greater good** の対になる言葉として使われています。

outweigh は「より重い、より重要である、上回る、勝る」という意味です。

Phrase 52 Can you describe them?

その二人の人相や風体（ふうてい）を説明してくれますか？

Guard 警備員

1:43:47 p.222

describe「人相風体（ふうてい）」を尋ねる時に使われる動詞

describe は「描写する、言葉で表す、説明する」。

Describe him. だと「彼がどんな姿・見た目だったか、どんな人相や風体だったかを言葉で説明して」ということです。

「それがどんな様子であったかについての詳細を言葉で述べる」という感覚になりますので、怪しい人物、犯人などを見かけた人に「相手はどんな姿をしていましたか？」と尋ねたい時に、動詞 **describe** が使われます。

Phrase 53 So, where you at with names?

それで、（子供の）名前については、今どのあたりですか？［どの程度考えていますか？］

Tony Stark
トニー・スターク

1:44:58 p.226

Where are you at?「どこにいますか？ 今どのへんですか？」

セリフでは **where you at** となっていますが、これは **be** 動詞の **are** が省略されており、**are** を入れると **where are you at** となります。
Where are you at with ...? を直訳すると「…の件で、あなたは今どこにいますか？」。
「あなたはどこにいますか？」は本来 **Where are you?** となりますが、特に「場所、地点」の話であることを明確にしたい場合には、このように **at** をつけて **Where are you at?** と表現することができます。物理的な場所を聞く時も、**be** 動詞の **are** を省略して、**Where you at?** と表現されることもあります。

『インフィニティ・ウォー』でサノスのスナップ後、人々が次々と塵（ちり）・灰になっていくシーン。サムが塵になった後、ローディがサムを捜しながら、**Sam, where you at?**「サム、どこにいるんだ？」と言っていました［**2:14:14**］。

ハワードに対するトニーのセリフは「名前を考えるという一連の作業において、今、どのくらいの地点にいますか？ 名前はどの程度決まっていますか？」ということ。いくつか候補を挙げている最中なのか、もう決定しているのか、などを尋ねていることになります。

Phrase 54

Well, if it's a boy, my wife likes Elmonzo.

もし男の子なら、妻はエルモンゾがいいと言ってる。

Howard Stark
ハワード・スターク

1:45:00 p.226

性別のわからない赤ちゃんは it で表す

人を示す人称代名詞は、男性なら **he** を、女性なら **she** を用いますが、まだ生まれてきていない、性別のわからない赤ちゃんについては、このセリフのように **it** を使います。

日常会話でこう使う

Our baby's name? Well, James, if it's a boy, Irene, if it's a girl.
赤ちゃんの名前？ そうね、男の子ならジェームズ、女の子ならアイリーンね。

Phrase 55

Might wanna let that stew awhile. You got time.

そんな名前は（自業自得なので）ほっておけばいいですよ。時間はありますし。

Tony Stark
トニー・スターク

1:45:04 p.226

let+人+stew「（自業自得なのだから）（人）をほっておく」

Might wanna は **You might wanna** の主語 **you** が省略された形で、「～したほうがいい（かもしれない）ですよ」と、やんわりと助言する表現です。

stew は他動詞で「シチューにする、とろ火で煮こむ」、自動詞で「とろ火でとろとろ煮える」。

stew in one's own juice だと「自らの液の中でとろ火で煮える」ということから「自業自得で苦しむ、自分の失敗で悩む」という意味になり、〈**let**＋人＋**stew (in one's own juice)**〉だと「（その人が悪いことをしたのだから、自業自得なのだから）（人）を（故意に）ほっておく、（人）が悩むのを放置しておく」という意味になります。

日常会話でこう使う

You don't have to worry about him. Let him stew in his own juice.
彼のことは心配しなくていいよ。自業自得なんだからほっとけよ。

今回の場合は人ではなく、エルモンゾという子供の名前の候補の話ですが、〈let＋人＋stew〉に「自業自得なのでほっておく」という悪いニュアンスがあることから、トニーがエルモンゾという名前を悪い候補だと思っており、「その名前が悪いのだから［その名前がイマイチなのは自業自得なので］、そんな名前は気にせずほっておけばいい」と言ったことになるでしょう。

Phrase 56 My old man, he never met a problem he couldn't solve with a belt.

私の父、彼は、殴ることで解決できないような問題には出くわさなかった［問題はすべて殴ることで解決した］。

Howard Stark
ハワード・スターク

1:45:28 p.226

belt「ベルト」→「叩くこと、殴打」

old man は「年老いた男」つまり「老人」ということですが、one's old man の形で「（自分の）父親、おやじ」の意味で使われます。

belt は名詞で「ベルト、帯」ですが、「叩くこと、殴りつけ、殴打」の意味もあり、give someone a belt で「人を（ぶん）殴る・強打する」という意味になります。ベルトという単語が入っていますが、必ずしもベルトを使うわけではなく、主に手で相手を殴る、叩くことを意味します。

Phrase 57 He did drop the odd pearl.

父は確かに奇妙な金言を残したんです。　Tony Stark トニー・スターク

1:45:36 p.226

pearls of wisdom「金言」

pearl は「パール、真珠」で、そこから「(真珠のように) 貴重なもの」を指します。pearls of wisdom なら「金言、名言、賢明な言葉 (wise remarks)」を意味します。本当にその言葉を賢明でありがたいものだと思っている以外に、人の愚かな発言を冗談っぽく揶揄するのに使うこともあります。

日常会話でこう使う

Do you want to know the president's pearls of wisdom?
社長の金言ってやつを知りたい？

トニーのセリフは of wisdom がついていませんが、この後、「父の言葉」を語ることからもわかるように pearl だけで「金言」の意味で使っていることになるでしょう。
また odd「変な、奇妙な」という形容詞をつけているので、トニーの場合も少々揶揄のニュアンスが入っていることもわかります。

Phrase 58 I'll tell you, that kid's not even here yet and there's nothing I wouldn't do for him.

断言するよ、その(わが)子はまだここにはいないが、その(男の)子のためにやらないことなどない [どんなことでもする] とね。　Howard Stark ハワード・スターク

1:45:48 p.228

「しないことなどない」という二重否定で強調する

there's nothing I wouldn't do for him を直訳すると「彼のためにしないだろうと思うことは何もない」で、つまりは「彼のためならどんなことだってす

る」と言っていることになります。**I would do anything for him.**「彼のためならどんなことだってするだろう」と同じような内容になりますが、それを「しないことはない」という二重否定を使って強調した感覚です。

なお、ここまでの会話で「女の子ならいいね、私のようになる可能性は少なくなるから」「男の子なら妻はエルモンゾがいいと言ってる」などと発言していたので、ハワードは妻のお腹の中にいる子供の性別をまだはっきりとは知らないようでしたが、このセリフでは **that kid**「その（今、話題にしている私の）子」を **him** という男性代名詞で呼んでいる点にも注目したいところです。

Phrase 59 Thank you... for everything... you've done for this country.

ありがとう……いろいろと……あなたがこの国のためにしてきたことすべてに（感謝します）。

Tony Stark
トニー・スターク

1:46:10 p.228

everything「何もかも」と言った後、付け足しで限定する

Thank you for everything. は「（あれやこれや）いろいろとありがとう」という意味。
自分に対していろいろなことをしてくれた相手に感謝する際、あれもこれもと具体的な事柄を挙げることなく、「あなたが私にしてくれた、たくさんのことすべてに対してありがとう」という感覚で使います。
トニーは「父に対する」感謝の言葉として、万感の思いを込めそのように言ったのですが、ハワードにとってトニーは「さっき初めて会ったばかりの男性」に過ぎないので、トニーは **everything you've done for this country**「あなたがこの国のためにしてきたことすべてに（国民の一人として感謝します）」と聞こえるように、**you've done** 以下を付け足したことになるでしょう。

『シビル・ウォー』で、若い頃のトニーと両親との会話シーンが出てきて、トニーは最後にこう言います [0:14:21]。

トニー　: **I love you, Dad. And I know you did the best you could.**
愛してるよ、父さん。そして、できうる限りの最高のことをしてくれたってわかってる。

その後の説明で、これはBARFというホログラム技術を使って、両親との最後の会話を再現したものだとわかります。これはトニーの母校MITの基金設立のための講演のプレゼンで、突然亡くなってしまった両親にきちんと最後の言葉を言えなかったというトラウマを克服するためのものだとトニーは説明していました。ホログラムの中ではそれが言えても、やはり本人に伝えることはできていなかったわけですが、それが今回、昔の父と出会ったことで、言いたかった言葉が言えたことになります。

Phrase 60 Seems very familiar. Weird beard.

とても見覚えがある気がする。
変なひげだがな。

Howard Stark
ハワード・スターク

1:46:32 p.232

familiar「見覚えがある」

familiar は形容詞で「よく知っている、見覚えがある、聞き覚えがある」。
この場合は、トニーのことをどこかで見た気がする、会った気がする、ということ。対義語は **unfamiliar** で「よく知らない、見知らぬ、聞いたことがない」。

weird は形容詞で「奇妙な、変な」。
英語では、ひげは生えている部位によってさまざまな呼び名がありますが、単に「ひげ」という場合は **beard** が使われます。部位を限定した場合、**beard** は「あごひげ」を指し、**mustache** が「口ひげ」となります。
ハワードもひげを生やしていますが、彼のひげはきれいに手入れされた口ひげでつまりは **mustache** です。
トニーは口とあごの両方にひげを生やし、それが無精ひげを伸ばしたような感じなので、そのひげ全体を指して **weird beard**「変なひげ」と言ったことになります。
これより前のシーンでエレベーターで乗り合わせた女性も、トニーのことを **One of them had a hippie beard.**「二人のうち一人は、ヒッピーみたいなひげを生やしてた」と警備員に説明していましたし、トニーのひげはこの当時の人にはヒッピーやビート族のように見えたということがわかります。

Phrase 61 You disgust me.

あんたにはむかつく。 2014 Nebula 2014年のネビュラ

1:47:39 p.236

disgust「人をむかつかせる」という他動詞

disgust は「(人の) 気分を悪くさせる、うんざりさせる、むかつかせる」という他動詞。

また disgusting は「気分の悪くなるような、実にいやな」という意味の形容詞として使われます。

日常会話でこう使う

He criticized me in public. That's really disgusting!
あいつは人前で俺を批判したんだ。それってまじでムカつく！

Phrase 62 How do I look?

私に似合っていますか？ 2014 Nebula 2014年のネビュラ

1:48:08 p.238

How do I look? 服を試着した時によく使われる表現

How do I look? を直訳すると「私はどう・どのように見えますか？」ということ。

服を試着した時にこう言うと「これを着た私はどう見える？ この服、私に似合ってる？」という意味になります。

日常会話でこう使う

How do I look? — You look good in that dress!
私に似合ってる？ — そのドレス、君に似合ってるよ！

How old do I look? なら「私は何歳に見える？」という意味になります。

Phrase 63 Under different circumstances, this would be totally awesome.

状況が違ってたら、これは全く最高だったろうにな。

Clint Barton クリント・バートン

1:48:18 p.242

awesome「すごい、最高」

awe は「畏れ、畏怖、畏敬」という名詞で、その形容詞形 awesome は元々「畏怖の念を起こさせる、荘厳な」という意味ですが、口語では「畏怖」のニュアンスは消え、very good や extremely good のような「すごい、素晴らしい、素敵、最高」の意味で使われます。

under different circumstances を直訳すると「違った状況下で」ということですが、「もし状況が違っていたら」という仮定を表すこともできます。
今回の場合も「今のようなストーンを手に入れるというミッション中でなければ」という仮定のニュアンスが入っており、それを受けて this would be「(もしそうでなければ) これは〜だっただろう」という仮定を示す would が使われています。

Phrase 64 Thanos left here with the stone without his daughter. That's not a coincidence.

サノスはストーンと共に、娘がいない状態で、ここを離れた。それは偶然の一致じゃないわ。

Natasha Romanoff ナターシャ・ロマノフ

1:50:28 p.250

coincidence「偶然の一致」

Thanos left here は「サノスはここ (ヴォーミア) を離れた」。
with A without B は「Aがある状態で (かつ) Bがない状態で」なので、「娘 (ガモーラ) がいない状態で、ストーンを持って」ということ。

coincidence は「偶然の一致」。
That's not a coincidence.「それは偶然の一致じゃないわ」というのは、「娘がいなくて、ストーンがある状態で」というのはたまたまそうなったのではなく、レッドスカルが語る「魂には魂を」という交換条件の結果、「ストーンを手に入れるために娘を犠牲にした」のだとナターシャは言っていることになります。

日常会話でこう使う

What a coincidence!
すごい偶然ね！／奇遇ね！
（思いがけない場所で知人と会った時の決まり文句）

Phrase 65

Look, I'm sorry, no offense, but you're a very earthly being, okay? And we're talking about space magic.

なぁ、すまない、悪気はないんだが、お前らはまさに地球的な生き物なんだ、いいか？ そして俺たちは今、宇宙の魔法の話をしてるんだ。

Thor
ソー

1:56:28 p.268

no offense, but「悪気はないんだが」

ナターシャが自分の身を犠牲にすることで、クリントはソウル・ストーンを入手します。アベンジャーズのメンバーがそれぞれの場所へタイムトラベルする前、ナターシャは **See ya in a minute.**「またすぐ後で会いましょ」と言っていましたが［1:06:40］、にこやかにそう言っていた彼女はソウル・ストーンを手に入れるためみんなと会えなくなってしまった、という切ない結果となります。湖畔に集まり、ナターシャの死について語り合っているメンバーは、『アベンジャーズ』で揃った初代アベンジャーズ（**the original Avengers**）です。

offense は「オフェンス、攻撃」という意味ですが、「人の感情を害すること、無礼、侮辱」という意味にもなります。
no offense は「悪気はない、君の気を悪くするつもりはない」というニュアンスで、相手が気分を害しそうなことを言ってしまった後に付け加えたり、これから言おうとすることが相手の気に障りそうだと思った時に先に一言弁解のように挿入したりする表現となります。

No offense, but ...「悪気はないのだが・君の気分を害するつもりはないのだが…」のように **but** と組み合わせて使うことも多く、今回のソーのセリフでも **but** が使われています。

Phrase 66 I know that I'm way outside my pay grade here.

ここで今、俺が、自分の知識が到底及ばないような
レベルの話をしてる、ってことは自分でもわかってる。

Clint Barton
クリント・バートン

1:56:36 p.268

outside/above one's pay grade
「自分の知識・権威のレベル外にある」

pay grade は「給与等級」で、給与のレベルということから、「組織における地位（のレベル）」も意味します。

よく使われるのは **above one's pay grade** という表現で、「自分の地位のレベルを超えて」ということから、「自分よりも地位が上の者が取り扱うべきものである、自分はそれについて意見できるほどの知識や権威がない」という意味で使われます。

日常会話でこう使う

The assignment is above my pay grade.
その任務は私の地位のレベルを超えている［私はその任務について意見を言う立場にない］。

クリントのセリフでは **outside my pay grade** となっていて、これは「自分の給与等級の外にある」ということから、「自分の知識や権威で取り扱うことのできるレベルの外にある」ということ。上（**above**）か外（**outside**）かの違いだけで、どちらも「自分のレベルの範疇にはないもの」だと理解すればよいでしょう。

way は「はるかに、ずっと」を意味する副詞なので、「自分は今、自分の知

識・権威レベルのずっと外にいる」→「自分の知識の及ばないような高度なことに首を突っ込んでいる、自分の知識では理解できないような話をしている」という感覚になります。「お前らにはわからない話だ」と言われたので、「俺にわからない話だってことは否定しないが、それを承知で言わせてもらう」という発言になります。

Phrase 67 What, we're all just sitting around waiting for the right opportunity?

じゃあ、俺たちみんなここにぼーっと座って
適切な機会を待ってる、っていうのか？

Thor ソー

1:58:10 p.282

just sit around waiting for ...
「ただぼーっと座って…を待つ」

sit around は「(何もせずに) ただ座ってぼーっとしている、漫然と過ごす」。14ページの解説にも、**トニー**：**We can all stand around posing up a storm later.**「精一杯ポーズしながら、ボーッと突っ立ってるのは後でもできる」というセリフがありましたが、そこで説明した〈動詞＋**around**〉＝「ぶらぶらと・あてもなく〜する」というニュアンスがこの **sit around** にも含まれています。

複数の人間の間で物事が決められない状況の時、「じゃあ何もしないでただ待ってるって言うのか？」と表現するのは日本語にもある感覚で、その場合は **We're all just sitting around waiting?** と表現すればよいということです。この直後にソーが言うセリフ **Look, sitting here staring at the thing is not gonna bring everybody back.**「なぁ、ここに座ってそれを見つめていても、誰も戻らない」の「座ってそれを見つめるだけ」も、「何もしないでただ待ってる」と同じような「行動しない」ことを非難する表現となっています。

right opportunity は「適切な・正しい機会」。このように **right** という形容詞には「正しい」という意味があり、この少し後［1:58:32］にも、**Just let me do something good. Something right.**「ただ俺に善いことをさせてくれ。正しいことを」というソーのセリフがあります。
また **right** には「右（の）」という意味もあります。サノスがエイトリに作ら

せたインフィニティ・ガントレットは左手用でしたが、今回トニーがデザインした新しいガントレットは右手用となっています。

Phrase 68

I'm the strongest Avenger, okay? So, this responsibility falls upon me. It's my duty.

俺は最強のアベンジャーだ［アベンジャーズの中で最強だ］、だろ？ だから、この責任は俺の肩にかかるんだ。俺の義務だ。　Thor ソー

1:58:19 p.284

fall upon「（責任・義務が）～（の肩）にかかる」

fall upon は「（責任・義務などが）～（の肩）に（のし）かかる」。**fall on** とも言います。

So, this responsibility falls upon me. It's my duty.「この責任は俺の肩にかかるんだ。俺の義務だ」と言っていますが、どちらも「スナップすることは俺が担うべき責任であり義務である」と言っていることになります。

ここでソーは自分のことを **the strongest Avenger**「最強のアベンジャー」だと言っていますが、『バトルロイヤル』で、クインジェットに音声確認を求められた際、ソーが **Strongest Avenger.**「最強のアベンジャー」だと名乗っても、**Access denied.**「アクセスは拒否されました」と言われるシーンがありました［1:14:04］。

結局、**Point Break** という名前（『アベンジャーズ』でトニーがソーにつけたあだ名）で承認されたのですが、その後、クインジェットがブルースに対して **Welcome, strongest Avenger.**「ようこそ、最強のアベンジャー」と返すシーンも出てきます［1:16:16］。

Phrase 69 But the radiation's mostly gamma. It's like... I was made for this.

でも放射されるのはほとんどがガンマ線だ。それはまるで……僕がこのために生み出されたようなものだ。

Bruce Banner
ブルース・バナー

1:59:05 p.288

be made for「～のために作られた」

be made for を直訳すると「～のために作られた」。「作られた」というのは「神によって作られた」ということ。be made for each other だと「(神によって) お互いのために作られた」ということで、「(カップルの) 相性が良い」という意味になります。

日常会話でこう使う

Don't you think the two are made for each other?
あの二人、お似合いだと思わない？

ブルースが言っている I was made for this だと「僕はこのために作られた・生み出された」となるでしょう。「ハルクに変身するこの体はこのために作られた」、つまり、ハルクならガンマ線に耐えられるということになるのですが、『アベンジャーズ』の中でそのことが語られていました [1:00:03]。

トニー : **Hey, I read all about your accident. That much gamma exposure should have killed you.**
なぁ、僕は君の事故について (の記事を) 全部読んだ。あの量のガンマ線なら、君は死んでいたはずだった。

ブルース : **So you're saying that the Hulk... The other guy saved my life? That's nice. It's a nice sentiment. Saved it for what?**
それじゃあ君はこう言っているのか？ ハルクが……もう一人の僕が僕の命を救った、って。そりゃいいね。いい気持ち［感動的］だよ。(でも) 僕の命を何のために救ったんだ？

トニー : **I guess we'll find out.**

そのうちわかると思うよ。

ブルース : **You may not enjoy that.**
楽しめるようなものじゃないかもな。

トニー : **And you just might.**
楽しめるようなものかもしれないぞ。

上の会話から、人間には耐えられない量のガンマ線でもハルクには耐えられるということがわかります。
また、「何のためにブルースが生かされたか」というその答えが、「ガンマ線を放出するインフィニティ・ガントレットを使うため」だったということにもつながります。

Phrase 70 The arrogant never do.

傲慢な者どもは決して疑うことはない。　Thanos サノス

2:05:26 p.332

the+形容詞「（形容詞）な人々」

ネビュラの **They suspected nothing.**「やつらは何も疑っていませんでした」に対して、サノスが言ったセリフ。
do は、前文の **suspect**「疑う」の反復を避けるために用いられた「代動詞」です。

arrogant は形容詞で「傲慢な、尊大な」。
〈**the**＋形容詞〉は「（形容詞）な人々・者たち」を表し、**the arrogant** は「傲慢な者たち」という意味になります。

the poor なら「貧しい人々」、**the aged** なら「老人」となります。

ネビュラが **suspected** という過去形を使っているのに対し、サノスは **never do** という現在形（の否定形）を使っています。
ネビュラの過去形は、ネビュラが見た時の（過去のある時点の）アベンジャーズの様子を語っていることになりますが、サノスの現在形は「傲慢な者どもは決して疑わないものだ、傲慢な者たちは疑うということを知らない」という、主語の「（いつも変わらぬ、常にそうであるという）習慣・習性」を語ってい

ることになります。

Phrase 71 Good. Just as long as we're all in agreement.

それでいい。俺たち全員の意見が一致している限りはな。 Thor ソー

2:07:47 p.336

as long as「～である限りは」

サノスが何もせずにただ座っているのを見ている、トニー、キャップ、ソーの3人。彼らはアベンジャーズの中核をなす3人であることから、**The Big Three**「ビッグ3（スリー）」と呼ばれています。

as long as は「～である限りは」。
be in agreement は「意見が一致している」。
as long as は『エンドゲーム』の以下のセリフでも使われています。

［1:56:11］

ソー : **As long as we have the stones, Cap, we can bring her back. Isn't that right?**
俺たちにストーンがある限り、キャップ、俺たちは彼女を取り戻せる。そうじゃないのか？

［2:08:39］

サノス : **And as long as there are those that remember what was... there will always be those that are unable to accept what can be.**
そして、過去を覚えている者が存在する限り……可能になることを受け入れられない者が常に存在することになる。

Phrase 72 And then with the stones you've collected for me, create a new one, teeming with life, that knows not what it has lost but only what it has been given.

それから、お前たちが私のために集めてくれたストーンを使って、生命に満ち溢れた新しい宇宙を作り出す。失ったものではなく、与えられてきたものだけを知っている宇宙だ。

Thanos サノス

2:09:08 p.342

not A but B「AではなくB」

teem with は「～で満ちる、～で満ち溢れる」。
このセリフの後半は knows not what ... but (only) what ～ という形になっています。これは not A but B の形で「AではなくB」ということですから、「AではなくBだけを知っている」となります。
少し前にサノスは「過去を覚えている者が存在する限り……可能になることを受け入れられない者が常に存在することになる」と言っているので、「失ったものではなく、与えられてきたものだけを知っている宇宙を作り出す」というのは、「過去を覚えている者が存在しない宇宙を作る」ことを意味しています。サノスは「半分の者を生かしてやったのに、その者たちが過去のことを覚えていて私に抵抗する。だから今、ここに存在するすべての生命を滅ぼして、一から宇宙を作り直す」と言っていることになります。

Phrase 73 See you on the other side, man.

あの世で会おう。　James "Rhodey" Rhodes ジェームズ・"ローディ"・ローズ

2:09:48 p.346

on the other side「あの世で、天国で」

the other side は「向こう側、あちら側」ということから「あの世、死後の世界」も意味します。
See you on the other side. は「あの世で会おう」ということで、自分はもう助からない、間もなく死んでしまう、と死を覚悟したセリフです。

Phrase 74 Hang on! I'm coming!

頑張れ！ 今、行く！

Scott Lang スコット・ラング

2:09:52 p.346

「行きます」は go ではなく come を使う

hang onは「頑張る、頑張り続ける、持ちこたえる」。
誰かを助けにその人の元に向かう場合、日本語では「今、そっちに行くぞ」のように動詞「行く」を使って表現しますが、英語では **I'm going.** ではなく、**I'm coming.** となります。
この映画の冒頭［0:01:11］でも、妻ローラに「ご飯よ！」と呼ばれた後、クリントが **All right. We're coming. We're hungry.**「わかった。行くよ。二人とも腹ぺこだ」のように **come** を使って表現していました。

come＝来る、**go**＝行く、という訳語がまっさきに浮かぶ方が多いと思いますが、英語の **come** は「頭の中でイメージしている場所に向かう・近づく・動く」、**go** は「自分のいる場所から離れて別の場所に行く」というニュアンスになります。

Phrase 75 I knew it!

わかってた！

Thor ソー

2:13:08 p.370

I knew it.「やっぱり、そうだろうと思ってた」

I knew it. は「私はそれがわかっていた」。自分が前々からそうではないかと勘づいていたことが、事実として判明した時によく使う表現で、「わかってた。やっぱり。そうだろうと思ってた」などと訳されることが多いです。

日常会話でこう使う

They broke up? I knew it, 'cause he was always hitting on other girls.
二人が別れたって？ やっぱりね、だって彼は他の女子に言い寄ってばかりいたもの。

I knew it. という表現が使われていることで、「キャプテン・アメリカはムジョルニアを持てるだろうと、ソーは前から思っていた」ということがわかります。ソーが使うハンマーのムジョルニアは、「それを持つにふさわしいと認められる者しか持てない」と言われています。実際に『マイティ・ソー』の中で、オーディンによって地球に飛ばされたムジョルニアを、人間の力ではどうやっても動かすことができない様子が描かれていました。

『アベンジャーズ／エイジ・オブ・ウルトロン』において、(スターク・タワーからアベンジャーズの本部となった) アベンジャーズ・タワーでアベンジャーズのメンバーがパーティをしていた時、ムジョルニアの話題が始まり、クリントが以下のように言っていました [0:27:24]。

クリント　: **"Ah, whosoever be he worthy shall haveth the power." Whatever, man! It's a trick.**
「あぁ、ふさわしい者がその力を手にするであろう」。そんなのどうでもいいさ！ インチキだ。

その後、ソー以外の人がムジョルニアを持ちあげられるかどうかを試すゲームが始まります。クリント、トニー、ローディ、ブルースと誰も持ち上げられない中、スティーブが試すと少しだけムジョルニアが動き、それまで笑って見ていたソーの顔から笑顔が消えます。結局、スティーブは持ち上げられず、ソーは安堵の微笑みを浮かべます。
今回の『エンドゲーム』でソーが **I knew it!** と言ったのは、スティーブなら持てると思っていた、ということで、『エイジ・オブ・ウルトロン』でスティーブがムジョルニアを少し動かせた、ソーがそれをしっかり目撃していたことが、この **I knew it!**「わかってた！」という「過去形」に表れています。

なおこの後、ムジョルニアを使うキャップは、雷神ソーと同じように、雷を操り敵を攻撃しています。31ページの **worthy** の解説でも触れましたが、『マイティ・ソー』で、ソーの父オーディン王が以下のように言っていました [0:29:34]。

オーディン　: **Whosoever holds this hammer, if he be worthy, shall possess the power of Thor.**
このハンマー (ムジョルニア) を手にする者が誰であれ、もしその者がふさわしい者であれば、その者はソーのパワーを持つであろう。

オーディンの言葉通り、ムジョルニアを手にすることができたキャップは、雷神ソーが持つ力も持てたということです。

Phrase **76**

But I'll tell you now... what I'm about to do to your stubborn, annoying little planet... I'm gonna enjoy it... very, very much.

しかし今私は言おう……お前たちの頑固で厄介なちっぽけな惑星に対して私がやろうとしていること……私はそれを楽しむとしよう……思う存分な。

Thanos
サノス

2:14:47 p.382

長い目的語が前に出た形

I'm gonna enjoy it の **it** が指す目的語の内容が、**what** から **planet** までの部分になります。
意味としては、**I'm gonna enjoy what I'm about to do ...**「私がやろうとしていることを私は楽しむとしよう」ということですが、**what** 以下の内容が英文として長いものになっているため、先に「〜に対して私がやろうとしていること」と言っておいてから、「私はそれを楽しむとしよう」と続けた形です。
これまでサノスが行ってきた数々の虐殺は、増えすぎた生命を半分に減らすことで宇宙のバランスを保つという信念の下にやってきたことでしたが、地球のヒーローであるアベンジャーズが自分に対して何度も何度も抵抗するため、今は純粋にお前たちを痛めつけることを楽しませてもらおう、と言っていることになります。
最後に **very, very much** と **very** を2回使って強調しているところにも、お前たちの抵抗にはもう我慢ならん、お前たちを徹底的に潰してやる、というヴィラン（悪役）っぽさが出ています。

Phrase 77 Hey, Cap, you read me? Cap, it's Sam. Can you hear me?

おい、キャップ、聞こえるか？ キャップ、サムだ。
俺の声が聞こえるか？ Sam Wilson サム・ウィルソン

2:16:08 p.398

Do you read me?「聞こえますか？」

read はもっぱら「文字・文章を読む」という意味で使われますが、「無線で聞こえた音を読み取る」ということから「無線を聞き取る」という意味でも使われます。

Do you read me? だと「(私の声が) 聞こえますか？」という意味になります。(**Do**) **you read me?** は、そのすぐ後に続く **Can you hear me?** と同じ意味だということです。

なお、「聞こえますか？」という意味では **copy** という動詞もよく使われ、この映画でも以下のシーンに出てきました。

[1:19:37]

トニー : **Thumbelina, do you copy?**
親指姫、聞こえるか？

[2:03:56]

ローディ : **Mayday, mayday! Does anybody copy?**
メーデー、メーデー！ 誰か聞こえるか？

Phrase 78 On your left.

君の左に。 Sam Wilson サム・ウィルソン

2:16:22 p.398

位置を示す on

無線でサムの声が聞こえ、**On your left.** という言葉と共に、キャプテン・アメリカの左後方にポータルが開きます。左への注目を促しているわけですが、**On your left.** を直訳すると「君の左に」という意味になります。

前置詞 **on** は **on the table**「テーブルの上に」のように「～の上に」という意味でよく使われますが、このセリフの **on your left** のように、**on** は「ある物に対しての位置」を示すのに使われます。**on one's left** なら「人の左（側）

に」、**on one's right** なら「人の右（側）に」という意味になります。

日常会話でこう使う

Turn right on the corner and you'll see the station on your left.
その角を右に曲がると、左側に駅が見えるよ。
（道案内の定番表現）

所有格 **one's** の代わりに **the** を使って、**on the left/right** とも表現できます。

The post office is on the right.
郵便局は右側にあるよ。

このように、**On your left.** は「君の左（側）に」という意味になりますが、このフレーズは、スティーブ・ロジャースとサム・ウィルソンが初めて出会った時にも使われていました。

『キャプテン・アメリカ／ウィンター・ソルジャー』の冒頭、早朝のワシントンD.C.でサムがジョギングをしていると、後ろから走ってきたスティーブがすごいスピードでサムを追い抜かしていきます［**0:00:47**］。

スティーブ　: **On your left.**
君の左を（通るよ）。

時間が経過し、2周目でまた追い抜かすスティーブ。

スティーブ　: **On your left.**
君の左を（通るよ）。

サム　: **Uh-huh. On my left. Got it.**
はいはい。俺の左ね。了解。

3周目。後ろから迫りくる足音に気づいたサム。

サム　: **Don't say it. Don't you say it.**
言うな。言うなよ。

スティーブ　: **On your left.**
君の左を（通るよ）。
サム　: **Come on!**
おい！

さすがに3回も抜かされるのはいやで「言うな。言うなよ」と叫んだサムですが、これをきっかけに二人は親しくなります。

『エンドゲーム』では「ポータルがある場所」を示しているので、日本語に訳す場合には「君の左に」のように助詞「に」を使いますが、『ウィンター・ソルジャー』では「サムの左を通る・通過する」という意味で使っているので、助詞は「に」ではなく「を」を使ったほうが日本語としてしっくりくるでしょう。日本語では「に」「を」のように使い分けることになりますが、英語の場合はどちらも **on** で位置を表すことができるということです。

『ウィンター・ソルジャー』のずっと後のシーンで、スティーブがケガをして病院のベッドで寝ている時、サムは本を読みながらスティーブに付き添っていたのですが、目覚めたスティーブが自分の右側にいるサムを見て、**On your left.**「(僕は）君の左に（いる)」と言っていました［**2:01:48**］。
この場合はお互いの位置が動かないので「左に」という日本語が自然になるでしょう。
このように『ウィンター・ソルジャー』でサムがキャップに何度も言われた **On your left.** ですが、今回は、消えていたメンバーの復活を告げる第一声としてサムがキャップに **On your left.** と言ったことになります。

Phrase 79 Avengers... assemble.

アベンジャーズ……アッセンブル。　Steve Rogers スティーブ・ロジャース

2:18:19 p.434

assemble「集合する、集結する」

assemble は自動詞で「集合する、集結する、結集する」。他動詞だと「(人を）集める、（機械や部品などを）組み立てる」という意味になります。

上巻別冊14ページで、先に対義語である **disassemble**「(機械などを）取り外

す、分解する、ばらばらにする」を説明しました［0:13:03］。

ネビュラ　: **Even disassembled, I wanted to please him.**
分解されていても、私は彼を喜ばせたかった。

『アイアンマン』では、テン・リングスのラザがクラスターミサイル「ジェリコ」の組み立てを要求するセリフで、「組み立てる」の意味で **assemble** が使われています［0:31:22］。

ラザ　: **You have till tomorrow to assemble my missile.**
ミサイルを組み立てるための時間は明日まである［明日までにミサイルを組み立てろ］。

「アベンジャーズ、集結」を意味する「アベンジャーズ、アッセンブル」という言葉はマーベルではおなじみのフレーズなのですが、映画のMCUではこのセリフがこれまで出てきていませんでした。
2015年公開『エイジ・オブ・ウルトロン』のクレジット前、新しいアベンジャーズ本部でのシーン。スティーブとナターシャがドアを開けて入ってきて、その前に、ローディ（ウォーマシン）、ヴィジョン、サム（ファルコン）、ワンダ（スカーレット・ウィッチ）が並び、彼らを前にしてスティーブが言います［2:11:03］。

スティーブ　: **Avengers...**
アベンジャーズ……

音楽も盛り上がってきて、スティーブが「ア」と言うために口を開いた瞬間に、ジャン！という音と共にクレジット画面に切り替わります。
メンバーが集まっている前で「アベンジャーズ……」と言えば「アッセンブル」と来るに違いないという期待を裏切るかのようなシーンでしたが、「集結」というにはチームも未完成な状態ですし、ここで一度じらされたからには、必ずどこかで「アッセンブル」が聞けるはずという期待を高めることにもなりました。

Phrase 80

But Doctor Strange was there, right? And he was like, "It's been five years. Come on, they need us."

でもドクター・ストレンジがそこにいたんだよね。
それで彼はこう言ったんだ、「5年経った。行くぞ、彼らは我々を必要としている」って。

Peter Parker
ピーター・パーカー

2:19:51 p.458

「言う（say）」の意味で使われる be like

like は「〜のような」で、**It's like** だと「（それは）まるで〜のようなものだ」という意味。そして、上のセリフ **he was like** のように〈人＋**be** 動詞＋**like**〉の形を取ると、〈人＋**say**〉「（人）が〜と言う」という意味になります。
he was like「彼は〜って感じだった」と表現してもイメージは湧きますが、上のセリフのように **like** の後にセリフが引用符を伴って続く場合は、**said**「〜と言った」の意味になるということです。

「〜と言った」とはっきり表現したい場合は **said** を使えばいいわけですが、今回のような **he was like** の場合は「彼は〜って感じだった」ということなので、**said** ほどは「言った」ということを断言しておらず、ふわっとしたニュアンスがあります。そのため、**like** の後に続くセリフは、実際のその人が言ったセリフそのままの場合もあるし、「だいたいこんな感じのことだった」という大意や、「〜って言いそうな感じ・雰囲気だった」というたとえの場合もあります。今回のパーカーの場合も、それがストレンジの言った言葉そのままと言うよりは、そういう感じのことを言っていたとだいたいの内容を伝えていることになるでしょう。

日常会話でこう使う

Suddenly she lost her temper, and I was like, "Give me a break."
突然、彼女が怒り出して、俺は「勘弁してくれよ」って感じだったよ。

Phrase 81 Anyone see an ugly brown van out there?

誰か向こうで醜い茶色のバンを見たか？

Steve Rogers
スティーブ・ロジャース

2:21:36 p.472

ugly「醜い」をダイレクトに表す言葉

ugly は「(容姿・容貌が) 醜い、不細工な、見苦しい、醜悪な」。
「醜い」を意味するダイレクトな形容詞で、「茶色のバン」だけでいいのに、わざわざ ugly と付け加えているのが笑えます。

映画『アベンジャーズ』でトニー・スタークのタワーの話題になった時、スティーブが The Stark Tower? That big, ugly... building in New York?「スターク・タワーか？ あのでかくて醜い……ニューヨークのビルか？」と言うシーンがありました [0:57:47]。
少し笑いながら ugly と言ったところで、トニーがむっとした顔をスティーブに向けたのでスティーブの顔から笑みが消えたのですが、トニーの抗議するような顔からも、ugly という形容がひどい悪口であることがわかります。トニーのタワーに、スコットのバンと、メンバーの持ち物に対して ugly という形容詞を使ったという共通点も面白いです。

Phrase 82 We're on it, Cap.

私たち (二人) でやります、キャップ。 Hope van Dyne ホープ・ヴァン・ダイン

2:21:49 p.474

I'm on it.「(自分がそれを) やります」

ホープ・ヴァン・ダインは『アントマン』で初登場したキャラクターで、ピム粒子を発見したハンク・ピム博士とその妻ジャネット・ヴァン・ダインとの間の一人娘。『アントマン&ワスプ』(原題: Ant-Man and the Wasp) では、母ジャネット・ヴァン・ダインの跡を継ぎ、2代目ワスプとして活躍します。ホープが母方の姓を名乗っているのは、かつて父のせいで母が亡くなったと思っていた確執によるもの。

on は on the desk「机の上に」のように「～の上に」と訳されることが多い

ですが、基本的な意味は「接触」。
人から何かを依頼された、または、上司から何かを指示された場合に、承諾の返事として **I'm on it.** がよく使われます。依頼・指示されたことが **it** で、それに「触れる、または乗っかる」ことをイメージすれば、「私がそれをやります」という意思表示になることを理解しやすいでしょう。
I'm on it. の **I'm** が省略された **On it.** という形も使われます。『エンドゲーム』の中でも、[1:18:09] にスティーブが **On it. Head to the lobby.**「それは僕がやる［任せろ］。（君は）ロビーに向かえ」と言っていました。

今回の場合は、キャップの指示を聞いたホープ（ワスプ）が、「私もスコット（アントマン）もその指示通りにやります」という意味で主語に **we** を使ったことになります。

なお、このセリフで、ホープがキャプテン・アメリカのことをキャップと呼んでいますが、『アントマン&ワスプ』で、スコットとホープが **Cap** という呼び名について会話するシーンがあります [0:15:16]。

スコット　: **I'm sorry about Germany. They just showed up. They said it was a matter of national security. That Cap needed help, so...**
ドイツのことはごめん。彼らがいきなり現れたんだ。彼らが国家の安全にかかわる問題だって言ったんだ。キャップが助けを必要としているって、だから……

ホープ　: **Cap?**
［冷笑するように］キャップ（ですって）？

スコット　: **...tain America. Captain. Cap. It's what we call him. If you're a friend. I'm not saying I'm a friend of... A little, I know him.**
…テン・アメリカ。キャプテン。キャップ。俺たちは彼をそう呼ぶんだ。もし友達なら、だけどね。俺が（彼）の友達だって言ってるんじゃないよ。ちょっと、彼を知ってるって程度で。

「すっかりアベンジャーズの一員になった感じで、彼をキャップと呼んだ」スコットのことを笑っていたホープ自身が、『エンドゲーム』でキャップからの指示を受け、進んで彼のことを「キャップ」と呼んだことで、今は自分もアベンジャーズの一員になっているということを示しています。本来ならスコットが返事するところを、わざわざホープが答え「キャップ」と呼び掛けたということが、「私たち（二人）（でやります）」という主語の We にも表れています。

Phrase 83 You said one out of 14 million, we win, yeah? Tell me this is it.

僕たちが勝つのは1400万のうちの1つだと
君は言ったよな？ これがそうだと言ってくれ。

Tony Stark
トニー・スターク

2:22:01 p.478

one out of 14 million「1400万のうちの1つ」

『インフィニティ・ウォー』で、タイム・ストーンを使い、これから起こりうるすべての結果を見たストレンジ。**14,000,605** の結果を見て、その中で勝ったのは **One.**「1つ」だったとストレンジは語っていました。それを「～通りのうちの1つ」と表現したい場合には、このセリフのように **out of** を使って、**one out of 14 million**（**one out of 14,000,605**）と表現できます。

割合を表すのに90%を「10人中9人」、99%を「100人中99人」などと表現することは日本語でもありますが、英語でも同様に **nine out of ten**、**99 out of 100** と表現することができます。「100回のうち99回」なら回数を表す **times** を使って、**99 out of 100 times** と言うことができます。
また **100 out of 100 times** だと「100回のうち100回」なので、つまりは「何度やっても必ず毎回（そうなる）」ということを強調する表現となります。

日常会話でこう使う

I'd beat that guy 100 out of 100 times.
俺なら 100 回やれば 100 回ともあいつを倒しちゃうね。
（必ずそいつに勝つ、負けることは絶対ない、という強調表現）

Phrase 84 Clint! Give it to me.

クリント! それを私に渡せ。　T'Challa ティ・チャラ

2:22:49 p.480

Give it to me. と Give me that. の違い

give を使って「人に物を与える・渡す」と言う場合、〈**give**＋人＋物〉と〈**give**＋物＋**to**＋人〉の2つの文型を取ることができますが、後者の〈**to**＋人〉の形のほうが、より「"人に"与える」ということが強調されます。上巻別冊60ページで解説した、〈**make**＋人＋物〉と〈**make**＋物＋**for**＋人〉の違いと同じで、**give** の場合も、わざわざ **to** をつけたほうが、「人に」のニュアンスがより強く出るわけです。

〈**give**＋人＋物〉の例と比較してみましょう。
自分がムジョルニア、隣にいるキャプテン・アメリカがストームブレイカーを持っていることに気づいたソー［**2:19:24**］。

ソー　　: **No, no, give me that. You have the little one.**
いやいや、それを俺にくれ。お前はその小さいのを持て。

このセリフの場合、ソーが言いたいのは「それをくれ」という「物」のほうです。相手が持っているものについて「それをくれ」と言いたい場合は、このように **Give me that.** が使われますが、**Give me** をラフに言うと「ギミ」という音になり、それを文字化した場合には **Gimme** と綴られます。あくまで発音を文字化した発音表記なので文法的には非標準用法となりますが、**Gimme** のように「省略、前の単語と一体化」できるのは、**me** を強く発音しなくてもよいからです。
「意味として重要ではないものは弱く発音される」というルールが英語にはあるため、**Gimme** という形で動詞と一体化された **me** という単語は意味として重要ではないことを示します。**Give me that.** を発音する際も、「ギミ・ザット」と **that** のほうが強く発音されます。それに対して **Give it to me.** のほうは「ギヴィッ・トゥ・ミー」のように人を表す **me** が強く発音されます。

Give me that. の **that** は「それ」という指示代名詞で「お前が持っているそれ」という物を指し示す単語ですが、**Give it to me.** の **it** はお互いが頭にイメージしているもので、「これ、あれ、それ」のような方向を指し示す単語で

はありません。逆に言うと、「（お前が持っている）それを渡せ」という意味で **Give me that.** の **that** の代わりに **it** を入れることはできません。
Give it to me. の場合、物を **it** と表現することで、お互いが何のことを言っているかの暗黙の了解があることがわかります。ティ・チャラのセリフの場合も、今、アベンジャーズが守りたいものがそのガントレットであるのは明白なので、**Give it** の **it** の部分は情報として重要ではなく、その後の **to me**「私に（渡せ）」の部分がポイントであると理解できるでしょう。

なお、ここでティ・チャラはクリントにファーストネームで呼び掛けています。『シビル・ウォー』のドイツの空港での戦闘で、ブラックパンサー（ティ・チャラ）とホークアイ（クリント・バートン）が戦います。その際、クリントが自分の名前を名乗ります［**1:40:41**］。

クリント　: **We haven't met yet. I'm Clint.**
今まで会ったことはなかったな［初対面だな］。俺はクリントだ。

ティ・チャラ　: **I don't care.**
どうでもいい［知ったことか］。

クリントはスティーブ側についており、この時のティ・チャラは父を殺した犯人がスティーブ側にいると思っていたのでその心は敵への憎しみに満ちていました。主義が異なる敵とは言え、同じヒーローとしてクリントは敬意を払ったのでしょうが、ティ・チャラのほうは敵を倒すことしか頭になかったことがよくわかります。
そのように『シビル・ウォー』では、クリントの名乗りを無視したティ・チャラでしたが、今回の『エンドゲーム』のこのセリフで、ワカンダ国王であるティ・チャラはちゃんとクリントの名前を覚えていたんだ！ とわかるということです。
相手をファーストネームで呼ぶというのは、親しみの表現でもありますし、英語におけるファーストネームの重要性を理解するという意味でも重要なセリフだと言えるでしょう。

なお、アフリカにある（という設定になっている）ワカンダの人々は皆、アフリカン・アクセントの英語を話しています。アメリカ生まれで普段はアメリカ英語などを話す俳優たちが、ワカンダ人としてアフリカン・アクセントの英語を話していることが、ワカンダという国をより魅力的に見せています。

Phrase 85 Rain fire!

集中砲火を浴びせろ! Thanos サノス

2:24:14 p.494

rain 動詞で「雨のように降らせる」

rain は名詞で「雨」ですが、動詞で「雨のように降らせる、浴びせる」という意味があることから、rain fire は「猛爆する、集中砲火を浴びせる」という意味になります。

対象物に向かって何かが大量に落ちてくるイメージで、日本語の「雨あられと降る」という表現にも似ていると言えるでしょう。

日常会話でこう使う

Sam got angry at Thomas and rained blows on him.
サムはトーマスに怒って、彼にげんこつの雨を浴びせたんだ。

Phrase 86 Hey, Queens, heads up!

おい、クイーンズ(の坊や)、気をつけろ! Steve Rogers スティーブ・ロジャース

2:25:01 p.500

Heads up!「注意しろ!」

Heads up! は「気をつけろ! 注意しろ!」。直訳すると「頭を上げて!」ということで、Look out! / Watch out!「気をつけろ!」と同じような注意喚起のフレーズです。今回の場合は、キャプテン・アメリカがスパイダーマンを助けるためにムジョルニアを投げたので、それがそっちに飛んでいくから気をつけろと注意喚起したことになります。

Heads up! に注意を促す意味があることから、ハイフンでつないだ名詞の heads-up は「(何かが起こるかもしれないという)警告、注意喚起、事前のお知らせ」という意味になります。

日常会話でこう使う

I'll give you a heads-up.
前もって知らせるよ。

I just wanted to give you a heads-up about a switch of plans.
計画の変更について前もってあなたに知らせておきたかったんです。

Queens はニューヨークにある地名で、ピーター・パーカーの出身地。『シビル・ウォー』のドイツの空港での戦いで、トニー側についているスパイダーマン（ピーター・パーカー）とキャプテン・アメリカ（スティーブ・ロジャース）が戦っていた時の会話にも出てきました [1:37:33]。

スティーブ : You got heart, kid. Where you from?
君は根性があるな。出身はどこだ？

パーカー : Queens.
クイーンズ。

スティーブ : Brooklyn.
（僕は）ブルックリン（だ）。

クイーンズとブルックリンは共にニューヨーク市の区（Borough）であり、隣接しています。それぞれが出ている作品で出身地の名前がよく登場することもあり、二人の出身地はファンにも広く知られています。

Phrase 87 You got something for me?

私に渡す物、持ってるの？　Carol Danvers キャロル・ダンヴァース

2:26:54 p.522

have something for someone 「人に渡すもの（プレゼント）がある」

You got something for me? を直訳すると「私に対して何かを持っているの？」ということなので、「私に渡す物、持ってるの？」というところ。

このシーンでは「それは私が預かろうか？ 私が運ぼうか？」と言っていることになりますが、**I have something for you.** なら、プレゼントを渡す時に「あなたに渡すものがある・あげるものがある」という意味で使われるので、このキャロルのセリフも「私にプレゼント持ってるの？ それ、私へのプレゼント？」とジョークっぽく和訳することも可能でしょう。本作の［1:42:12］でも、電話で配送部のスティーブンス大尉だと名乗ったスティーブが **We have a package for you.**「あなたへのお荷物があります」と言っていました。

Phrase 88 I am inevitable.

私は必然［絶対］なのだ。　Thanos サノス

2:29:56 p.546

inevitable「不可避の、必然の」

inevitable は形容詞で「（結果が）避けられない、不可避の、当然の、必然の」。「起こることは確実で、それを避けることはできない」というニュアンス。サノスは、自分は誰が邪魔だてしようとも阻止することができない絶対的な存在である、と言っていることになるでしょう。

日常会話でこう使う

According to the news, war seems almost inevitable.
そのニュースによると、戦争はほぼ避けられないようだ。

『エンドゲーム』において、アベンジャーズがサノスの農園に行った際も、サノスは **I am inevitable.** という言葉を使っていました［0:18:28］。

サノス　: **I used the stones to destroy the stones. It nearly killed me. But the work is done. It always will be. I am inevitable.**
ストーンを破壊するためにストーンを使ったのだ。もう少しで私は死ぬところだった。だがその務めは果たされた。務めは常に果たされる。私は必然［絶対］なのだ。

inevitable の文の前に、サノスは **But the work is done. It always will be.** と言っています。**work** はもっぱら「仕事」と訳されますが、この場合は「務め」のほうがふさわしいでしょう。
このセリフの前に、「ストーンは（人がそれを使いたいという）誘惑をもたらす（ストーンを残しておくとまた誰かがそれを使おうとしてしまう）」とサノスは言っていました。ストーンの力を使いストーンを破壊しようとして死にそうになりながらも、自分は務めを果たした、そしてこれからも務めというのは果たされるものなのだ、と言います。

It always will be. の **will** は、不可避・必然的な事柄・状況について「(主語は）～するものだ」というニュアンスで使っています。**Accidents will happen.** なら「事故は起こるものだ」という諺になります。

この農園のシーンよりずっと後、2014年のサンクチュアリII で、ネビュラのメモリーファイルからこの農園のシーンが投影され、サノスは将来の自分がこのように発言している姿を見つめます。映像で **I am inevitable.** と言っている時、画面の左に2014年のサノス、右に投影された2018年のサノスが映ります［**1:34:58**］。
最終決戦でガントレットを奪い取り、これからスナップしようとする直前に、サノスはただ一言 **I am inevitable.** とだけ言っていますが、その意味するところは、自らの農園での発言の通り、**The work is done. It always will be.**「その務めは果たされた。務めは常に果たされるのだ」ということで、どれだけお前たちアベンジャーズが阻止しようとしても、私の目的は間違いなく果たされるのだ、その運命を避けることはできないのだ、と言ったことになるでしょう。

Phrase 89 And I... am... Iron Man.

なら、私……は……アイアンマンだ。　Tony Stark トニー・スターク

2:30:20 p.550

I am ...「私は…だ」be動詞はイコールを表す

自分の勝利を確信し、**I am inevitable.** と言ってガントレットでスナップしたサノスですが、軽い金属音が鳴るだけで、それ以外には何も起こりません。驚いて手の甲を見るとそこにはすでにストーンはなく、サノスはトニーのナノ・ガントレットにストーンが漂いながらはまろうとしている様子を目撃すること

になります。この前のシーンでサノスのガントレットを抜き取ろうともみ合っている最中に、トニーはガントレットではなくストーンのみを奪い取っていたことがここでわかります。
サノスが **I am inevitable.** と言ったことに対して、トニーはストーンのパワーに圧倒されながらも **And I... am... Iron Man.** と言い、ストーンのはまったガントレットでスナップします。

これより前、70ページで解説したように、トニーはストレンジに **You said one out of 14 million, we win, yeah? Tell me this is it.**「僕たちが勝つのは1400万のうちの1つだと君は言ったよな？ これがそうだと言ってくれ」と言っていました。ですがストレンジは **If I tell you what happens... it won't happen.**「もし何が起きるかを私が君に話せば……それは起こらない」と説明し、ストレンジの口から「これがそうだ」と言うことはできません。その後、サノスがパワー・ストーンをガントレットに戻そうとする直前、ストレンジを見つめるトニーに対して、ストレンジは無言で指を1本立てます [2:29:27]。言葉で言うことができなかった、**This is "one" out of 14 million.**「これが1400万のうちの"1つ"だ」ということを「指で1と示す」動作でストレンジはトニーに伝えます。

サノスの〈**I am**＋形容詞〉は自分の性質を述べているので、サノスと同じように自分を形容詞で語るなら、**I am invincible.**「私は無敵だ」のように別の形容詞を使うか、**So am I.**「私もそうだ（私も絶対だ）」のように自分もその点については同じであると主張するかになるでしょう。ここでのトニーのセリフは〈**I am**＋固有名詞（名前）〉となっていて、自分の性質を述べた相手に対して名乗りで返したような形になり、通常の会話であれば少しずれがあるとも言えます。ですが、トニーにとっての「アイアンマン」という名称は単なるヒーロー名ではなく、「人々を助けるというヒーローの本質」そのものを示していると考えれば、**Iron Man** という「名前」一つで、他の形容詞を並べるだけでは語りつくせないほど多くを示すことができると言えるでしょう。

I am Iron Man. という言葉は、アイアンマンのこれまでの作品でも使われてきました。
『アイアンマン』で、前日の事件現場に現れたアイアンマンがトニー・スタークではないか？ という噂に対してトニーがコメントする記者会見。最初は自分がアイアンマンであることを否定していたトニーでしたが、クレジット直前の最後のセリフとしてこう言います [1:57:02]。

トニー　: **The truth is... I am Iron Man.**
本当のことを言うと……私がアイアンマンだ。

『アイアンマン2』で、アイアンマン・スーツは兵器となるから国に引き渡せと要求された時 [0:11:49]。

トニー　: **I am Iron Man. The suit and I are one.**
私はアイアンマンだ。スーツと私は一つ［一体］だ。

『アイアンマン3』でも、クレジット直前の最後のセリフに出てきました [1:59:26]。

トニー　: **You can take away my house, all my tricks and toys. One thing you can't take away... I am Iron Man.**
私の家や、技術やおもちゃは奪えるだろう。奪うことができないただ一つのものは……私はアイアンマンだ。

am のような **be** 動詞は「＝（イコール）」だと考えるとわかりやすいでしょう。「トニー・スターク＝アイアンマン」、つまり「アイアンマンは自分そのものである」という意味で、**I am Iron Man.** はこれまでの作品でもそれぞれ重要な場面で使われており、その言葉にはヒーローとしての覚悟や矜持が感じられます。
なお、**I am** という表現は日常会話では **I'm** と短縮されることも多いですが、「自分は～である」の「～である、～だ」ということを強調したい場合には、短縮せず **I am** と表現することになります。このような重要な場面であればなおさら、**I'm** ではなく **I am** が使われることになります。直前のサノスのセリフも **I am inevitable.** と **I am** が使われていましたが、それも同じ理由です。
MCU1作目『アイアンマン』の本編最後のセリフとして印象的に使われ、その後も、毎回登場していたこの決めゼリフが、『エンドゲーム』の最も象徴的なシーンで使われたことになります。

Phrase 90 Not that death at any time isn't untimely.

どんな時の死も時期尚早ではないわけじゃないけど［どんな死も思いがけずやってくるものだけど］。

Tony Stark トニー・スターク

2:36:30 p.566

Not that ...「…ってわけじゃないけど」

untimely は「タイムリーではない」ということで「時ならぬ、時が早い」。**an untimely death** なら「時ならぬ（突然の）死、早世、早死に」となります。

Not that SV は「SV ってわけじゃないけど」。**It's not that SV** の文頭の **It's** が省略された形です。このフレーズは、**It's not that ～ . It's just that ...**「～ってわけじゃない。ただ…なだけなんだ」という形でもよく使われます。

日常会話でこう使う

It's not that I don't like her. It's just that we have nothing in common.
彼女のことが嫌いってわけじゃないんだ。ただ彼女と僕には共通点がないんだよ。

Not that ... という表現は、『エンドゲーム』の湖畔の家でモーガンに **I love you 3,000.** と言われた後の、ペッパーに語るセリフにも出てきました［0:41:35］。

トニー　: **Not that it's a competition... but she loves me 3,000. You were somewhere in the low 6 to 900 range.**
張り合うわけじゃないけど……でもあの子は僕を3,000回愛してるって。君は、600前半から900までの範囲のどこかだったろ。

「張り合うわけじゃないけど」と言いながら、「君はもっと数が少ないだろ」などと言い、どう見ても張り合っているようにしか見えないのが微笑ましいですが、このように、その後の発言を聞いて相手が考えそうなことを先回りして否定する感覚が **Not that ...** になります。

Phrase **91**

Everything is gonna work out exactly the way it's supposed to. I love you 3,000.

すべてはまさにそうあるべき通りにうまくいくさ。
3,000回愛してる。

Tony Stark
トニー・スターク

2:36:49 p.566

work out「うまくいく、よい結果となる」

この言葉でトニーの映像は終わります。『アイアンマン2』では、父ハワードが息子トニーに残したビデオレターの映像が出てきましたが [1:15:03]、父ハワードと同じように、トニーも娘モーガンに映像を残したことになります。

be supposed to do は「〜することになっている、〜するはずだ」。

work out は日本語の「ワークアウト」の通り、「トレーニングをする」という意味もありますが、ここでは「うまくいく、よい結果となる」という意味。「うまくいく」という場合、**work out well** のように **well** をつけることもありますが、**well** なしでも「うまくいく」という意味を示すことができます。

今回の映画前半のシーンで、世界中にアーマーを配備することが必要だったのに、と言うトニーに [0:11:26]。

スティーブ : **Well, that didn't work out, did it?**
それはうまくいかなかっただろ？

最後にトニーはモーガンに **I love you 3,000.** と言います。上巻別冊50ページで解説した **Love you tons. — I love you 3,000.** の時は、3,000という数字を聞いてトニーは **Wow.** などと言い感動した様子でしたが、その感動をそれ以上言葉で示すことはなく、照れ隠しのように「早く寝ないとおもちゃを売っちゃうぞ」と言って部屋を去っていきました。その後もペッパーに「3,000回愛してる、って言われたんだ」と自慢していたように、トニーがそのモーガンの言葉をとても嬉しく感じていたことがわかるのですが、モーガンへの最後のメッセージで、その言葉が使われたことになります。

Phrase 92 PROOF THAT TONY STARK HAS A HEART

トニー・スタークにはハートがある
という証拠

Virginia "Pepper" Potts
ヴァージニア・"ペッパー"・ポッツ

2:37:20 p.570

have a heart「思いやりの心がある」

PROOF THAT TONY STARK HAS A HEART という刻印で飾られたこのアーク・リアクターは、MCU1作目『アイアンマン』で、トニーが捕虜となっていたアフガニスタンで製作した最初のもの。アメリカに帰国後、（当時はトニーの秘書だった）ペッパーに手伝ってもらってリアクターは新型に換装されますが、取り外した古いリアクターはどうします？ とペッパーに尋ねられたトニーは、Destroy it. Incinerate it.「破棄しろ。焼却処分しろ」と答えます[0:52:07]。ですがペッパーはそれを処分せずに、PROOF THAT TONY STARK HAS A HEART という刻印をつけオブジェにして、ガラスケースに入れてトニーにプレゼントします。
この頃のリアクターは、トニーの体に刺さったミサイルの破片が心臓に到達しないようにするための生命維持装置も兼ねていました（『アイアンマン3』で手術によりその破片は摘出されています）。スターク・インダストリーズを牛耳ろうとしているオバディアにリアクターを抜き取られたトニーは死の危険にさらされますが、這いつくばりながらペッパーからのプレゼントであるオブジェまでたどり着き[1:39:36]、古いリアクターを再装着することで一命を取り留めました。
トニーに捨てろと言われたものを、ペッパーがメッセージ付きのオブジェにしてプレゼントしたおかげでトニーは命を救われたということで、そのオブジェを作った秘書ペッパーが、今は彼の妻として、彼のお葬式にそれをリースにして流したことになります。

proof は名詞で「証明、証拠」。「証明する」という意味の動詞 prove の名詞形です。名詞 proof は proof that SV の形で「SVという証明・証拠」という意味で使われます。

日常会話でこう使う

There's no proof that he's telling the truth.
彼が真実を語っているという証拠はない。

Do you have any proof that he is a liar?
彼が嘘つきだという証拠が何かあるの？

heart は「ハート、心」で、臓器としての「心臓」の意味もあります。**heart attack** なら「心臓麻痺、心臓発作」です。
He has a kind heart. なら「彼は優しい心の持ち主だ」→「彼は優しい人だ」という意味になりますが、**good/kind** などの形容詞をつけない **have a heart** だけでも「(思いやりの) 心がある」という意味になります。

Have a heart!
思いやりの心を持って！／（厳しくせず）優しく接して！

アーク・リアクターのオブジェにつけた言葉 **PROOF THAT TONY STARK HAS A HEART** の **Tony Stark has a heart.** は「トニー・スタークには思いやりの心がある」と「彼には心臓がある」をかけたもの。彼の心臓を守り、いわば心臓の役割も果たしていたアーク・リアクターにその言葉をつけることで、「トニー・スタークが **a heart**（心臓／心）を持っているという証拠がこれ」と言ったことになります。
当時はビジネスのためなら冷酷なことでも平気でするような冷血人間と思われていたため、「そんなトニーにも、こんな風にハートがあるのよ」ということを証明するようなオブジェを作ってプレゼントしたという、ペッパーのユーモア溢れる贈り物だったということです。アイアンマンとしてトニーがガントレットでスナップし大勢の人々が救われた今、「トニー・スタークにはハートがある」ということがまさに「証明」されたと言えます。

Phrase 93 You know, your dad liked cheeseburgers.

ねえ、君のパパもチーズバーガーが好きだったよ。

Happy Hogan
ハッピー・ホーガン

2:40:01 p.580

He liked ...「彼は…が好きだった」という過去形で故人を偲ぶ

ハッピー・ホーガンは『アイアンマン』『アイアンマン2』ではトニーのボディガード兼運転手で、『アイアンマン3』ではスターク・インダストリーズの警備部長を担当していた人物で、『スパイダーマン』シリーズにも登場しています。ハッピーを演じているジョン・ファヴローは『アイアンマン』と『アイアンマン2』の監督も務めています。
トニーの娘モーガンに何を食べたい？ と尋ねると「チーズバーガー」と答えたので、ハッピーは **You know, your dad liked cheeseburgers.**「ねえ、君のパパもチーズバーガーが好きだったよ」と返します。日本語で「彼は〜が好きだった」と表現するのと同様に、過去形を使うことで「彼は今はもういない」ことが示唆されます。

映画『アイアンマン』において、アフガニスタンでテロ組織テン・リングスに拉致されていたトニーは、自らの手で作り上げたパワードスーツ（マーク1）を使って脱出に成功します。飛行機で母国アメリカに戻り、ハッピー・ホーガンが運転する車に乗り込んだ後、秘書ペッパー・ポッツが「まずは病院へ」というのを拒んで、トニーは以下のように言っていました［0:42:55］。

トニー　: **I've been in captivity for three months. There are two things I want to do. I want an American cheeseburger, and the other...** （中略） **Hogan, drive. Cheeseburger first.**
僕は3か月も捕虜になってたんだ。僕がしたいことは2つある。アメリカのチーズバーガーを食べたい、それからもう一つは……（記者会見だ）。ホーガン、車を出せ。チーズバーガーが先だ。

実際にその後、トニーはチーズバーガーを食べながら記者会見をしていました。「とにかく真っ先にチーズバーガーが食べたい」というトニーの発言をハッピーはその場で聞いていたわけですから、そのハッピーが **He liked ...**「彼は…が好きだった」と「過去形」で語ることで、彼はもうこの世にはいないということが強く印象づけられます。

Phrase 94 Move it or lose it, hairbag.

さっさとしないと置いてくぞ、このボサボサ野郎。　Rocket ロケット

2:41:31 p.588

Move/Use it or lose it.
「動かさ［使わ］なければダメになる、損をする」

元々、**Use it or lose it.** という表現があり、それをもじった **Move it or lose it.** も後にだんだん使われるようになったとのこと。
元となった **Use it or lose it.** から先に説明すると、直訳すれば「それを使え、さもないとそれを失うぞ」なので、「使わないと、なくすぞ」ということから、「（筋肉・知識・技能・権利などを）使わないとダメになる」という意味で使われます。**use** と **lose** が [u:z] と韻を踏んでいるのがポイントです。

use を **move** に変えた **Move it or lose it.** を直訳すると「それを動かさないと、なくすぞ」ということ。
この **Move it or lose it.** は通り道を邪魔する人や物があった時に使われることがあり、人の場合は「どかないと、ケガするぞ」、物の場合は「それをどけないと、壊すぞ」のような意味で使われます。この場合の **lose it** は「それを失う」ということから「損をする、よくない結果になる」というニュアンスにもなるため、**Move it or lose it.** は「さっさと動かないと（お前にとって）よくない結果になるぞ」のような意味にもなります。
今回のセリフも、ベネター号を前にしてヴァルキリーと話し込んでいたソーに、「さっさとしないと、お前を置いてっちまうぞ」という感じで、ベネター号への乗り込みをせかした表現だと考えられるでしょう。

hairbag は相手を侮辱するニュアンスの言葉で「負け犬」のような意味。「さっさとしろよ、この野郎」的に荒っぽい口調で呼び掛けた感じですが、今のソーの髪の毛やひげがぼさぼさであるため、**hair** という言葉を含んだこの言葉を使ったのでしょう。以前、キャロルに **fur face**「毛皮顔」と言われていたロケット（上巻別冊21ページ参照）が、また **hair** という言葉で他人をからかった面白さもあるように思います。

Phrase 95 Quail, that's your own insecurities in there.

クエイル、それはお前自身の不安感の表れだろ。　Thor ソー

2:42:11 p.590

quail 名詞で「ウズラ」、動詞で「おじけづく」

that's your own insecurities in there を直訳すると「それは、その件でのお前自身の不安感だ」となり、つまりは「自分自身がそのことに不安感を覚えてるだけだろ」ということ。

ソーは Quill「クイル」のことを Quail「クエイル」と呼び、クイルは怒った顔をしています。
quail という単語は、名詞で「(鳥の) ウズラ」、動詞だと文語的表現で「おじけづく、ひるむ」という意味になります。
「ウズラ」は、食用の鳥で、辞書に a small fat bird「小さく太った鳥」と表示されていることもありますので、名詞の「ウズラ」も動詞の「おじけづく、ひるむ」も、相手の形容に使うには悪いイメージの言葉だと言えるでしょう。似た音の単語の単なる言い間違いだけではなく、悪い意味の単語で呼ばれたことでクイルを怒らせたということです。

Phrase 96 Clip all the branches.

枝はすべて切るよ[枝分かれさせないよ]。　Steve Rogers スティーブ・ロジャース

2:43:13 p.596

branches 枝分かれするものを象徴する言葉

このセリフは I'll が省略されていて、clip は動詞で「(枝や髪の毛などを) 切る、刈る、刈り込む」であることから、直訳すると「枝はすべて切るよ」ということ。その前にブルースが or you're gonna open up a bunch of nasty alternative realities「(忘れるなよ……ストーンを手に入れた正確な瞬間にストーンを戻さなきゃならないってことを。) さもないと、たくさんのやっかいな別の現実を開いてしまうことになる」と言ったことに対しての返事なので、a bunch of nasty alternative realities「たくさんのやっかいな別の現実」を branches「枝」と表現したことになるでしょう。

2012年のニューヨークで、ブルースがエンシェント・ワンからタイム・ストーンをもらう交渉をしていた時、彼女は「タイム・ストーンを取り除けば時間の流れが分裂する」と言い、長く伸びたつるから暗黒のつるが枝分かれして伸びる様子を見せてから、このように言っていました［1:24:12］。

エンシェント・ワン：**In this new branch reality, without our chief weapon against the forces of darkness, our world will be overrun.**
この新しく枝分かれした現実において、暗黒の力に対抗する最高の武器なしでは、我々の世界は（暗黒の力に）占領されてしまうでしょう。

タイム・ストーンを本来あるべき場所から取り除くことで、そこから別の時間軸が分岐してしまったことを **this new branch reality**「この新しく枝分かれした現実」と表現したわけで、「エンシェント・ワンの **new branch reality** ＝ このシーンのブルースの **nasty alternative reality**」だということです。
エンシェント・ワンがそのように説明したことは、ブルースの口からスティーブにも伝わっているでしょうし、元の場所に戻さないことで時の流れが分岐してしまうことはスティーブも承知しているでしょうから、「時の流れを分岐させたりはしない」という意味で「枝はすべて切る」と表現したと考えられるでしょう。
タイムトラベルで過去からストーンを取った瞬間から枝分かれの現実が始まっているので、「枝を切る」という能動的な行為を表す表現を使ってスティーブが言いたかった内容は、「ストーンを戻すまでの間に進んでしまった枝分かれした現実を、なかったことにできるようストーンを戻す」ということだと捉えることもできるでしょう。
「あるべき時の流れ」の話をしているという文脈においては、「枝」は本流から分岐して伸びてしまったものを指します。「あるべき場所に戻さないと本来の流れとは違う現実が生まれる」と心配するブルースに対して、「心配するな」と答えた後ですから、「そんなことにならないようにする」つまり「本来の流れとは違う現実（枝）が生まれないようにする」という意味になるということです。

Phrase 97

Don't do anything stupid till I get back.

僕が帰ってくるまで、バカなことはするなよ。

Steve Rogers
スティーブ・ロジャース

How can I? You're taking all the stupid with you.

どうやってできると? バカなこと全部を
お前が持っていくのに。

Bucky Barnes
バッキー・バーンズ

2:43:46　p.596

take ... with one「…を持参する、…を持っていく」

You're taking ... with you. は「お前はお前と一緒に…を連れていく」ということで、このような take ... with one は「…を持参する、…を持っていく」という意味になります。

日常会話でこう使う

Looks like it's going to rain. Take your umbrella with you.
雨が降りそうよ。傘を持っていきなさい。

お前と一緒じゃなきゃ、バカなことなんかしないよ、という意味ですが、このセリフは『ザ・ファースト・アベンジャー』にも出てきており、『エンドゲーム』とは言った人物が逆になっています。
スティーブは体が小さく、徴兵のための試験に合格することができません。そんな中、親友のバッキーが戦争に行くことになり、二人が別れを言うシーン[0:14:16]。

バッキー　: Don't do anything stupid until I get back.
俺が戻ってくる［戦争から帰還する］まで、バカなことはするなよ。

スティーブ　: How can I? You're taking all the stupid with you.
どうやってできると？ バカなこと全部をお前が持っていくのに。

バッキー　: You're a punk.
　　　　　バカ野郎。

スティーブ　: Jerk. Be careful.
　　　　　クソ野郎。気をつけてな。［二人は固くハグをする］

スティーブはあの時バッキーが言った言葉を言い、バッキーもそれに気づいて、当時と同じ会話となる返事をしたことになります。

この後、バッキーは **Gonna miss you, buddy.**「寂しくなるよ、バディ」と言っています。今から行われるタイムトラベルは、あちらで長い時間を過ごしたとしても、こちらの世界では数秒後に戻ることになっています（この後語られるように、5秒です）。ですから、バッキーが言った「寂しくなるよ」というセリフは、数秒後に戻ってくる人への言葉としては似つかわしくないものだと言えるでしょう。

Phrase 98

Well, after I put the stones back, I thought... maybe, I'll try some of that life Tony was telling me to get.

そうだな、ストーンを元に戻した後、僕は考えたんだよ……トニーが僕に手に入れろと言っていた、その人生をやってみようかな、と。

Old Steve Rogers
老人のスティーブ・ロジャース

2:46:00 p.612

try「やってみる」のいろいろな使い方

5秒後に戻るはずがスティーブが戻ってこないので、サムやブルースは慌てています。落ち着いた様子のバッキーが少し離れた場所にいる人物に気づきますが、それは老人の姿になったスティーブ・ロジャースでした。

I'll try some of that life Tony was telling me to get. を直訳すると「トニーが（以前）僕にゲットするようにと言っていた、その人生（のいくらか）にトライしてみよう」ということ。
このセリフで **try some of that (life)** という表現が使われていますが、**try some of that** という表現はこの映画の中でちょっと違った状況で使われていました。

ダイナーで、食事に手をつけず、じーっとブルースの顔を見ている3人に、ブルースが料理を勧めているシーン［0:36:57］。

ブルース　: **Try some of that. Have some eggs.**
その料理を食べてみて。卵をどうぞ。

try は「やってみる、試してみる」という意味で広く使われる言葉ですが、対象が食べ物になると文字通りの「試食する」のような「食べてみる」という意味になります。**Try eating something.** のように **eat**「食べる」という動詞を使わなくても、直接、〈**Try**＋飲食物〉という形を取れるということです。
また、「卵も食べて」という意味で **Have some eggs.** と表現していますが、**eat** は「食べる」を意味する直接的な表現なので、遠回しな表現としてこのように **have** が使われることが多いです。

try on なら「～を試着する・試しに身につける」。この後のシーンにも **Try it on.**「それをつけてみろ」というセリフが出てきます。

that life Tony was telling me to get「トニーが僕に手に入れろと言っていた、その人生」というのは、以下のシーンで語られていたもの。
『エイジ・オブ・ウルトロン』で戦いが終わった後、家族と暮らすことを選んだクリントに倣い、本部には残らずペッパーに農場でも作ろうかなと言うトニーに［2:09:56］。

スティーブ　: **The simple life.**
シンプルライフ（素朴な生活［人生］）だな。

トニー　: **You'll get there one day.**
いつか君もそうする［そこに行きつく］ことになるさ。

スティーブ　: **I don't know. Family, stability... The guy who wanted all that went in the ice 75 years ago. I think someone else came out.**
どうかな。家族、安定……そういうものを望んでた男は75年前に氷に埋もれた。出てきたのはそれとは違う別人だと思うよ。

ですからスティーブは、トニーが言っていた「戦いから離れ、愛する家族と過ごす安定した人生」を自分も歩んでみたくなったんだと言っていることになります。今回の『エンドゲーム』［0:30:25］でも、**スティーブ**：**I think we both**

CHAPTER 01 02 03 04 05 06 07 08 09 10 11 12 13 14 15 16 17 18 19 20 21 22 23

need to get a life.「僕たち二人とも、人生を手に入れるべきだと思うよ」、**ナターシャ**：**You first.**「あなたからお先にどうぞ」というセリフがありました。ナターシャが亡くなり、スティーブが人生を手に入れたという今の状況は、あの時の二人の会話の通りの結果になったとも言えます。

Phrase **99**

Like it's someone else's.

他の誰かの物［借り物］みたいだ。 Sam Wilson サム・ウィルソン

It isn't.

そんなことはない［他の誰かの物じゃない、君の物だ］。 Old Steve Rogers 老人のスティーブ・ロジャース

2:47:18 p.616

会話で多用される省略

キャプテン・アメリカの盾をつけるように促されたサムは、「盾を受け取る＝キャプテン・アメリカの跡を継ぐ」という意味だと気づき、それまでにこやかだった顔から笑みが消えます。盾を見てから、後ろにいるバッキーを振り向き、バッキーが静かにうなずくのを見て、ようやく盾を手に取り、腕につけます。

スティーブの **It isn't.** は **It isn't someone else's.**「他の誰かの物ではない」ということ。つまりは「君の物だ」と言っていることになります。**No, it's yours.**「いや、それは君の物だ」とダイレクトに表現することも可能ですが、「なんだか俺がつけても借り物みたいだ」と謙遜と冗談が混じったような表現を使ったサムに対して、「いや、そんなことはないよ」と優しく言葉をかけたことになります。

someone else's が省略されているため、言葉としては **It isn't.** というたったの2語ではありますが、サムにとっては何より意味のある言葉であり、「英文で何が省略されているのかを理解する」ということが英文を理解する上で不可欠であることを教えてくれています。

Phrase 100

Thank you. I'll do my best.

ありがとう。ベストを尽くすよ。　Sam Wilson サム・ウィルソン

That's why it's yours.

（君がそういう人間）だから、
その盾は君の物なんだ。　Old Steve Rogers 老人のスティーブ・ロジャース

2:47:38　p.618

That's why ...「それが…の理由である、だから…だ」

ある発言の後で、**That's why ...** と続けると、「それが…の理由である、そんなわけで…だ、だから…だ」という意味になります。
that はその直前の発言を指しており、**That's the reason why SV**「なぜSVなのかという理由はそれだ」の先行詞 **the reason** が省略された形だと考えるとわかりやすいでしょう。

日常会話でこう使う

We had a stupid fight last night. That's why she left this morning.
昨日の晩、僕らはバカな喧嘩をしたんだ。だから今朝、彼女は出て行ったんだよ。

スティーブのセリフ **That's why it's yours.** の **that** はその前のサムの発言 **I'll do my best.**「ベストを尽くすよ」を指しており、キャプテン・アメリカの跡を継ぐという重責をしっかり受け止め、そう断言したサムの心が、キャプテン・アメリカの盾を持つにふさわしい、そう言える君だからこそ、その盾は君の物なんだと言ったことになります。
「借り物みたいだ」と言った時には、**It's yours.** とは言わなかったスティーブですが、ここではははっきりと **it's yours** という表現を使っているという、その対比にも注目したいところです。

ラストシーンでは、スティーブとペギーが家の中でダンスをしています。
スティーブとペギーのダンスの約束は、『ザ・ファースト・アベンジャー』で

語られていました。ヒドラのシュミットが乗っていた飛行機ワルキューレが爆弾を積んでニューヨークに向かっており、多数の犠牲者を出さないために、飛行機を北極海に突っ込ませることを決めるスティーブ。彼はペギーと通信で会話します［**1:46:17**］。

スティーブ : **I'm gonna need a rain check on that dance.**
あの（デートの）ダンスは延期しないといけないな。

ペギー : **All right. A week, next Saturday, at the Stork Club.**
いいわ。1週間後、次の土曜日、ストーク・クラブで。

スティーブ : **You got it.**
わかった。

ペギー : **Eight o'clock on the dot. Don't you dare be late. Understood?**
8時きっかりよ。遅れてはだめよ。わかった？

スティーブ : **You know, I still don't know how to dance.**
ほら、僕はまだダンスの踊り方を知らないんだ。

ペギー : **I'll show you how. Just be there.**
私が踊り方を教えるわ。ただそこに来て（くれたらいいわ）。

スティーブ : **We'll have the band play something slow. I'd hate to step on your...**
ゆっくりした曲をバンドに演奏させよう。君の（足）を踏んじゃうのはいやだから……［無線が雑音に変わる］

『エンドゲーム』では二人がダンスする姿を映すのみで、セリフは一切ありませんが、逆にセリフがないことで『ザ・ファースト・アベンジャー』での二人の会話を思い出させる効果があると言えるでしょう。

Avengers: Endgame 英和辞典

A

□ **acquire**
動 手に入れる、入手する、獲得する

□ **activate**
動 起動・始動・作動・稼働させる

□ **Alexander Pierce**
名 アレクサンダー・ピアース。シールドの理事であり、世界安全保障委員会にも属しているが、ヒドラの一員でもあった。『ウィンター・ソルジャー』では、将来のヒドラに対する脅威を先制攻撃で排除するという「インサイト計画」を推進する中心人物。シールドの不審な動きに気づいたスティーブを排除するため、ストライク・チームにスティーブを襲撃させたのがピアースだった

□ **alley**
名 裏通り、路地

□ **alternative**
名 選択肢、選択できるもの、(〜の)代わりにとりうるもの、代わり、代案

□ **amplify**
動 増幅する、拡大する。オーディオの「アンプ」は amplifier「アンプリファイア：増幅するもの、増幅器」の略

□ **answer to**
動「(人の質問・尋問に対して)答える」ということで、「(悪いことをやった場合などに)(人)に対して説明する・説明責任を果たす」

□ **Arnim**
名 アーニム・ゾラ博士。スイス人の科学者で『ザ・ファースト・アベンジャー』ではヒドラのシュミットの部下として働き、その後、アメリカで捕虜となった後は、シールド内での地位を築きつつ、その裏でヒドラ再興のために活動していた。『ウィンター・ソルジャー』では、このキャンプ・リーハイの地下施設にデータベースとして保存されているゾラの頭脳がスティーブとナターシャに話しかけるシーンがある。その頭脳が「1972年に不治の病と宣告され、肉体は救えなかったが頭脳はデータベース化された」と語るセリフがあるので [1:03:24]、1970年にはまだ生きており、ハワードがアーニム・ゾラを探しているのと合致する

□ **as far as S be concerned**
(主語)に関する限り、(主語)に言わせれば

□ **assignment**
名 (与えられた)仕事、任務

□ **astronomy**
名 天文学。astronomer なら「天文学者」

□ **Aunt May**
名 メイおばさん。『スパイダーマン』シリーズに登場。ピーター・パーカーのおばにあたり、両親のいない彼の母親代わりとして、愛情深く接しつつ彼を育てている

□ **awful**
形 ひどい、いやな

B

□ **beautiful**
形 美しい、素晴らしい、素敵な

□ **Bee Gees**
名 ビー・ジーズ。イギリス人3人の男性ボーカルグループ。3人のうち2人がヒゲを生やしている。このシーンは1970年の話だが、それより後の1977年の映画『サタデー・ナイト・フィーバー』でビー・ジーズの楽曲が多く使われたことでさらに有名になる

□ **benefit**
動 利益になる、ためになる、役立つ

□ **bet**
動 (金などを)賭ける、きっと〜だと断言する

□ **betray**
動 (人・信頼などを)裏切る。名詞形は betrayal「裏切り(行為)、背信(行為)」

□ **bit of lunch**
名 ちょっとしたランチ。『アベンジャーズ』のポストクレジットシーンで、チタウリの攻撃直後のまだ散らかった状態の店内で、アベンジャーズのメンバーが黙々とシャワルマを食べるシーンがあり、それを示唆したセリフと思われる

□ **blow**
動 突然立ち去る

□ **blow it**
動 だめにする、台無しにする、失敗する、しくじる

□ **Bombs away.**
爆弾投下。爆弾を投下した後に言う言葉

□ **booby trap**

名 ブービー・トラップ。元々「仕掛け爆弾、偽装爆弾」のことで、人からわからないように爆弾が仕掛けられていて、気づかずそれに触れると爆発するようになっている仕掛けのこと。爆弾に限らず「気づかれないように仕掛けられた罠」という意味で広く使われる。オーブ（パワー・ストーン）という宝物を収めた神殿には侵入者に対して罠が仕掛けてあるに違いない、ということ

□ **breach**

名（法律などの）違反、侵害、侵入

□ **broad**

名（アメリカ俗語）女、娘。時に軽蔑的なニュアンスを感じさせることもある

□ **broadsword**

名 幅広の刀、広刃の刀

□ **Brock Rumlow**

名 ブロック・ラムロウ。S.H.I.E.L.D.（シールド）の精鋭部隊 S.T.R.I.K.E.（ストライク）のリーダーで、ヒドラの一員でもある。『ウィンター・ソルジャー』でヒドラの命令を受け、スティーブ（キャプテン・アメリカ）の命を狙う。その後に深い傷を負いながらも生き延びたラムロウはその後、『シビル・ウォー』でスティーブへの復讐に燃えるテロリスト・傭兵のクロスボーンズとして登場する。ナイジェリアのラゴスでのクロスボーンズとの戦いで民間人に犠牲者が出たことから、アベンジャーズへの批判が高まり、アベンジャーズを国連の管理下に置くという「ソコヴィア協定」が生まれるきっかけとなった。スティーブにとっては因縁の相手

□ **Budapest**

名 ハンガリーの首都ブダペスト。ブダペストの地名は『アベンジャーズ』のナターシャとクリントの会話［1:48:44］でも、ナターシャのセリフ Just like Budapest all over again.「まるでブダペストの再来みたいね」という形で出てきている

□ **bum out**

動 ～をがっかりさせる・落ち込ませる・落胆させる

C

□ **call**

名 審判の判定、決定。(It's) your call. で「君が決めて」

□ **Camp Lehigh**

名 キャンプ・リーハイ。戦略科学予備軍（SSR）の訓練施設の名前。『ザ・ファースト・アベンジャー』で、スーパーソルジャー計画の候補者たちがここで訓練し、最終的にスティーブが選ばれることになった。この場所でスティーブはペギー・カーターと出会った

□ **canopy**

名 玉座や寝台を覆うように上に設置された「天蓋（てんがい）」を指すが、飛行機でパイロットが座る操縦席を覆う透明な円蓋（丸いカバー）のことも指す。パイロットは飛行機から脱出する際、通常 "Eject, eject, eject." と言ってキャノピーを開ける（eject は「（飛行機から）緊急脱出する」という意味）。ローディは空軍大佐（Colonel）で戦闘機のパイロットでもあるので、飛行機から脱出する際にキャノピーを開けるイメージで「キャノピーを開けろ」とプログラムに命令することで、自分の体を覆っているアーマーが開き、脱出可能になったということ。コマンド（命令）を3回繰り返しているのも、聞き間違いや聞き漏れがないようにするための安全策として軍人がよく行うもの

□ **can't stand**

動 我慢できない、耐えられない

□ **captain**

名 キャプテン、陸軍大尉。陸軍では「大尉」を意味するので、陸軍施設の中でキャプテンと呼び掛けても特に怪しまれることはないということ

□ **Captain Stevens**

名 スティーブンス大尉ということだが、自分の本名 Steve Rogers のファーストネームに似た姓を使っており、多少なりとも本人の名前の名残があるのもポイント。声で十分わかるが、さらに「スティーブが偽名で電話してきた」ということを（観客に対して）明白にする効果がある

□ **cardiac dysrhythmia**

名 不整脈。cardiac は「心臓の、心臓病の」。dysrhythmia は「律動不整」で、dys- + rhythmia の形。dys- は「悪化、不良、困難」などを表す接頭辞で dysfunction なら「機能不全、機能障害」。rhythmia は rhythm「リズム、律動的な動き・調子」の関連語。the rhythm of the heart だと「心臓の律動的な動き［鼓動］」となる。「心臓の鼓動が機能不全になる」ということから「不整脈」を表す

□ **celebration**
名 祝い。in celebration of ... なら「…を祝って」

□ **channel**
動 運ぶ、流す、送る、伝える。名詞の channel は「(テレビの)チャンネル」の意味もあるが、元々は「水路、経路」という意味

□ **Cheez Whiz**
名 チーズ・ウィズ。Kraft (クラフト)社の製品で、スプレッドまたはディップとして使うペースト状のチーズソース

□ **chest machine**
名 直訳すると「胸の機械」で、トニーのアーク・リアクターのこと

□ **chew**
動 噛む。「チューインガム」は chewing gum「チューイング・ガム」つまり、「噛むガム」ということ

□ **chronologically**
副 年代的に、年代順に

□ **Come and Get Your Love**
名 1973年に発表され、1974年にヒットした Redbone (レッドボーン)の曲「カム・アンド・ゲット・ユア・ラヴ」。クイルが踊りながら歌っているシーンは、2014年公開のガーディアンズのシリーズ1作目『ガーディアンズ・オブ・ギャラクシー』にもあったもの。その1作目のほうではウォークマンにセットした AWESOME MIX VOL.1 と書かれたカセットテープを再生すると、作品タイトルが出る。『ガーディアンズ・オブ・ギャラクシー』の時は、オーブを見つけるシーンまでずっとその曲が流れているが、今回の『エンドゲーム』では最初同じようなシーンだったものの、途中で音楽が外に聞こえなくなり、踊りながら歌っている彼の声だけが聞こえる

□ **come in**
動 命令形の Come in. で、無線の会話で「どうぞ、話して、応答して」

□ **come into play**
動 活動し始める、働き始める、かかわる

□ **compound**
名「屋敷、構内、敷地」という意味で、アベンジャーズ本部 (Avengers Headquarters)の基地施設がある場所を指している。アベンジャーズ本部は元々、マンハッタンのスターク・タワーを改造したアベンジャーズ・タワーにあったが、『エイジ・オブ・ウルトロン』のラストで、ニューヨーク州北部にあるスターク・インダストリーズ所有の倉庫を改造した施設に移っており、[2:07:10]の画面で New Avengers Facility Upstate New York と文字で紹介されている。この『エンドゲーム』のト書きでも「Avengers Headquarters がある施設」という意味で Avengers Compound という言葉が使われている

□ **conquest**
名 征服。動詞は conquer「(武力で) (国などを)征服する」

□ **convulse**
動 痙攣する、身もだえする

□ **coordinate**
名 座標。この意味では常に複数形で使われる

□ **counsel**
名 助言、忠告

□ **count on**
動 ～を頼りにする・当てにする。I'm counting on you. は「君のことを頼りにしてるよ」という決まり文句

□ **course through**
動 ～の中を流れる・駆け巡る。course through a body なら「全身を駆け巡る」

□ **critical**
形 危機的な、(病状が)重篤な、危篤の

□ **Cube**
名 (the Cube) 四次元キューブ(テッセラクト、Tesseract)の別の呼び名。立方体 (cube)の形をしていることから

□ **currently**
副 今、現在は、目下 (at the present time)

D

□ **decent**
形 礼儀正しい、まともな、感じのいい

□ **diagnostics**
名 診断 (学)。diagnosis なら「診断」

□ **dicey**
形 運任せの、危険な、不確かな、あやふやな。名詞 dice「さいころ」の形容詞形で、さいころを転がすことが運任せであることから

□ **dispatch**

動 送り出す、派遣する

□ **do me a favor**

動 (Will you) do me a favor? で「頼みがあるんだが。お願いがあるのですが」という意味になる。相手に頼みごとをする時の表現

□ **do nothing for**

動「～のために何もしない」ということから「～に対しては何の効果もない」という意味

□ **Doctor List**

名 ドクター・リスト（リスト博士）。フルネームは知られておらず、もっぱら「ドクター・リスト」と呼ばれる。『ウィンター・ソルジャー』や『エイジ・オブ・ウルトロン』に出てきたヒドラの科学者で、ロキの杖の力を使い、ワンダ（スカーレット・ウィッチ）に能力を与える実験を行っていた

□ **doom**

動 (悪い方向へ)運命づける

□ **drop the ball**

動 へまをする、大失敗する。アメフトや野球でボールを落としてしまうことから

□ **drown**

動 おぼれる、おぼれ死ぬ。発音は「ドロウン」ではなく「ドラウン」

□ **duplicate**

名 複製(物)、複写、(全く同じ物の)2つのうちの1つ

□ **dusty**

形 ほこりのような、塵（ちり)のような。サノスのスナップによって体が塵のようになった（turn into dust）ことを言っている

E

□ **eliminate**

動 削除する、取り除く、排除する、(人を)殺す

□ **en route**

副 途中で。フランス語から来た言葉で on the way / on one's way の意味

□ **entangle**

動 (糸などを)もつれさせる、からます。過去分詞形 entangled で「もつれた、からまった」という意味になる。entanglement だと「もつれ」という名詞で、quantum entanglement だと量子力学の用語「量子もつれ」となる

□ **epic**

形 壮大な、雄大な、大規模な

□ **eventually**

副 最終的には、結局は

□ **everlasting**

形 絶え間なく続く、永遠に続く、不朽の

□ **evidence**

名 (立証するための)証拠(物件)

□ **expecting**

形 妊娠中である、(近いうちに)子供が生まれる。前作『インフィニティ・ウォー』でも、トニーの Expecting.「もうすぐ(僕たちの)子供が生まれる、って」というセリフで使われていた[0:12:00]

F

□ **failure**

名 失敗した者、失敗作、不出来、できそこない

□ **fall out**

動 (～から)外へ落ちる、仲たがいする。前作『インフィニティ・ウォー』[0:16:13]のトニーのセリフ Cap and I fell out hard.「キャップと僕は、ひどい仲たがいをした［派手に決裂した］」でも「仲たがいする」という意味で使われていた

□ **fancy**

形 上等な、高級な

□ **fishy**

形 怪しい、疑わしい、うさんくさい。「魚くさい、生臭い」ということから「怪しい、うさんくさい」という意味になる

□ **flood**

動 浸水する、氾濫する、水浸しになる

□ **for better or worse**

良かれ悪(あ)しかれ、良くも悪くも

□ **freeze**

動「凍らせる」ということから「(映像の画面を)一時停止にする」という意味になる。自動詞だと「(画面が)動かなくなる」で、これは「フリーズする」という言葉で日本語にも浸透している

□ **Frigga**

名 フリッガ。『マイティ・ソー』と『マイティ・ソー／ダーク・ワールド』に登場したソーの母。フリッガは、オーディン、ソー、ロキ、ヘイムダ

ルなどと同じく北欧神話に登場する神の名前。北欧神話ではソーは雷神、ロキは悪戯の神とされ、それらはMCUでのキャラクターの特徴にも生かされている。なお北欧神話のソーは日本語では「トール」と表記されることもある

☐ **fulfill**
動 実現する、成就する、果たす、遂行する、全うする。And that is destiny fulfilled. というセリフの前に、サノスは未来の自分がストーンを使って宇宙の生命の半分を消し去ることに成功したと知り、It's my destiny.「私の運命だ」と言っていた。そして未来の映像の中で自分が首を斬られて死ぬことを知り、And that is destiny fulfilled.「そして、それが全うされた運命だ」と表現することで、使命を果たした自分がこのように人生を終えたことを静かに受け入れた様子がうかがえる

G

☐ **Garden State**
名 アメリカのニュージャージー州の俗称

☐ **get it together**
動 落ち着く、気を静める

☐ **get word**
動 知らせ・連絡を受ける

☐ **gig**
名 仕事、ミュージシャンの(特に一晩だけの)演奏(の仕事)

☐ **Give me a break.**
勘弁してくれ。大目に見てくれ

☐ **give up**
動 ～を手放す、引き渡す

☐ **go ahead**
動 先へ進む、前進する。命令形の Go ahead. で「さあどうぞ」。この場合は「彼のいるほう(前)へ行け」というよりは、「俺ではなく、君がどうぞ」という意味だと思われる

☐ **go wrong**
動 うまくいかない、悪い方向に向かう、失敗する。その後の go right は「うまくいく、良い方向に向かう」

☐ **good to go**
用意・準備ができている

☐ **gratuitous**
形 根拠のない、いわれのない、余計な、不当な、不必要な

H

☐ **hand over**
動 ～を手渡す、引き渡す

☐ **handshake**
名 握手。アメリカの若者がよくやる、グータッチしたり、互いの手を交差させたりする、手を使った挨拶は単に handshake「握手」と表現される

☐ **hang on**
動 この『エンドゲーム』で、ペッパーが Hang on. I got you, kid. と言っているが、前作『インフィニティ・ウォー』では、トニーが同じくパーカーに対して Hang on, kid. と同じような表現を使っていた[0:24:23]

☐ **Harley Keener**
名 ハーレー・キーナー。『アイアンマン3』に登場。トニーがテネシー州に不時着してアーマーが壊れた際に出会った小学生の少年で、その後、トニーと行動を共にする。機械に関する知識も豊富で、技術面、精神面でトニーを助けることになる。この『エンドゲーム』は2013年の『アイアンマン3』以来の久々の登場となった

☐ **harsh**
形 厳しい、手厳しい、とげとげしい

☐ **heartbreaker**
名「胸が張り裂けるような思いを(相手に)させる人」が基本的な意味。恋愛においては「魅力的で相手を夢中にさせるが、相手がくれる愛情に見合う愛情を返さない(薄情な)人」というニュアンスがある

☐ **her left eye**
名 ネビュラの左目。インフィニティ・ストーンを集め、もう一度スナップして消えたみんなを取り戻すというアベンジャーズの計画をサノスが知るきっかけとなったのは、ネビュラの左目から発せられたホログラムだった。左目がすべての発端であり、未来のネビュラとの繋がりでもあったので、未来の自分に射殺された後、その「左目」から一筋の涙がこぼれたのは示唆的と言える

☐ **Hey Lawdy Mama**
名 カナダで結成されたロックバンド、ステッペンウルフ(Steppenwolf)の1970年のヒット曲「ヘイ・ロウディー・ママ」。ステッペンウルフは、映画『イージー・ライダー』のバイクシーンに使われた曲 Born to Be Wild (邦題: ワイルドでいこう!)でも有名。シーンで使われている部分ではないが、こ

の後の歌詞に「僕らがここにいるのはたった一日だけ」という内容があり、タイムトラベルで一時的にここを訪れたこととの関連性が感じられる気がする

□ **hitch**

名（計画を遅れさせるような）障害

□ **Hold on.**

（ちょっと）待って。電話だと Hold on, please. で「電話を切らずにそのままお待ちください」という意味になる

□ **Holy cow!**

なんてこった！ 驚きを表す。Holy smoke! という表現もある

□ **hot-wire**

動 点火装置をショートさせる、（車の）キーなしでエンジンをかける。映画やドラマなどでも、車のキーなしでエンジンを始動させる時に、配線をショートさせてエンジンをかけるシーンはよく出てくる。スコットは元泥棒なのでそういうことはお手の物

I

□ **if it's all the same to you**

かまわないなら。all the same は「それでも同様に、やはり」。〈if it's all the same to＋人〉だと「（人）にとって（どちらでも）同じならば」ということから「（人）にとって差し支えなければ・かまわなければ」という意味になる。『アベンジャーズ』で、トニーが爆弾をワームホールの向こう側へと運び、地球にいたチタウリが全滅した後、スターク・タワーのペントハウスにいたロキを初代アベンジャーズが取り囲んでいたシーン[2:09:28]に出てきたセリフ。一連のチタウリとの戦いの最後のセリフに当たり、ちょうど戦いが終わったタイミングで、現在のトニーがスターク・タワーに到着したことになる

□ **if only**

ただ～でさえあればよいのだが（な）

□ **improvise**

動 即興でやる、即席に作る、行き当たりばったりでやる、出たとこ勝負でやる

□ **in charge**

管理して、統轄して、責任者で

□ **installation**

名 軍事施設、基地。military installation は「軍事施設」

□ **Instant Kill**

名 瞬殺。instant は「即時の、即座の、瞬時の」で、instant death なら「即死」。このセリフは Activate Instant-Kill Mode. ということで、「瞬時に相手を殺す［相手を即死させる］モードを起動しろ」、つまり「瞬殺モード起動」となる。過去のMCU作品で、誤ってこの瞬殺モードを起動しそうになり、慌てて中止するシーンがあった。過去に意図せず起動させてしまったその瞬殺モードを、最終決戦である今回は躊躇なく使ったことになる

□ **intelligence**

名 intelligence は「知性」だが「情報、諜報」という意味もあり、intel と略されることもある。アメリカのCIAは Central Intelligence Agency「中央情報局」の略

□ **It's Been a Long, Long Time**

名「イッツ・ビーン・ア・ロング・ロング・タイム」。ハリー・ジェームス楽団の演奏で、ボーカルはキティ・カレン。恋人を長い間待ちわびた女性の視点で書かれており、「キスをして、もう一度キスをして」と恋人にキスをねだる歌になっている。1945年にリリースされ、終戦で故郷に戻ってきた男性を迎える曲として大ヒットした。『ウィンター・ソルジャー』で、スティーブが、勝手に自分の家に上がりこんでいるフューリーと会話するシーン［0:34:30］でも、この曲が使われている

J

□ **Jarvis**

名 当時のスターク家に仕えていた執事（butler）の Edwin Jarvis（エドウィン・ジャーヴィス）。MCUでジャーヴィスと言えば、トニーのサポートをするAIの J.A.R.V.I.S. のことで、その名前は Just A Rather Very Intelligent System「単なるかなりとても利口なシステム」の頭文字を取ったものとされているが、ジャーヴィスもいわば「AI執事」のようなものである

□ **Jasper Sitwell**

名 ジャスパー・シットウェル。シールドのエージェントだが、実はヒドラの一員でもあった。『ウィンター・ソルジャー』ではヒドラが将来自分たちの邪魔になるであろう人物をアルゴリズムで特定し、ヘリキャリアと衛星を使って今のうちに抹殺しておこうとする「インサイト計画」が進んでいた。後に脅されてその計画の内容をスティーブたちに白状したのがこのシットウェルだった

□ **Jesus.**

間 おやまあ。これは驚いた。ちくしょう。Jesus Christ. とも言う

□ **jurisdiction**

名 権限、管轄

□ **Just do it.**

just がつくことで「ただそうしろ。つべこべ言わずに、とにかく黙ってそうしろ」というニュアンスになる

K

□ **keep one's food down**

動 食べ物を（吐き出さずに）胃の中にとどめておく。それが難しいと言っていることから「キャプテン・アメリカの正義感に溢れた様子を見ると吐きそうになる、見ていてヘドが出る」ということ

L

□ **La Cucaracha**

名「ラ・クカラーチャ」はメキシコの民謡。量子トンネルが設置されたこのバンは元々、スコットが泥棒をしていた時の仲間ルイスの持ち物であり、このバンはアントマン・シリーズ第1作『アントマン』から登場している。車種は1972年式フォードのエコノライン（1972 Ford Econoline）。ルイスがメキシコ系であることから、クラクション（honk）に陽気なメキシコ民謡を使っているのだと思われる。『エンドゲーム』では、スコットが本部の外でメキシコ料理のタコスを食べていたシーンもあったが「メキシコ繋がり」のようなものかもしれない。『アントマン&ワスプ』のミッドクレジットシーンで量子トンネルのついたこのバンが登場した時もこのクラクションの音が鳴っていた［1:49:17］

□ **lane**

名 車線、（道路の）レーン、小道。memory lane は「記憶の小道」ということで「昔の懐かしい思い出・記憶」などを指す

□ **leadership**

名 指導力、指導者の地位

□ **leave out**

動 ～を（うっかり）抜かす・省く・除外する。you're leaving out the most important part は「あなたは最も重要な部分を抜かしている」→「あなたの言葉には最も重要な部分が抜けている」

□ **let alone**

～はもちろんのこと、～は言うまでもなく

□ **librarian**

名 司書、図書館員。library「図書館、図書室、ライブラリー」の関連語

□ **Liebchen**

名 ドイツ語で「可愛い恋人」を意味する言葉。レッドスカルはドイツ人なので、英語の my dear のような感覚で「愛しき者よ」と呼び掛けたことになる

□ **Living Legend of World War II**

名（the ～）第二次世界大戦の生ける伝説。キャプテン・アメリカの別名。ヒーローのキャプテン・アメリカが生まれたのがナチス・ドイツと戦っていた第二次世界大戦中で、その後、北極海で氷漬けとなり現代によみがえったことからそう呼ばれる。このシーンは、その「生ける伝説」である英雄の彼をトニーが足で蹴っているという意味で面白いシーンでもある

□ **locate**

動 ～の場所を見つける・突き止める。名詞形は location「位置、場所」

□ **lose it**

動 自制心を失う、気が変になる、カッとなる、ブチギレる

M

□ **make up**

動（話）を作り上げる・でっち上げる

□ **maximum occupancy**

名（エレベーターの）最大定員。occupancy は名詞で「占有、収容能力」という意味

□ **mayday**

名 メーデー（船・航空機が遭難時に発する救難信号）。help me を意味するフランス語 m'aider が語源

□ **meant to be**

形（be ～）（人が）～となるよう運命づけられている

□ **medic**

名（治療を施すように訓練された）救急救命士

□ **mess around**

動 時間を浪費する、だらだら・ぐずぐずする

□ **mess with**

動 ～に干渉する・ちょっかいをか

ける

☐ **milady**
名 貴婦人、(呼び掛け語)奥様

☐ **MP**
名 憲兵（隊）。military police の略

☐ **Mungo Jerry**
名 マンゴ・ジェリー。イギリスの4人組バンドで「イン・ザ・サマータイム（In the Summertime)」という曲が有名。メンバーそれぞれがひげを生やしているが、ボーカルのレイ・ドーセットは、「もみあげと合体したような太くて濃いひげ」を生やしている。「どっちかと聞かれたら、絶対マンゴ・ジェリーのほう」のように女性は答えているが、「いや、トニーのひげはそこまで濃くないだろ」とツッコミたくなる面白さだと思われる

N

☐ **nasty**
形 (問題などが)やっかいな、扱いにくい、(状況などが)危険な

☐ **no way**
No way to do. で「～する方法はない」ということから「～は無理だ」という意味になる。一言 No way! で「無理だ! だめだ! いやだ! ありえない!」という意味にもなる

☐ **none of one's business**
名 business が「干渉する筋合い・権利、かかわり合いのあること」で、It's none of my business. なら「私にはかかわりのないことだ」。None of your business. なら「お前の知ったことか。いらぬ干渉はするな。干渉無用」

☐ **normally**
副 普通は、普段は、いつもは

☐ **now**
副 しかしながら、さて、さあ

☐ **Nuff said.**
Nuff said. は Enough said. のラフな発音を表した発音表記で、ここでは決め台詞的フレーズとして使われている。語頭の E が省略されていることを示すために 'Nuff said. と表記されることもある。Enough said. を直訳すると「もう十分に言われた、言い尽くされた」ということで、「もうすべてわかったからそれ以上何も言わなくていい、もう十分だからそれ以上言うな」という意味で使われる

O

☐ **of service**
be of service の形で「役に立つ、手助けになる」

☐ **on board**
(船・飛行機・車に)乗って。ここでは「その計画に乗る」→「その計画に乗り気である、計画に賛同してやる気を持って参加する」というニュアンス

☐ **Orb**
名 (the Orb)オーブ。orb は「球、球体」を意味する単語。パワー・ストーンが球体の容器に収められていることからこのように呼ばれている

☐ **out of the way**
邪魔にならない所に、あけて、どけて。走りながら Out of the way! と言えば「(通り)道をあけてくれ! どいてくれ!」となる

☐ **overrun**
動 (国などを)侵略する、占領する、占拠する

P

☐ **panic attack**
名 パニック発作、不安発作。attack は「攻撃、襲撃」だが、病気だと「発病、発作」という意味になる。heart attack なら「心臓発作、心臓麻痺」

☐ **pantry**
名 食料品室、食器室

☐ **pass out**
動 気絶する、気を失う

☐ **path**
名 道、軌道、進路

☐ **perform surgery**
動 手術（オペ）を行う。ドクター・ストレンジは元々、外科医(surgeon)で、surgery は「外科手術」。つまり、今の彼はヒーローの「ドクター・ストレンジ」になる前の外科医であると言っていることになる

☐ **piece together**
動 (断片・破片)をつなぎ合わせる、(情報)をつなぎ合わせて全貌を知る

☐ **plain**
形 明らかな、シンプルな、わかりやすい、よく見える

☐ **point**

名（否定文または疑問文で）（行為などの）意味。There's no point (in) doing. で「～するのは無駄だ。～しても意味がない」。What's the point of doing? だと「～することに何の意味があるの？」

☐ **potential**

形 可能性がある、見込まれる、起こり得る

☐ **Potts**

名 妻であるペッパー・ポッツ(Pepper Potts)の名字

☐ **prevent**

動（未然に）防ぐ、阻止する

☐ **prize**

名「賞、賞品、賞金」で、the Nobel Prize なら「ノーベル賞」だが、ここでは「（努力して手に入れるに値する）重要な・価値のある目的物」という意味

☐ **pull**

動 引く、引っ張る、引き抜く。ここではトニーがアントマンのスコットに Pull my pin.「僕の（リアクターの）ピンを抜け」と言っているが、『シビル・ウォー』で敵として戦っていた時[1:37:50]にも、小さくなったアントマンがアイアンマンのスーツの中に入り、コードを引き抜くシーンがある

Q

☐ **qualified**

形 資格・資質がある、（～に）適している

☐ **quasi-**

quasi- は「疑似～、類似～、準～」を意味する接頭辞。「似て非なるもの」という感覚で、軽蔑的なニュアンスで使われることも多い表現

R

☐ **raise**

動（子供を）育てる、養う。I was born and raised in ... なら「私は…で生まれ育った」

☐ **Ravagers**

名 ラヴェジャーズ。『ガーディアンズ・オブ・ギャラクシー』シリーズに登場した、あらゆる金儲けに手を出す宇宙海賊の集団。その中には多くの部隊があり、クイルを地球からさらった後、依頼主に渡さず彼を育てたヨンドゥもその一人

☐ **Red Skull**

名 レッドスカル。ヒドラのリーダーとして『ザ・ファースト・アベンジャー』でキャプテン・アメリカと戦った人物。『インフィニティ・ウォー』でも、ソウル・ストーンの守護者(stonekeeper)として登場した

☐ **reflection**

名 映像、（鏡・水などに映った）影

☐ **remind**

動（人に）思い出させる。That reminds me. は「そのことが私に思い出させる」ということだが、自然な日本語だと「それで思い出した」となる

☐ **repeat oneself**

動 同じことを何度も繰り返して言う

☐ **Rescue**

名 レスキュー。トニーの妻ペッパーが身につけているアイアンマンの青バージョンのパワードスーツの名称（アイアンマン・マーク49）。この映画の前半でトニーは娘モーガンに「その青いヘルメットはママへのプレゼント、でもママは僕があげたものは身につけない」と言っていたが、この集結シーンで「トニーが作った青いヘルメットのレスキューを着て、ペッパーが現れた」ことになる。『アイアンマン』の[1:09:01]で、青いドレスを着たペッパーをトニーが素敵だと褒める場面があるが、このレスキューの青色は、その時のドレスの色を彷彿とさせる。『アイアンマン3』では、『アベンジャーズ』のニューヨーク決戦で死に直前した恐怖から、トニーはアーマー依存症となり、トニーを心配するペッパーはアーマーに対して否定的だった。トニーの自宅が武装ヘリから攻撃を受け、トニーとペッパーが爆風で飛ばされた時、トニーはとっさに自分のアイアンマン・スーツ（マーク42）をペッパーに強制的に装着することで彼女を助ける[0:34:26]。映画のラスト近くでは、ペッパーが右腕に取り付けたリパルサーで敵を攻撃する場面もあったが[1:53:49]、その際には全身のスーツは着ておらず、今回の『エンドゲーム』でついに、自ら進んでスーツを着た状態で敵と戦うことになる。レスキューとなったペッパーはこの後の決戦シーンでも、トニーと背中合わせになり敵を攻撃するなど、夫婦で息の合った姿を見せる

☐ **resist**

動 抵抗する、反抗する。名詞形は resistance「抵抗、レジスタンス、抵抗組織」

☐ **restore**

動 元の状態に戻す、回復させる、復活させる

☐ **retake**

動 取り戻す、奪回する、再び取る

☐ **reunite**

動 再会させる、再結合させる

☐ **ridiculous**

形 ばかげた、ばかばかしい、(見た目が)こっけいな、おかしな

☐ **risk**

動 危うくする、賭ける

☐ **roll**

動 転がる、(時間・歳月が)過ぎ去る、経過する、進む

☐ **Ronan**

名 ロナン。『ガーディアンズ・オブ・ギャラクシー』に登場した人物。その映画では、オーブを手に入れるためにロナンの船に乗っているガモーラとネビュラの姿が描かれている

☐ **ruin**

動 台無しにする、ぶち壊す、だめにする

☐ **run point on**

動 (責任を持って) 〜を担当する。point man だと「(プロジェクトなどの)責任者、最前線に立つ人」

S

☐ **sacrifice**

動 犠牲にする。sacrificed her life for ...「…のために命を犠牲にした」、bet her life on ...「…に自分の命を賭けた」のように、同じ内容を違った動詞で表現している

☐ **salad**

名 サラダ。タイムトラベルしてきたソーを初めて見た時には服装や目のことしか言っていなかったが、最後に「サラダを食べなさいね」と言ったことで、ビール腹になりすっかり太ってしまったソーの体型のこともやはり気にしていたことがわかる

☐ **sauerkraut**

名 ザウアークラウト。塩漬けにして発酵させたキャベツ。ドイツ語で「酸っぱいキャベツ」の意味

☐ **scale**

名 はかり、天秤(てんびん)。scale は「天秤の皿」のことで、天秤には皿が2つあるため、a pair of scales または scales と複数形で表現されることが多い。「傾ける」を意味する動詞 tip を使った tip the scales で、「(天秤を傾かせるように)局面・形勢を一変させる」という意味になる

☐ **scratch one's head**

動 (困って)頭をかく、途方に暮れる、困惑する

☐ **secure**

動 確保する、守る。名詞形は security「安全」

☐ **shipping**

名 配送、発送、輸送

☐ **shred**

動 ずたずたに裂く、細かく切り刻む。シュレッダーは shredder「細かく切り刻む機械、裁断機」ということ

☐ **sire**

名「(四足獣、特に馬の)雄親」の意味があるが、古い用法では、王に話しかける時に使われる「陛下」を意味する

☐ **slaughter**

名 大虐殺、大量殺戮(さつりく)

☐ **sound of a hammer hitting metal**

エンドクレジット後のシーンで、通常のポストクレジットシーンが流れる代わりに、『エンドゲーム』ではある音だけが流れる[3:00:58]。その音は、『アイアンマン』[0:31:32]で、トニーが、カンカンとハンマーで叩いている音で、パワードスーツ、つまり、アイアンマン・マーク1を作っている時の音。66ページで解説した、ラザにミサイルの組み立てを要求されたセリフの後に、そのハンマーで叩くシーンが出てくる。『エンドゲーム』の初代アベンジャーズを演じるキャストのクレジット(俳優のサインが入るもの)においてトニー・スターク役のロバート・ダウニー・Jr. のシーン[2:53:17]にも、『アイアンマン』でハンマーでカンカン叩いているそのシーンの映像がちらっと挿入されている。2008年公開のMCU第1弾『アイアンマン』でマーク1を作っている音なので、いわばMCUすべての始まりの音。トニー・スタークを中心としたこの「インフィニティ・サーガ」は、この音で始まり、この音で幕を閉じたことになる

☐ **sparkly**

形 キラキラ光る、きらめく、火花を発する

□ **spikes come out with skeletons on the end of them**

(スパイクの)端に骸骨がついた状態でスパイクが出てくる。spike はスパイクシューズの底についているような「先のとがったもの」を指す。skeleton は「骸骨、骨格、骨組み」

□ **squirt**

名 若造、生意気でいやなやつ、青二才、ちび。大人に対して使うと「生意気な若者め」というネガティブなニュアンスがあるが、子供に対して「おちびちゃん」という呼び掛け語としても使われる

□ **Star-Spangled Avenger**

名 キャプテン・アメリカの別名。spangle は名詞で「(衣装などにつける)スパンコール、ぴかぴか光るもの」、他動詞で「ぴかぴか光らせる、きらめかせる、ちりばめる」。よってこの名前を直訳すると「星をちりばめた・星できらめくアベンジャー」ということだが、星とはアメリカ国旗の星条旗のことなので、日本語では「星条旗のアベンジャー」と訳されることが多い。『ザ・ファースト・アベンジャー』では第二次世界大戦時の戦意高揚のためにスティーブが星条旗のコスチュームを着て舞台に立つ場面があるが、その時に彼のテーマソングとして Star Spangled Man という歌が流れていた[0:48:20]

□ **start over**

動 最初からやり直す、いちからやり直す

□ **stroll**

名 散歩、ぶらぶら歩くこと

□ **Stuart Little**

名 1999年のアメリカ映画『スチュアート・リトル』。ニューヨークに住むリトル一家に、一人息子ジョージの弟として小さな白いねずみのスチュアートが引き取られ、スチュアートが家族の一員になろうと奮闘する物語

□ **stubborn**

形 頑固な、強情な、あきらめが悪い

□ **suit up**

動「(~に応じた)服装・格好をする」ということで、そこから、服を着ることだけに限らず、「何かに参加するために準備する」という意味でも使われる

□ **sync**

動 synchronize の略。同期する、同調する、時間を合わせる。lip sync だと「唇と音をシンクロさせる」ことから「口パク」の意味になる

T

□ **take cover**

動 隠れる、避難する

□ **tend to do**

動 ~する傾向がある、~しがちである

□ **Terran**

名 地球人。ラテン語で地球を意味する terra「テラ」から来た言葉。terra は terraforming「テラフォーミング:人類が移住できるように他の惑星を地球の環境に変えること」という言葉にも使われている。SF では地球人のことを earthling とも表現する

□ **thankful**

形 感謝している、ありがたく思う

□ **thief**

名 (暴力ではなくこっそりと盗む)泥棒、こそ泥

□ **thrive**

動 繁栄する、成長する

□ **Thumbelina**

名 親指姫。デンマークの童話作家アンデルセンの代表作『親指姫』のタイトルであり、その主人公の小さな女の子の名前。オリジナルのデンマーク語では Tommelise と表記されるが、その英語名が Thumbelina となる。「親指姫」の名の通り、名前に thumb「親指」という単語が含まれている

□ **to this extent**

この程度まで、この点まで

□ **traitor**

名 裏切り者、反逆者

□ **tree**

名 木。樹木型ヒューマノイドのグルートのこと。『インフィニティ・ウォー』では、アスガルド人のソーがグルートのことをよく Tree と呼んでいた。今回の『エンドゲーム』でも後でそう呼ぶシーンが出てくる

□ **Try it on.**

ここでは「(盾を腕に)つけてみろ」という意味だが、「オンして(接触させて)みろ」ということで、服を「試着してみて」という意味でよく使われる

☐ **turn over**

動 (警察に容疑者や犯人)を引き渡す

U

☐ **unruly**

形 手に負えない、御しがたい、規則に従わない、言うことを聞かない

V

☐ **vaguely**

副 漠然と、あいまいに、ぼんやりと

☐ **vein**

名 静脈、血管

☐ **volume**

名 (分厚い)本、(本の)巻、冊

W

☐ **Well done.**

よくやった。でかした。褒め言葉として使われる

☐ **Whatever.**

何でもいいさ。投げやりなニュアンスが感じられる言葉

☐ **wildly**

副「ワイルドに」ということから「荒々しく、乱暴に」という意味だが、「激しく、極度に」(extremely)の意味でも使われる

☐ **willingly**

副 (自ら)進んで、快く、喜んで

☐ **Window's closing.**

window は「(外部に向かって開いている)窓」の意味から、「接触の手段、～することが可能な時間」の意味で使われる。a window of opportunity なら「あることを行うのが可能な短時間の機会・チャンス」。Window's closing. は、もたもたしているとそのような好機が失われてしまうぞ、ということ

☐ **winged horse**

名 翼のある馬、天馬、ペガサス。『バトルロイヤル』で、ロキによって呼び起こされたヴァルキリーの記憶の映像の中で、ヘラと戦うヴァルキリー部隊は皆、ペガサスに乗っていた [1:19:13]。『エンドゲーム』の最終決戦で彼女はヴァルキリー部隊の本来の姿で登場したことになる。このような翼のついた馬のことを日本ではペガサスと呼ぶことが多いが、このヴァルキリーの乗る天馬については、pegasus よりも、winged horse「翼のある馬」、flying horse「空飛ぶ馬」のような呼び名で呼ばれることが多い。horse の代わりに steed「(文語的表現の)馬」が使われることもある。ヴァルキリーは北欧神話の神の名前で、ペガサス(Pegasus)はギリシャ神話に出てくる天馬の名前であることから、別の国の神話の名前は使わない、ということらしい。なおMCUにおいては、『アベンジャーズ』と『キャプテン・マーベル』にProject P.E.G.A.S.U.S.「ペガサス計画」という言葉が登場する

☐ **wretch**

名 恥知らず、人でなし、見下げ果てたやつ、悪党

Y

☐ **You bet.**

もちろん。確かに。いいとも

☐ **Your Majesty**

名 陛下。国王に対する呼び掛け語

☐ **You're up.**

君の番だ。up は「出番がきて」という意味。It's your turn. とも表現できる